Tendenzen zu einem europäischen Gesundheitsdienstemarkt

Europäische Hochschulschriften
Publications Universitaires Européennes
European University Studies

Reihe II
Rechtswissenschaft

Série II Series II
Droit
Law

Bd./Vol. 3868

PETER LANG
Frankfurt am Main · Berlin · Bern · Bruxelles · New York · Oxford · Wien

Cord Willhöft

Tendenzen zu einem europäischen Gesundheitsdienstemarkt

Ingerenzen des Rechts der Europäischen Union auf die Leistungserbringung in der gesetzlichen Krankenversicherung

PETER LANG
Europäischer Verlag der Wissenschaften

Bibliografische Information Der Deutschen Bibliothek
Die Deutsche Bibliothek verzeichnet diese Publikation in der Deutschen Nationalbibliografie; detaillierte bibliografische Daten sind im Internet über <http://dnb.ddb.de> abrufbar.

Zugl.: Göttingen, Univ., Diss., 2002

D 7
ISSN 0531-7312
ISBN 3-631-50955-3

www.peterlang.de

Vorwort

Die vorliegende Arbeit ist im Wintersemester 2002 von der juristischen Fakultät der Georg-August-Universität zu Göttingen als Dissertation angenommen worden.

Sehr herzlich danken möchte ich vor allem meinem Doktorvater Herr Prof. Dr. Harald Bogs. Er schenkte mir von Beginn an das nötige Vertrauen und stand jederzeit mit wertvollem und produktivem Rat zur Seite.

Herr Prof. Dr. Peter-Tobias Stoll danke ich für die Erstellung des Zweitgutachtens und seine weiterführenden Anregungen.

Außerdem möchte ich mich bei meinem Freund Dr. Tilmann Peters bedanken. Die in Göttingen und Hamburg gemeinsam verbrachte Zeit gab mir stets die nötige Motivation. Für ihre Unterstützung gedankt sei auch Juliane Winter.

Mein besonderer Dank gilt Luisa Alessandra Garavy für ihre vorbehaltlose Liebe.

Gewidmet sei diese Arbeit meinen Großmüttern Ursel Willhöft und Agathe Koenen, meinen Eltern Lieselotte und Gerd Willhöft sowie meiner Schwester Susanne, die mich stets großzügig unterstützten.

Inhaltsverzeichnis

Abkürzungsverzeichnis

A

a.A.	anderer Ansicht
aaO	am angegebenen Ort
ABlEG	Amtsblatt der Europäischen Gemeinschaften
Abs.	Absatz
a.F.	alte Fassung
AG	Arbeitsgemeinschaft
Anm.	Anmerkungen
AOK	Allgemeine Ortskrankenkasse
Art.	Artikel
Akz.	Aktenzeichen
ÄZ	Ärztezeitung

B

BGB	Bürgerliches Gesetzbuch
BGBl.	Bundesgesetzblatt
BGH	Bundesgerichtshof
BGHZ	Bundesgerichtshof in Zivilsachen
BKK	Betriebkrankenkasse
BMA	Bundesministerium für Arbeit und Sozialordnung
BMG	Bundesministerium für Gesundheit
BMV	Bundesmantelverträge
BPflV	Bundespflegesatzverordnung
BRD	Bundesrepublik Deutschland
BSE	Bovinc Spongiforme Enzaphalopatie
BSHG	Bundessozialhilfegesetz
BT-Drucks.	Bundestagsdrucksache
BVerfGE	Bundesverfassungsgerichtsentscheidung
BSG	Bundessozialgericht
BSGE	Bundessozialgerichtsentscheidung
bspw.	beispielsweise
BVerwGE	Bundesverwaltungsgerichtsentscheidung
BZÄK	Bundeszahnärztekammer
bzw.	beziehungsweise

D

DÄBl	Deutsches Ärzteblatt
DB	Der Betrieb
DFZ	Der freie Zahnarzt

ders.	derselbe
d.h.	das heißt
dies.	dieselbe
diesb.	diesbezüglich
DOK	Die Ortskrankenkasse
DZW	Die Zahnarztwoche
E	
e.A.	eine Ansicht
ebd.	ebenda
EEA	Einheitliche Europäische Akte
EGKS	Europäische Gemeinschaft für Kohle und Stahl
EGV	Vertrag über die Europäische Gemeinschaft
Eig. Anm.	eigene Anmerkung
Einf. v.	Einführung vor
EK	Die Ersatzkasse
EU	Europäische Union
EuR	Europarecht (Zeitschrift)
EuroAS	Europäisches Arbeits- und Sozialrecht
EuGH	Europäischer Gerichtshof
EUV	Europäischer Unionsvertrag
EuZW	Europäische Zeitschrift für Wirtschaftsrecht
e.V.	eingetragener Verein
EWG	Europäische Wirtschaftsgemeinschaft
EWR	Europäischer Wirtschaftsraum
EWS	Europäisches Wirtschafts- und Steuerrecht
EZB	Europäische Zentralbank
F	
f	folgende
ff	fortfolgende
Fn.	Fußnote
FS	Festschrift
FVDZ	Freier Verband deutscher Zahnärzte
G	
GG	Grundgesetz
GG	Gesundheit und Gesellschaft
Gk	Gesamtkommentar

GKV	Gesetzliche Krankenversicherung
GKV-NOG	Gesetz zur Neuordnung von Selbstverwaltung und Eigenverantwortung in der gesetzlichen Krankenversicherung
GKV-SolG	Gesetz zur Stärkung der Solidarität in der gesetzlichen Krankenversicherung
GMK	Gesundheitsministerkonferenz der Länder
GOÄ	Gebührenordnung für Ärzte
GRG	Gesundheitsreformgesetz
GstruktG	Gesundheitsstrukturgesetz
GVG	Gesellschaft für Versicherungs-wissenschaft und –gestaltung
GZT	Gemeinsamer Zolltarif
H	
h.L.	herrschende Lehre
h.M.	herrschende Meinung
Hrsg.	Herausgeber
Hs.	Halbsatz
HVM	Honorarverteilungsmaßstab
I	
idF	in der Fassung
i.d.R.	in der Regel
i.S.	im Sinne
ISG	Institut für Sozialforschung und Gesellschaftspolitik
i.V.m.	in Verbindung mit
J	
Jura	Juristische Ausbildung
JuS	Juristische Schulung
JZ	Juristenzeitung
K	
KassKomm	Kasseler Kommentar
KBV	Kassenärztliche Bundesvereinigung
KHG	Krankenhausfinanzierungsgesetz
KOM	Kommission
KrV	Krankenversicherung (Zeitschrift)
KZBV	Kassenzahnärztliche Bundesvereinigung
Kzl	Kennzahl

KZV	Kassenzahnärztliche Vereinigung
M	
m.A.	mit Anmerkungen
MDK	Medizinischer Dienst der Krankenkassen
MedR	Medizinrecht
MISSOC	Mutual Information System on Social Security
N	
n.F.	neue Fassung
Nr.	Nummer
NZB	Niedersächsisches Zahnärzteblatt
NZS	Neue Zeitschrift für Sozialrecht
O	
o.V.	ohne Verfasser
P	
PKV	Private Krankenversicherung
R	
RGBl.	Reichsgesetzesblatt
RIW	Recht der internationalen Wirtschaft
RL	Richtlinie
Rs	Rechtssache
RsDR	Beiträge zum Recht der sozialen Dienste und Einrichtungen
Rspr.	Rechtsprechung
RVO	Reichsversicherungsordnung
S	
S.	Seite
SF	Sozialer Fortschritt
SGB I	Sozialgesetzbuch –Erstes Buch-
SGB IV	Sozialgesetzbuch –Viertes Buch-
SGB V	Sozialgesetzbuch –Fünftes Buch-
SGB X	Sozialgesetzbuch –Zehntes Buch-
SGb	Die Sozialgerichtsbarkeit
Slg.	Sammlung
s.o.	siehe oben
SozV	Sozialversicherung
SpiK	Spitzenverbände der Krankenkassen

T

TS	Tagesspiegel

U

u.a.	unter anderem
UAbs.	Unterabsatz
UCM	Union des caisses de maladie
u.U.	unter Umständen

V

v.d.	von der
Verf.	Verfasser
vgl.	vergleiche
VO	Verordnungen
VSSR	Vierteljahresschrift für Sozialrecht

W

WiVerw	Wirtschaft und Verwaltung
WzS	Wege zur Sozialversicherung

Z

ZÄV	Zahnärztliche Vereinigung
ZFSH/SGB	Zeitschrift für Sozialhilfe und Sozialgesetzbuch
ZfS	Zeitschrift für Sozialreform
ZIAS	Zeitschrift für internationales und ausländisches Sozialrecht
Ziff.	Ziffer
ZM	Zahnärztliche Mitteilungen
ZNN	Zahnärztliche Nachrichten Niedersachsen
ZRP	Zeitschrift für Rechtspolitik
ZV	Zulassungsverordnung

A. Einführung in die Thematik und Problemaufriss

Der Prozess der europäischen Integration schreitet voran. Die Auswirkungen werden in vielen Bereichen sichtbar. Europarecht gewinnt auf die nationale Gesetzgebung einen immer weiter reichenden Einfluss.[1] Dies betrifft das Sozialrecht und im speziellen auch das Gesundheitsrecht.[2]

Die europäische Dimension der Sozialpolitik umfasst zum einen sozialpolitische Entscheidungen, die auf europäischer Ebene getroffen werden, durch den Ministerrat der Europäischen Union (Art. 202 ff EGV[3]), durch die Kommission (Art. 211 ff EGV), insbesondere aber auch durch den Europäischen Gerichtshof (Art. 220 ff EGV). Zum anderen haben viele Maßnahmen, die der Verwirklichung der Niederlassungs- (Art. 43 EGV), der Warenverkehrs- (Art. 28 ff EGV) sowie der Dienstleistungsfreiheit (Art. 49 EGV) dienen oder Hemmnisse des Kapitalverkehrs (Art. 56 EGV) innerhalb der Europäischen Union beseitigen, mittelbar sozialpolitisch relevante Wirkung auf die Mitgliedstaaten. Dies lässt sich insbesondere im Gesundheitswesen und im Bereich der Daseinsvorsorge feststellen.

I. Problemstellung

Seit den 90er Jahren schiebt sich ein Problemfeld in den Vordergrund, in Form eines Konfliktes zwischen den EU-Grundfreiheiten und dem nationalen Sozialrecht. Sowohl der rechtliche als auch der politische Rahmen, den das Gemeinschaftsrecht und die Gemeinschaftspolitik der nationalen Sozialpolitik dabei setzen, wird immer enger. Die Wechselwirkungen zwischen EG-Recht und -Politik einerseits und nationalem Sozialrecht sowie nationaler Sozialpolitik andererseits werden immer intensiver. Vor allem Entscheidungen des Gerichtshofs der Europäischen Union in Luxemburg haben diesen Umstand ins allgemeine Bewusstsein gerufen.

Konkret stellt sich das Problem folgendermaßen dar. Ein Großteil der Sozialleistungs- und Sozialversicherungsträger in den Mitgliedstaaten produzieren die Leistung zur Gesundheitserhaltung bzw. -rehabilitation nicht selber.[4] Statt dessen bedienen sich die Sozialversicherungsträger zur

---

[1] Vgl. dazu Neumann-Duesberg, in: Schmähl (Hrsg.), Soziale Sicherung im EG-Binnenmarkt, 105 ff (106), „Europa ist in Bewegung. Vertraute Personen/Gebäude stürzen. Das, was gestern noch nicht einmal gedacht worden ist, wird über Nacht Wirklichkeit."

[2] Der weite Begriff Gesundheitsrecht umfasst alle Rechtsregeln im Dienste der Gesundheit.

[3] Alle mit EGV zitierten Artikel sind solche des Amsterdamer Vertrages; der Vertrag trat am ersten Tag des zweiten auf die Hinterlegung der letzten Ratifizierungsurkunde folgenden Monats in Kraft, endgültig am 01.05.1999.

[4] Wie es z.B. bei den Nationalen Gesundheitsdiensten der Fall ist, dominant vor allem im angelsächsischen-skandinavischen Rechtskreis.

Leistungserbringung weitgehend mehr oder weniger marktlich ausgestalteten Freiberuflern (Ärzten / Apothekern), gewerblichen Unternehmern und Handwerkern (Krankenhäuser / Rehabilitations- und Pflegeeinrichtungen) sowie öffentlichen und gemeinnützigen Betrieben (Krankenhäuser).[5] Es lässt sich also feststellen, dass das Sozialrecht im allgemeinen sowie das Krankenversicherungsrecht im speziellen nicht nur eine soziale, sondern auch eine wirtschaftliche Dimension besitzt. Dies lässt sich insbesondere durch die Zahl der beteiligten Leistungserbringer[6] sowie den Anteil, den ihre Tätigkeit an der nationalen Wertschöpfung hat[7], deutlich belegen. Gesundheits- und Krankenversicherungsrecht ist deshalb in sehr viel stärkerem Maße vom Marktrecht der EU beeinflussbar als bspw. andere Zweige der Sozialversicherung.[8] Die Aufgabe der sozialen Sicherheit einerseits und ihre wirtschaftliche Komponente andererseits sind somit zwingend in ein ausgewogenes Verhältnis zu bringen.

Die tatsächliche Praxis sieht jedoch anders aus. Fast alle mitgliedstaatlichen Gesundheitssysteme zwingen ihre Leistungsträger und somit auch ihre Bürger, Gesundheitsdienstleistungen nur bei nationalen Leistungsanbietern nachzufragen. Die Gesundheitsmärkte werden von den nationalen Regierungen rigide abgeschottet. Experten sprechen in diesem Zusammenhang vielfach sogar von nationalstaatlichen gesundheitspolitischen Insellösungen.[9] Die jüngste sozialökonomische Entwicklung in Europa ist aber gekennzeichnet durch eine stark wachsende Mobilität von Kapital, Gütern, Dienstleistungen und ihrer Bürger. Die beschriebene nationale Praxis muss notwendigerweise zu Konflikten mit dem Marktrecht der EU führen, welches ja gerade ausländischen (iSv mitgliedstaatlichen) Arbeitskräften und Dienstleistungen Zugang zu den einzelnen nationalen Märkten verschaffen will. Gleichzeitig stellt sich im

---

[5] Ausnahme hiervon in § 140 II SGB V, wonach Krankenkassen sich zur Leistungserbringung auch eigener Einrichtungen bedienen dürfen. Diese steht jedoch unter sehr engen Voraussetzungen und ist der Ausnahmefall.

[6] So gehört der Sektor der Gesundheitsdienstleistungen zu den am stärksten expandierenden Dienstleistungsmärkten. In ihm sind ca. 7 % aller Arbeitskräfte der Europäischen Union beschäftigt. Angaben aus Bieback, in: NZS 11/2001, 561 ff (561).

[7] Allein in der gesetzlichen Krankenversicherung ist ein jährlicher Umsatz von 256 Milliarden DM zu verzeichnen.

[8] Siehe dazu bspw. die Pressemitteilung Nr. 3 vom 27. Januar 1999 des Bundesministeriums für Gesundheit, in der Bundesgesundheitsministerin Fischer von „einem Spannungsverhältnis zwischen dem freien Waren- und Dienstleistungsverkehr und der Verantwortung der Mitgliedstaaten für die Gestaltung ihrer Gesundheitssysteme" spricht, unter http:// www.bmgesundheit.de/presse/1999/presse99/3.htm, 1 f (1).

[9] So bspw. Patrick Santer und Meinhard Heinze auf dem 1. Europäischen Forum für freie Zahnmedizin in Brüssel, siehe Lennartz, in: DFZ 12/2000, 18.

Gegenzug für die nationalen Anbieter von Gesundheitsdienstleistungen die Frage, ob sie ihre Einrichtungen bzw. ihre Arbeitskraft für Patienten aus dem Ausland öffnen sollten bzw. dürfen. Dieser Konflikt verschärft sich noch durch den Umstand, dass die Bundesregierung auf die Wirkungen, die von der europäischen Integration auf das deutsche Gesundheitswesen ausgehen können, nicht reagiert und diesen Entwicklungsprozess ignoriert. Die Entwürfe eines Gesetzes zur Gesundheitsreform 2000 vom 23.06.1999[10] sowie die später endgültige Fassung tragen der europäischen Integration an keiner Stelle Rechnung. Vielmehr stehen im Mittelpunkt eine stärkere Regulierung, Zentralisierung und Kontrolle eines abgeschotteten, nationalen Systems.

Vor dem Hintergrund der angestellten Überlegungen ist jedoch zu erwarten, dass die zunehmende Europäisierung der Rechtsordnung auch vor dem Recht der gesetzlichen Krankenversicherung nicht halt machen wird.[11] Das deutsche Gesundheitswesen mit einem jährlichen Umsatz von 256 Milliarden DM in der gesetzlichen Krankenversicherung kann man auf Dauer nicht national isolieren und vom Europäischen Binnenmarkt abschotten.[12] Vielmehr ist zu erwarten, dass auch die Leistungen der gesetzlichen Krankenversicherung von den Menschen langfristig nicht mehr nur in den Grenzen ihres eigenen Mitgliedslandes nachgefragt, sondern auch transnational in Anspruch genommen werden.[13] Das Verhältnis der gesetzlichen Krankenversicherung zur

---

[10] Inhaltsgleiche Entwürfe der Fraktionen SPD und BÜNDNIS/GRÜNE (Bundestags-Drucksache 14/1245) und der Bundesregierung (Bundesrats-Drucksache 459/99) eines „Gesetzes zur Reform der gesetzlichen Krankenversicherung ab dem Jahr 2000 (GKV-Gesundheitsreform 2000)", abgedruckt in: ZFSH/SGB 05/1999, 303 ff; siehe dazu auch Danner, in: KrV 12/1999, 359 ff (361), „Berlin klammert die EU jedoch brav aus allen Reformgesetzen aus" oder Heinze, in: Rheinische Post vom 31.01.2000, „Die rot-grüne Gesundheitspolitik hat in Europa keine Zukunft" oder Gerritz, in: DZW 41/2000, 6, „sowohl in der alten wie der neuen rot-grünen Bundesregierung konnte man bislang keine Anzeichen erkennen, wie das größte EU-Mitgliedsland sich auf die europäische Gesundheitspolitik vorbereitet".

[11] Engelmann, in: VSSR 03/1999, 169 ff (175); ebenso Igl, unter: http://www.uni-kiel.de/instsociallaw/Aktuelles/Tagung.htm, 1 f (1); „das Gemeinschaftsrecht überlagert und verändert in wachsendem Maße und mit zunehmender Intensität und Dichte die nationalen Systeme sozialer Sicherheit", Eichenhofer, in: SGb 02/1999, 57 ff (61).

[12] Angaben aus Gerritz, in: DZW 41/2000, 6.

[13] So die Einschätzung von Burger, in: BKK 01/1999, 5 ff (6); Ebsen, in: Igl (Hrsg.), Das Gesundheitswesen in der Wettbewerbsordnung, 22 ff (22 f); Eichenhofer, in: VSSR 02/1999, 101 ff (102); Eichner, in SF 09/1999, 232 ff (233); Frankfurter Institut (Hrsg.), Sozialunion für Europa?, S. 36; Friel, in: ZM 19/2000, 90; Gerritz, in: DZW 41/2000, 6; Hanika, in: MedR 07/1998, 322 f (322); Heinze, in: DFZ 02/2000, 14 f (14); Henke, in: TS vom 11.01.2001, S. 19; Hofmann/Kochs, in: BKK 06/1998, 306 ff (306); Igl (Hrsg.), Europäische Union und gesetzliche Krankenversicherung, 3 ff (4); ders., in: Igl (Hrsg.), aaO, 5 ff (6);

Auslandsmobilität ihrer Versicherten gewinnt somit mit zunehmender ökonomischer Integration erheblich an Bedeutung.

II. Gang der Untersuchung

Die vorliegende Arbeit möchte das Ausmaß des Konfliktes zwischen dem nationalen System der gesetzlichen Krankenversicherung (SGB V) im Leistungsbereich der Vertragsärzte und der Krankenhäuser und des Rechts sowie der Politik der Europäischen Union aufzeigen. Dabei soll der aus dem europäischen Primärrecht, EuGH-Urteilen auf dem Gebiet der Krankenversicherung sowie der Einführung des Euro möglicherweise resultierende Veränderungsdruck für die nationale Gesundheitsversorgung bzw. -gesetzgebung in der gesetzlichen Krankenversicherung in Deutschland dargestellt werden. Darüber hinaus wird der Versuch unternommen, eine Einschätzung der zu erwartenden Entwicklung zu geben und einen konkreten Lösungsansatz herauszubilden. Zum besseren Verständnis und für mehr Transparenz beschäftigt sich diese Arbeit dabei vorab mit einer kurzen Darstellung der nationalen Ausgestaltung der gesetzlichen Krankenversicherung mit Schwerpunkt auf dem System der vertragsärztlichen Versorgung. Um mögliche Auswirkungen darstellen zu können, ist es unerlässlich, ein zumindest grobes Bild des Systems der vertragsärztlichen Versorgung zu zeichnen. Anschließend wird dann die Ausgangslage mit ihren Rahmenbedingungen auf europäischer Ebene dargestellt.

Welchen Veränderungsdruck die Europäische Union dabei möglicherweise in Zukunft auf das deutsche Sozialgesetzbuch V und hier insbesondere auf das vertragsärztliche und krankenhäusliche Versorgungssystem ausübt, stellt zusammen mit einer Bewertung den Schwerpunkt dieser Arbeit dar. Hierbei stellt sich für die deutschen Leistungserbringer die Frage, in welchem Umfang Ärzte eines EU-Mitgliedsstaates ärztliche Dienstleistungen in andere EU-Mitgliedsstaaten exportieren dürfen und in welchem Umfang auf der Nachfragerseite - also seitens der gesetzlich Versicherten - ärztliche Leistungen in anderen EU-Mitgliedsstaaten in Anspruch genommen werden dürfen. Fraglich ist dabei, ob es zu einer Harmonisierung der nationalen

---

Knieps, in: GG 10/1998, 40 ff (40); Lennartz, in: DFZ 7-8/2000, 21; Leopold, in: WzS 08/1998, 218 f (219); Maydell, in: VSSR 01/1999, 3 ff (5); Münnich, in: BKK 01/1999, 17 ff (18); Pitschas, in: Igl (Hrsg.), aaO, 199 ff (207); ders., in: VSSR 03/1999, 221 ff (227); Schaaf, in: SGb 06/1999, 274 ff (274); Schulte, in: ZFSH/SGB 06/1999, 347 ff (347); Schulze-Wilk, in: ZM 04/2000, 101; v. Schwanenflügel, in: EuR 02/1998, 210 ff (210); Sendler, in: KrV 10/1998, 285 ff (285); Steinmeyer, in: Igl (Hrsg.), Europäische Union und gesetzliche Krankenversicherung, 735 ff (744); Terwey, in: SozV 11/1998, 289 ff (290); Thelen, in: Handelsblatt Nr. 82 vom 29.04.1998, S. 2.

Gesundheitssysteme wie auch der übrigen Wirtschaftsräume kommen wird. In einer abschließenden Bewertung sollen dabei Chancen und Risiken für das nationale System der gesetzlichen Krankenversicherung aufgezeigt werden.

B. Nationale Ausgangslage (deutsches System der gesetzlichen Krankenversicherung)

Alle Mitgliedstaaten der Europäischen Union gewähren ihren Bürgern sozialen Schutz gegen das Risiko der Krankheit. Die Ausgestaltung der einzelnen nationalen Systeme der sozialen Sicherung bei Krankheit divergiert aber sehr stark.

Dabei lassen sich zwei Haupttypen der sozialstaatlichen Intervention unterscheiden. Zum einen die Nationalen Gesundheitsdienste (Beveridge´scher Prägung[14]) und zum anderen die Krankenversicherungssysteme (Bismarckscher Prägung[15]), die sich wiederum in reine Versicherungsmodelle und so genannte Mischsysteme[16] unterteilen lassen. Die Bundesrepublik Deutschland hat ein Krankenversicherungssystem, welches bereits durch das Gesetz betreffend die Krankenversicherung der Arbeitnehmer - KVG - am 15.06.1883[17] eingeführt wurde und auf ein so genanntes Mischsystem aufgebaut ist. Grundgedanke dieses Systems der Krankenversicherung ist die Vermeidung der finanziellen Überforderung von Personen durch Krankheit durch den Pflichtbeitritt in eine Solidargemeinschaft. Wie sich gegenwärtig die genaue rechtliche Ausgestaltung der gesetzlichen Krankenversicherung in Deutschland und insbesondere der Leistungsbereich der Vertragsärzte und Krankenhäuser darstellt, soll Thema dieses Kapitels sein.

I. Rechtsquellen und Gesetzgebungskompetenz im Recht der Leistungserbringer

Das Vertragsarztrecht[18] und das Krankenhausrecht lässt sich als die Gesamtheit der öffentlich-rechtlichen Normen bezeichnen, welche die Rechtsbeziehung der

---

[14] Beveridge, Social insurance and allied sercices, S. 1 ff.

[15] Bismarck, Gedanken und Erinnerungen, S. 400 ff.

[16] Siehe dazu die gelungene Darstellung von Langer, in: NZS 11/1999, 537 ff oder aber auch KOM (97) 102, S. 16 und insbesondere KOM (95) 357, S. 32 f; ausführlichst auch Knieps, in: GG 10/1998, 40 ff und ders., in: GG 11/1998, 34 ff.

[17] RGBl. S. 73.

[18] Bis Ende 1992 hießen die Ärzte, die an der Versorgung der bei den (damaligen) Primärkassen Versicherten beteiligt waren, Kassenärzte und nur diejenigen Ärzte, die Versicherte der Ersatzkassen behandelten, Vertragsärzte. Seit 01.01.1993 heißen alle Ärzte, die gesetzlich Krankenversicherte versorgen, Vertragsärzte. Demzufolge wurde auch die

Krankenkassen zu den Ärzten, Zahnärzten sowie zu den Krankenhäusern regeln. Die Regelungen des Vertragsarztrechts und des Krankenhausrechts bilden dabei eine Ausgestaltung des Sozialstaatsprinzips (Art. 20 I GG). Sie dienen der Verwirklichung des sozialversicherungsrechtlichen Schutzes, der verfassungsrechtlich verankert ist.[19]

1. Rechtsquellen

Rechtsquellen im Vertragsarzt[20] und Krankenhausrecht sind alle Normen, welche die Durchführung der vertragsärztlichen und krankenhäuslichen Versorgung betreffen. Vorrangig sind dabei die zur Regelung der Leistungserbringung erlassenen gesetzlichen Vorschriften. Neben gesetzlichen Bestimmungen ist es unter anderem in einer Vielzahl von Verordnungen, Richtlinien, sowie Verträgen und Satzungen geregelt.

a) Insbesondere: SGB V

Gesetzlich ist das Vertragsarztrecht im wesentlichen im SGB V normiert, welches als Teil des Gesetzes zur Strukturreform im Gesundheitswesen (Gesundheitsreformgesetz - GRG - vom 20.12.1988, BGBl. I S. 2477) am 01.01.1988 in Kraft getreten ist. Das Kernstück des Vertragsarztrechts befindet sich im 4. Kapitel des SGB V, „Beziehungen der Krankenkassen zu den Leistungserbringern". Hier insbesondere der 1. Abschnitt (§§ 69-71) mit seinen allgemeinen Grundsätzen und der 2. Abschnitt (§§ 72-106) mit den Beziehungen zu Ärzten und Zahnärzten. Jedoch enthalten auch weitere Bestimmungen des 4. Kapitels SGB V (§§ 107-140) sowie das 5. Kapitel (§ 141) zusätzliche Gestaltungsnormen für das Vertragsarztrecht.
Kernstück des Krankenhausrechts befindet sich ebenfalls im 4. Kapitel des SGB V. Im dritten Abschnitt (§§ 107 ff) ist die Beziehung der Krankenhäuser zu den Krankenkassen geregelt. Weiterer Mittelpunkt des Krankenhausrechts ist das Krankenhausfinanzierungsgesetz (KHG) vom 29. Juni 1972 [21]. Es zielt auf Planung und Bereithaltung des notwendigen Bedarfs an Krankenhausleistungen ab und enthält die Grundsätze der

---

Bezeichnung „Zulassungsverordnung für Kassenärzte" durch die Bezeichnung „Zulassungsverordnung für Vertragsärzte" ersetzt durch Art. 9 Nr. 1 GStruktG vom 21.12.1992 (BGBl. I S. 2266).

[19] Nach Rspr. des BVerfG ist die Sozialversicherung ein „besonders prägnanter Ausdruck des Sozialstaatsprinzips", aus BVerfGE 28, 324 ff (348).

[20] Entsprechendes gilt auch für Vertragszahnärzte; im Folgenden werden der Einfachheit halber nur die Vertragsärzte erwähnt (vgl. auch § 72 I 2 SGB V).

[21] BGBl. I, S. 1009

Krankenhausbedarfsplanung[22], der staatlichen Förderung und der Pflegesatzverordnung.
Das SGB V stellt einen besonderen Teil des Sozialgesetzbuches dar. Das sozialrechtliche Verwaltungsverfahrensrecht des SGB X gilt somit auch im Recht der Leistungserbringer (vgl. § 1 SGB X iVm § 37 SGB V). Soweit das SGB V jedoch eigenständige Verfahrensregeln enthält, z.B. im Zulassungsverfahren, im Schiedsverfahren oder in der Wirtschaftlichkeitsprüfung, gehen diese Bestimmungen vor. Die Verfahrensvorschriften des SGB X sind lediglich für nicht geregelte Sachverhalte ergänzend anzuwenden.

b) Rechtsverordnungen

Weitere Regelungen im Vertragsarztrecht existieren in Form von Rechtsverordnungen. Vorrangig sind zwar die zur Regelung des Vertragsarztrechts erlassenen gesetzlichen Vorschriften. Der Begriff des „Gesetzes" ist jedoch im materiellen Sinne zu verstehen. Gesetzliche Vorschriften - iSd § 72 II SGB V - sind somit auch die aufgrund einer gesetzlichen Ermächtigung erlassenen Normen im formellen Rang unterhalb des Gesetzes. Bedeutendste Rechtsverordnungen sind dabei die Zulassungsverordnung und die Schiedsamtsverordnung. Ermächtigungsgrundlage zum Erlass dieser Rechtsverordnungen im Vertragsarztrecht sind die §§ 98 und 89 VI SGB V. Von besonderem Interesse im Verlauf dieser Arbeit wird dabei die Zulassungsverordnung für Vertragsärzte sein (§ 98 SGB V). Diese regelt das Nähere über die Teilnahme der Ärzte an der vertragsärztlichen Versorgung sowie die zur Sicherstellung der Versorgung erforderliche Bedarfsplanung und die Beschränkung von Zulassungen. Weitere bestehende Rechtsverordnungen[23] im Vertragsarztrecht sind für die Ausgangsfragestellung von untergeordneter Bedeutung.
Wichtigste Verordnung im Krankenhausrecht ist die Bundespflegesatzverordnung (BPflV). Diese wurde vom Bundesgesetzgeber aufgrund der Ermächtigung des § 16 KHG erlassen und konkretisierte die gesetzlichen Grundsätze der Pflegesatzbemessung in § 17 KHG.

---

[22] Die Einführung der Bedarfsplanung im Krankenhauswesen hat die Krankenhäuser innerhalb weniger Jahre mit einem dichten Netz gesetzlicher Regelungen überzogen. Vor 1972 waren die Krankenhausträger nur punktuell Gegenstand normativer staatlicher Ingerenz.

[23] So z.B. die gemäß § 90 III 4 und § 91 III 2 SGB V ergangene Verordnung über die Amtsdauer, Amtsführung und Entschädigung der Mitglieder der Bundes- und Landesausschüsse der Ärzte und Krankenkassen.

c) Richtlinien

Des weiteren steht zur Aufstellung von Grundsätzen im Vertragsarztrecht die Möglichkeit des Richtlinienerlasses zur Verfügung. So haben z.B. zur Sicherstellung der ärztlichen Versorgung der Bundesausschuss für Ärzte und der Krankenkassen sowie der Bundesausschuss für Zahnärzte und Krankenkassen (§ 91 SGB V) die erforderlichen Richtlinien über die Gewähr für eine ausreichende, zweckmäßige und wirtschaftliche Versorgung der Versicherten zu erlassen, § 92 I SGB V. Die Richtlinien sind formell Verwaltungsvorschriften, materiell sind sie als gutachterliche Äußerungen aufzufassen.[24] Kraft der gesetzlichen Bestimmung des § 92 VII SGB V entfalten sie gegenüber den kassenärztlichen Vereinigungen und den Verbänden der Krankenkassen unmittelbare und uneingeschränkte Verbindlichkeit.[25] Richtlinien haben im Vertragsarztrecht insbesondere die Funktion, das in den §§ 12 I, 70 I, 72 II SGB V geregelte Wirtschaftlichkeitsgebot zu konkretisieren, d.h. unter Beachtung des allgemein anerkannten Standes der medizinischen Erkenntnisse Grundlagen für die ärztliche Behandlungs- und Verordnungsweise festlegen.[26] Für den stationären Leistungs-bereich obliegt es dem Bundesausschuss der Ärzte und Krankenkassen nach § 92 I Nr. 6 SGB V Richtlinien über die Verordnung von Krankenhausbehandlungen zu erlassen.

d) Verträge

Wesentliches Regelungsinstrumentarium, wenn auch den gesetzlichen Vorschriften des Vertragsarztrechts und den Richtlinien der Bundesausschüsse der Ärzte und Krankenkassen untergeordnete und ihnen gegenüber nachrangige Rechtsgrundlagen der vertragsärztlichen Versorgung, sind Verträge. Gemäß dem in § 72 II SGB V festgelegten Vertragsprinzips sind die Vertragspartner der vertragsärztlichen Versorgung zur autonomen Ausgestaltung der Modalitäten der vertragsärztlichen Versorgung ermächtigt. Die Verträge haben Rechtswirkung für alle Beteiligten und folgen bestimmten Grundsätzen, die

---

[24] Funk, in: Schulin, Handbuch des Sozialversicherungsrechts, Band 1, § 32, Rn 10; Hess, in: KassKomm, § 92 SGB V, Rn 4; Jörg, Das neue Kassenarztrecht, Rn 91.

[25] Bredehorn, Die Rechtsnatur der Richtlinien im Kassenarztrecht, § 3, I., 2., a.; Heinze (Hrsg.), Gk-Sozialversicherung, Band 3, § 92, Rn 3; Jörg, Das neue Kassenarztrecht, Rn 94; Siewert, Das Vertragsarztrecht, 4.4.3.

[26] Hess, in: KassKomm, § 92 SGB V, Rn 4; Schulin, in: Schulin, Handbuch der Sozialversicherungsrechts, Band 1, § 6, Rn 99; Vahldiek, in: Hauck/Haines, SGB V - Kommentar, § 92, Rn 3.

dem Gesetz teils ausdrücklich, teils nach Sinn und Zweck zu entnehmen sind.[27] Somit werden unter anderem zum Zwecke der Sicherstellung der vertragsärztlichen Versorgung Gesamtverträge abgeschlossen, vgl. §§ 72 II, 82 ff SGB V. Inhalt dieser Gesamtverträge ist zum einen die Verpflichtung der kassenärztlichen Vereinigung, „eine ausreichende, zweckmäßige und wirtschaftliche Versorgung der Versicherten" zu gewährleisten (Sicherstellungsauftrag, zum Inhalt und Umfang siehe § 75 SGB V). Zum anderen werden die Krankenkassen gegenüber den kassenärztlichen Vereinigungen verpflichtet, die ärztliche Leistung „angemessen" zu vergüten (vgl. § 72 II SGB V, durch die Erstellung eines so genannten Honorarverteilungsmaßstabes).
Als zweite Vertragsform gibt es auf Bundesebene für die vertragsärztliche Versorgung einen Bundesmantelvertrag (BMV). Dieser Bundesmantelvertrag wird zwischen den Kassenärztlichen Vereinigungen einerseits und den Bundesverbänden der Krankenkassen andererseits geschlossen. Darin wird der allgemeine Inhalt der Gesamtverträge auf Landesebene geregelt.[28] Kraft Gesetz sind bestimmte Regelungen Inhalt der Bundesmantelverträge. Zum einen zählen dazu die einheitlichen Bewertungsmaßstäbe für ärztliche und zahnärztliche Leistungen, die von den Bewertungsausschüssen als Bestandteil der Bundesmantelverträge vereinbart werden (§ 87 I 1 SGB V) und zum anderen Richtlinien der Bundesausschüsse (§ 92 VIII SGB V) der Ärzte und Krankenkassen.[29] Diese genannten Verträge stellen autonomes Recht dar. Sie bestehen zum Teil aus Ausführungsbestimmungen von gesetzlichen Normen und Richtlinien („im Rahmen der gesetzlichen Vorschriften"), zum Teil regeln sie aber auch Bereiche, die nicht Gegenstand von Gesetzen, Rechtsverordnungen oder Richtlinien sind.[30] Die im SGB V vorgesehenen Vertragsarten haben somit die wichtige Aufgabe der inhaltlichen Konkretisierung des Rechts der vertragsärztlichen Versorgung.

---

[27] Hörnemann, Die Selbstverwaltung im Gesundheitswesen, 3.4.1; Krauskopf, in: Laufs/Uhlenbruck, Handbuch des Vertragsarztrechts, § 30, Rn 7.
[28] Gutknecht, Die kassenzahnärztliche Versorgung in der Bundesrepublik Deutschland, 8.2; Jörg, Das neue Kassenarztrecht, Rn 29; Hörnemann, Die Selbstverwaltung im Gesundheitswesen, 3.4.2; Krauskopf, in: Laufs/Uhlenbruck, Handbuch des Arztrechts, § 30, Rn 4; Schneider, Kassenarztrecht, E., I., 1., a).
[29] Krauskopf, in: Laufs/Uhlenbruck, Handbuch des Arztrechts, § 30, Rn 5; Stiller, in: Gk-SGB V, zu §§ 82, 83 ff, Rn 21.
[30] Jörg, Das neue Kassenarztrecht, Rn 29; Krauskopf, in: Laufs/Uhlenbruck, Handbuch des Vertragsarztrechts, § 30, Rn 2; Klückmann, in: Hauck/Haines, SGB V - Kommentar, § 72, Rn 4; Schneider, Kassenarztrecht, E., I., 1., a)); Siewert, Das Vertragsarztrecht, 4.5.

Nach § 112 I SGB V können über Krankenhausbehandlungen zweiseitige Verträge abgeschlossen werden. Ziel dieser Verträge ist die Regelung der stationären Krankenhauspflege im Rahmen der gesetzlichen Vorschriften. Weiterer bedeutender Vertrag im Krankenhausrecht ist der Versorgungsvertrag nach § 108 Nr. 3 iVm 109 SGB V. Er berechtigt die Krankenhäuser, die nicht unter § 109 SGB V Nr. 1 und Nr. 2 fallen, zur Teilnahme an der Krankenhausbehandlung der gesetzlich Versicherten.

2. Konkurrierende Gesetzgebungskompetenz des Bundes für das Krankenhaus- und Vertragsarztrecht

Das Grundgesetz spricht dem Bund keine legislatorische Totalkompetenz für das Sozialrecht oder das Recht der sozialen Sicherheit zu.[31] Vielmehr ist dem Bund nur für einzelne Sachgebiete die Gesetzgebungskompetenz eingeräumt. Für das Vertragsarztrecht ist die konkurrierende Gesetzgebungskompetenz des Bundes aus Art. 74 Nr. 12 GG herzuleiten. Die danach bestehende Gesetzgebungs-kompetenz für die Sozialversicherung schließt das Vertragsarztrecht mit ein, soweit die geregelte Materie dem Gebiet der Sozialversicherung zuzuordnen ist.[32] Hierunter fällt insbesondere auch der Sicherstellungsauftrag für die kassenärztliche Versorgung.[33] Ebenso steht dem Bund die konkurrierende Gesetzgebungskompetenz für die wirtschaftliche Sicherung der Krankenhäuser und die Regelung der Krankenhauspflegesätze zu (Art. 74 Nr. 19 a GG).

II. Bedeutung und Umfang der gesetzlichen Krankenversicherung

Um die 90%[34] der Bevölkerung der Bundesrepublik Deutschland[35] sind in der gesetzlichen Krankenversicherung versichert. Nicht nur wegen der hohen Zahl

---

[31] BVerfGE 11, 105 ff (111).

[32] BVerfGE 7, 29 ff (47); Becker, in: JZ 11/1997, 534 ff (535); Laufs, in: Laufs/Uhlenbruck, Handbuch des Arztrechts, § 5, Rn 2; Maunz, in: Maunz/Dürig, GG-Kommentar, Art. 74, Rn 175; v. Münch, in: v. Münch, GG-Kommentar, Art. 74, Rn 62; Merten, in: Schulin, Handbuch des Sozialversicherungsrechts, Band 1, § 5, Rn 111; Weber, Die Organisation der gesetzlichen Krankenversicherung, 3. Teil, A., I.

[33] BVerwGE 65, 362 ff (365).

[34] Die Versicherungspflicht in der GKV bezieht sich auf gut 50 % der Bevölkerung. Mit den mitversicherten Familienangehörigen erhöht sich der Anteil auf 75 % der Bevölkerung. Mit Hilfe der freiwillig Versicherten erhöht sich dieser auf knapp 90 % der Bevölkerung. Angaben aus Schirmer, in: Schulin, Handbuch des Sozialversicherungsrechts, Band 1, § 14, Rn 1.

[35] Alle folgenden Zahlen aus: Statistisches Bundesamt (Hrsg.), Statistisches Jahrbuch für die Bundesrepublik Deutschland 1997 und 1998.

der in ihr Versicherten, sondern auch wegen des an den Zielen der Heilung, aber auch Prävention und der Rehabilitation ausgerichteten Bezugs ihrer Leistung gilt die gesetzliche Krankenversicherung als das wichtigste Sicherungssystem des deutschen Gesundheitswesens. Den hohen Stellenwert der gesetzlichen Krankenversicherung zeigt sich aber auch an dem finanziellen Betrag, den sie alljährlich für Leistungen an ihren Versicherten aufwendet. So betrugen die Leistungsausgaben der gesetzlichen Krankenversicherung 1992 und 1993 jeweils 200 Mrd. DM, 1994 mehr als 210 Mrd. DM, 1995 228,81 Mrd. DM und 1996 bereits 272 Mrd. DM, Tendenz somit deutlich steigend. Davon entfielen 1995 auf die Krankenhausbehandlung 77,7 Mrd. DM, auf die ambulante ärztliche Behandlung 52,25 Mrd. DM, auf die Versorgung mit Arznei-, Heil-, und Hilfsmitteln sowie Zahnersatz 55,65 Mrd. DM und auf das Krankengeld 18,4 Mrd. DM. Die Gründe für diese progressive Leistungsentwicklung sind quantitativ in einer erhöhten Leistungsinanspruchnahme zu erklären. Diese resultiert primär aus der steigenden Lebenserwartung, welche wiederum durch den (qualitativen) medizinisch-technischen Fortschritt begünstigt wird.[36] So wird heute vieles als Krankheit erkannt und behandelt, was früher dem medizinischen Wissen verschlossen blieb. Zahlreiche Erkrankungen im fortgeschrittenen Alter „erlebten" - im ganz ursprünglichen Sinne des Wortes - die Menschen in der Vergangenheit nicht. Qualitativ sind die Gründe in einer verbesserten und damit meistens auch teureren Behandlungsmöglichkeiten zu sehen. Der angesprochene Fortschritt eröffnet eine Fülle neuer - häufig aufwendiger - diagnostischer und therapeutischer Möglichkeiten.[37] Dies bringt zwangsläufig eine Kostensteigerung[38] mit sich.

Die gesetzliche Krankenversicherung in ihrer heutigen Gestalt hat sich von ihren Ursprüngen im KVG weit entfernt. Bis in die Zeit der Weimarer Republik hinein war die gesetzliche Krankenversicherung eine zwangsweise Versicherung zum Schutz sozial schwacher Personen. Schon seit einigen Jahrzehnten geht es jedoch nicht mehr darum, besonders schutzbedürftige Personenkreise zur zwangsweisen Eigenvorsorge zu zwingen. Eine Grundsicherung ergäbe sich bereits aus dem Sozialhilferecht, konkret dem § 37 BSHG.[39] Demnach sollen die Leistungen in der Regel den Leistungen entsprechen, die nach den Vorschriften über die gesetzliche

---

[36] Boetius, in: Boetius/Wiesemann, Die Finanzierungsgrundlagen in der Krankenversicherung, A., 1., 1.1.

[37] Ebd; Schulin/Igl, Sozialrecht, Rn 114.

[38] Häufig unsachlich in Politik und Medien auch als „Kostenexplosion" bezeichnet.

[39] Siehe dazu Fichtner, in: Knopp/Fichtner, BSHG-Kommentar, § 36, Rn 2 f.

Krankenversicherung gewährt werden (§ 37 II 2 BSHG). Die Sozialversicherungspflicht hat daher heutzutage maßgeblich die Funktion, die Allgemeinheit vor mangelnder Individualvorsorge zu schützen.[40]

III. Finanzierung der gesetzlichen Krankenversicherung

Grundsätzlich müssen in der gesetzlichen Krankenversicherung die nach § 5 I Nr. 1 versicherungspflichtig Beschäftigten und die Arbeitgeber jeweils anteilig zur Hälfte die Beiträge tragen, § 249 I SGB V. Die Höhe der Beiträge richten sich in der Krankenversicherung nach den Bruttobezügen der Versicherten, vgl. § 3 Satz 2 SGB V. Die Finanzierung der Krankenversicherung erfolgt durch ein ausgaben-orientiertes Einnahmesystem.[41] Dabei spielen für die Beitragshöhe in der gesetzlichen Krankenversicherung, anders als bei den privaten Krankenversicherungsunternehmen, die individuellen (Krankheits-) Risiken und die Zahl der mitversicherten Familienmitglieder (§ 10 SGB V) keine Rolle. Hierin ins-besondere liegt das Soziale in der gesetzlichen Krankenversicherung begründet.[42]

IV. Die Grundprinzipien der gesetzlichen Krankenversicherung

Das System der gesetzlichen Krankenversicherung in der Bundesrepublik Deutschland ist geprägt durch grundlegende Prinzipien. Diese Grundprinzipien, die das Wesen der sozialen Krankenversicherung bestimmen, sind im ersten Kapitel des SGB V „Allgemeine Vorschriften" - §§ 1 bis 4 - normiert.

In § 1 SGB V wird zum Ausdruck gebracht, dass die gesetzliche Krankenversicherung eine Versicherung ist. Diese Krankenversicherung hat - als Solidar-gemeinschaft - die Aufgabe, die Gesundheit der Versicherten zu erhalten, wiederherzustellen oder ihren Gesundheitszustand zu verbessern (§ 1 Satz 1 SGB V). In § 1 SGB V ist zudem als zweites tragendes Grundprinzip der gesetzlichen Krankenversicherung das Solidaritätsprinzip festgeschrieben. Dieses wird in § 3 SGB V aufgegriffen und im Hinblick auf das

---

[40] Ost/Mohr/Estelmann, Grundzüge des Sozialrechts, C., II., 4., b); ebenso Schulin, in: Schulin, Handbuch des Sozialversicherungsrechts, Band 1, § 6, Rn 41; Schulin/Igl, Sozialrecht, Rn 80.

[41] Interessant hierzu die Pressemitteilung Nr. 20 vom 03.März des Bundesministeriums für Gesundheit: „Knapp eine Milliarde Überschuss und stabiles Beitragssatzniveau: Finanzentwicklung der gesetzlichen Krankenversicherung in 1999 überaus positiv", unter http://www.bmgesundheit.de/presse/2000/2000/20.htm.

[42] Ost/Mohr/Estelmann, Grundzüge des Sozialrechts, C., II., 4., b); Schulin/Igl, Sozialrecht, Rn 235; Straub, Gesetzliche Krankenversicherung, SGB V, 11.1.1.

Finanzierungsrecht konkretisiert. In § 1 Satz 2 SGB V ist dem Solidaritätsprinzip das Prinzip der Eigen-verantwortlichkeit der Versicherten für ihre Gesundheit gegenübergestellt worden.

§ 2 SGB V regelt die Grundprinzipien der gesetzlichen Krankenversicherung, soweit sie den Inhalt der Leistungen und die Art ihrer Erbringung betreffen, so u.a. das Sachleistungsprinzip (§ 2 II 1 SGB V), das Vertragsprinzip (§ 2 II 2 SGB V) sowie die Grundsätze der Wirtschaftlichkeit und Wirksamkeit für den gesamten Bereich der Leistungserbringung (§ 2 IV SGB V).

Mit der Durchführung der gesetzlichen Krankenversicherung sind gemäß § 12 SGB V iVm § 21 II SGB I die gesetzlichen Krankenkassen betraut. Die grundlegenden Organisationsprinzipien, die für die Krankenkassen gelten, sind in § 4 SGB V festgelegt. So das Selbstverwaltungsprinzip (§ 4 I SGB V), das Gliederungsprinzip (§ 4 II SGB V), das Prinzip der Zusammenarbeit (§ 4 III SGB V) sowie die Grundsätze der Sparsamkeit und Wirtschaftlichkeit, bezogen auf die Verwaltungsangelegenheiten der Krankenkassen (§ 4 IV SGB V).

Die Hauptfunktion der §§ 1 bis 4 SGB V liegt darin, die Vorstellungen des Gesetzgebers über die Ziele und Grundprinzipien einer gesetzlichen Krankenversicherung in normativer Form zum Ausdruck zu bringen.[43] Um den konkreten Inhalt dieser Grundprinzipien der gesetzlichen Krankenversicherung zu erfassen, soll im folgenden die nähere Ausgestaltung der Grundprinzipien untersucht werden.

1. Das Versicherungsprinzip

Indem der Gesetzgeber in § 1 Satz 1 SGB V das Wort „Krankenversicherung“ verwendet, bringt er zum Ausdruck, dass er die Absicherung des Einzelnen gegen das Risiko der Krankheit durch Nutzung des Versicherungsprinzips erreichen will.[44]

Im Sozialgesetzbuch V wird allerdings nicht definiert, was unter „Versicherung“ zu verstehen ist. Nach herkömmlicher Auffassung[45] stellt eine Versicherung einen Zusammenschluss von Wirtschaftssubjekten dar, die von einer gleichartigen Gefahr bedroht sind. Die Verwirklichung der Gefahr ist dabei für den Einzelnen zufällig und unberechenbar. Im Rahmen dieser Gefahrengemeinschaft besteht aber eine bestimmte und kalkulierbare Eintrittswahrscheinlichkeit für den Schadensfall. Die Gefahrengemeinschaft übernimmt gegen Zahlung von Beiträgen das Risiko des Einzelnen. Wenn der Schadensfall, d.h. der Versicherungsfall, eintritt, deckt die Gesamtheit der

---

[43] Gitter, in: SGb 03/1991, 85 ff (86); Knieps, in: SF 09/1991, 212 ff (214).
[44] Schirmer, in: Gk-SGB V, § 1, Rn 11.
[45] Vgl. dazu bspw. BVerwGE 75, 155 ff (159).

Gefahrengemeinschaft den bei dem Einzelnen entstandenen Bedarf. Diese Merkmale einer Versicherung sind auch die Merkmale der gesetzlichen Krankenversicherung.[46] Die Mitglieder der gesetzlichen Krankenversicherung sind alle gleichartig von der Gefahr der Krankheit bedroht, deren Eintrittswahrscheinlichkeit für den einzelnen Versicherten konkret nicht berechenbar ist. Der Risikoausgleich erfolgt dadurch, dass aus dem anteiligen Beitragsaufkommen der Versicherten und der Arbeitgeber von der individuellen Bedürftigkeit abhängige Leistungen gewährt werden, wenn der Versicherungsfall eintritt.

2. Finalität der Leistung

Die gesetzliche Krankenversicherung ist nicht ein kausal, sondern ein final ausgerichtetes Sozialversicherungssystem. Dies bedeutet, dass es für Leistungsansprüche nicht auf die Krankheitsursache ankommt, sondern der Krankheitszustand an sich lässt den Anspruch des Versicherten bereits entstehen.[47] Die Ursachen des leistungsauslösenden Zustandes sind dabei ohne Bedeutung. Leistung erhält der Versicherte, weil er krank ist. Nicht erhält er nur deswegen Leistung, weil die Krankheit auf einer bestimmten, im Gesetz als Anspruchsvoraussetzung definierten Ursachen beruht. Es gibt nahezu keine Leistungsbeschränkung (anspruchsbehindernde bzw. anspruchsbegrenzende Umstände), auch wenn der Versicherte den Eintritt einer ansonsten vermeidbaren Krankheit maßgeblich mitverursacht hat.[48]

Allerdings sieht das Gesetz zwei Ausnahme vom Finalitätsprinzip vor. Zum einen kann es gemäß § 52 SGB V zu einer Leistungsbeschränkung kommen, wenn der Versicherte sich eine Krankheit vorsätzlich, bei einem Verbrechen oder einem vorsätzlichen Vergehen zugezogen hat. Zum anderen scheiden Leistungen grundsätzlich aus, wenn „sie als Folge eines Arbeitsunfalls oder einer Berufskrankheit im Sinne der gesetzlichen Unfallversicherung zu erbringen sind", § 11 IV SGB V.[49] Diese gesetzlichen Regelungen stellen aber nur Ausnahmen dar. Grundsätzlich kommt es in der gesetzlichen Krankenversicherung zur uneingeschränkten Anwendung des

[46] Schirmer, in: Gk-SGB V, § 1, Rn 11, 15; Schulin, in: KrV, 1989, 215 ff (216).

[47] Ost/Mohr/Estelmann, Grundzüge des Sozialrechts, C., II., 4., a); Schulin/Igl, Sozialrecht, Rn 299.

[48] Die vielfach geführte Diskussion über die Berücksichtigung individueller Risikofaktoren (Rauchen, gefährliche Sportarten, bzw. Leistungssport generell) hat bislang keine Auswirkungen auf das SGB V gehabt.

[49] Im § 11 IV SGB V ist der generelle Vorrang der gesetzlichen Unfallversicherung (kausales Leistungsprinzip) vor der gesetzlichen Krankenversicherung normiert.

Finalitätsprinzips. § 1 Satz 2 SGB V, der die Eigenverantwortung des Versicherten für seine Gesundheit betont („mit verantwortlich"), stellt zudem nicht mehr als einen gesetzgeberischen Appell dar.[50] Lediglich im Bereich der Zahnbehandlung versucht der Gesetzgeber durch Kostenregelung ein gesundheitsbewusstes Verhalten zu fördern.[51] Hier wird dem Versicherten, der sich nach Maßgabe des Gesetzes gesundheitsbewusst verhält, mehr gewährt als demjenigen, der es unterlässt.[52] Eine Durchbrechung des grundsetzlich geltenden Finalitätsprinzips ist hierin nicht zu sehen, sondern nur die Setzung eines Anreizes für den Versicherten zu gesundheitsbewußtem Verhalten.

3. Fehlende Risikoäquivalenz und Solidaritätsprinzip

Weitere Kennzeichen der gesetzlichen Krankenversicherung sind die fehlende Risikoäquivalenz und das Solidaritätsprinzip.

a) Solidaritätsprinzip

Die gesetzliche Krankenversicherung ist nach § 1 Satz 1 SGB V eine Solidargemeinschaft. Der Solidaritätsgedanke ist dabei einer der tragenden Grundpfeiler der sozialen Krankenversicherung.[53] Das Solidaritätsprinzip ist in der Gesetzesbegründung zum GRG erläutert.[54] Danach sind die Beiträge, die der Versicherte für seine gesetzliche Krankenversicherung zu entrichten hat, von seiner individuellen finanziellen Leistungsfähigkeit abhängig (Leistungsfähigkeitsprinzip). Der Anspruch auf die gewährte medizinische Leistung besteht dann jedoch unabhängig von der Höhe der gezahlten Beiträge. In der Krankenversicherung ist die Leistung der Krankenbehandlung somit für alle Versicherten gleich, deren Beiträge sind aber entsprechend ihres jeweiligen Einkommens unterschiedlich hoch. Die Höhe des Beitrages des Einzelnen bestimmt sich also nach seiner individuellen Leistungsfähigkeit, wie sie sich im

---

[50] Gitter, in SGb 03/1991, 85 ff (86); Knieps, in: SF 09/1991, 212 ff (214).

[51] Initiativen, wonach Krankenkassen bei einem Jahr ohne Inanspruchnahme der Krankenkassen einen Teilbetrag der Beiträge an den Versicherten zurückzahlen, ist bisher nur bei Privaten Krankenkassen zu verzeichnen (so bspw. die Vereinte Krankenversicherung AG).

[52] So wird bspw. gemäß § 30 II 3 SGB V der Versichertenanteil bei eigenen Bemühungen zur Gesunderhaltung der Zähne um 10 Prozentpunkte gemindert; Beispiel hierfür ist das so genannte „Bonusheft".

[53] Vgl. Gitter, in: SGb 3/1991, 85 ff (86); Spellbrink, Wirtschaftlichkeitsprüfung im Kassenarztrecht, Rn 12.

[54] BT-Drucks 11/2237, S. 146.

Arbeitseinkommen wiederspiegelt.[55] Das Mitglied hat nach dem von seiner Krankenkasse für alle Mitglieder festgesetzten Beitragssatz einen entsprechenden Anteil seines Einkommens an seine Krankenkasse abzuführen.[56]

b) Fehlende Risikoäquivalenz

Unerheblich für die Beitragshöhe sind zudem Alter, Geschlecht und das gesundheitliche Risiko des Versicherten. Es gilt also nicht das strenge, am individuellen Krankheitsrisiko ausgerichtete Äquivalenzprinzip.[57]

4. Prinzipien der Leistungsgewährung

Für die Leistungsgewährung an die Versicherten sieht das SGB V das Sachleistungs- und das Kostenerstattungsprinzip vor.

a) Grds.: Sachleistungsprinzip (§ 2 II SGB V)

Das Leistungserbringungsrecht der gesetzlichen Krankenversicherung wird seit dem Inkrafttreten des „Gesetzes, betreffend die Krankenversicherung der Arbeiter" vom 15.06.1883 beherrscht durch das so genannte Sachleistungsprinzip.[58] Seit dem Inkrafttreten des Gesundheits-Reformgesetzes am 01.01.1989[59] ist dies auch eindeutig im Gesetz festgeschrieben.[60]

Gemäß § 2 I 1 SGB V stellen die Krankenkassen ihren Versicherten die Leistung, auf die diese nach den Vorschriften des SGB V Anspruch haben, zur Verfügung. § 2 II 1 SGB V konkretisiert diesen Grundsatz dahingehend, dass

[55] BVerfGE 17, 1 ff (9, 10).

[56] Im Jahre 2000 betrugen die durchschnittlichen Beiträge 13,6 Prozent des Bruttolohns, Angaben aus Neubacher, in: Der Spiegel 07/2001, 58.

[57] Anders dazu die Privatversicherung, in der das Prinzip der Individualäquivalenz gilt. Danach werden die Beiträge der Versicherten nach dem von dem Versicherer übernommenen Versicherungsschutz, d.h. insbesondere nach dem individuellen Krankheitsrisiko des Versicherten, bemessen; aus Bogs, Die Sozialversicherung im Staat der Gegenwart, S. 413; Ausnahmen existieren jedoch auch für die gesetzliche Krankenversicherung §§ 242 (erhöhter Beitragssatz), 243 (ermäßigter Beitragssatz) SGB V.

[58] Höfler, in: KassKomm, § 13, Rn 2; Knieps, in: SF 09/1991, 212 ff (215); Schmitt, in: Schulin, Handbuch des Sozialversicherungsrechts, Band 1, § 28, Rn 1; aber auch BSGE 69, 170 ff (172); zum Vorrang des Sachleistungsprinzips auch nach dem 2. GKV-NOG (BGBl. I 1997, S. 1520) Roos, in: NZS 10/1997, 464 f (465).

[59] BGBl. I 1988, S. 2477.

[60] In der vorhergehenden Zeit wurde es aus § 182 RVO hergeleitet.

die Versicherten die Leistung als Sach- oder Dienstleistung erhalten, soweit das SGB V oder SGB IX nichts Abweichendes vorsieht. Der Leistungsanspruch der Versicherten beinhaltet somit gemäß § 2 II 1 SGB V einen Anspruch auf eine Dienst- oder Sachleistung. Als Dienstleistung im Sinne des § 2 II 1 SGB V sind dabei alle menschlichen Handlungen anzusehen, die an oder gegenüber dem Leistungsempfänger vorgenommen werden oder ihm unmittelbar zugute kommen, ausgenommen die Übergabe von Geld oder sonstiger Sachen.[61] Sachleistungen bestehen demgegenüber im Zurverfügungstellen, in der Regel in der Übergabe von Sachen mit Ausnahme von Geld.[62] Das Sachleistungsprinzip regelt seinem gesetzlichen Wortlaut nach zunächst lediglich die Leistungsbeziehung zwischen Krankenkasse und Versicherten. Die Verpflichtung, die Leistung als Sach- oder Dienstleistung den Versicherten zur Verfügung zu stellen impliziert aber, dass die gesetzlichen Krankenkassen die Leistung zu beschaffen haben. Der Sachleistungsgrundsatz hat also zugleich eine Verschaffungspflicht der Krankenkassen hinsichtlich der erforderlichen Leistung der Krankenbehandlung gegenüber den Versicherten zum Inhalt. Dieser Leistungsverschaffungspflicht kommen die Krankenkassen nach, indem sie mit den Leistungserbringern gemäß § 2 II SGB V Verträge über die Erbringung der Sach- und Dienstleistung an ihre Versicherten abschließen.[63] Diese Verschaffungspflicht hat in bezug auf die ärztliche Leistung unter dem Begriff „Sicherstellungsauftrag“ in das Gesetz Eingang gefunden, vgl. §§ 72 ff SGB V.[64]

In diesen dazu abgeschlossenen Verträgen werden die Leistungserbringer verpflichtet bzw. ermächtigt, die Versicherten zu Lasten der Krankenkasse zu behandeln. So hat z.B. der behandelnde Vertragsarzt keinen Anspruch auf Zahlung des Honorars gegen den gesetzlich Krankenversicherten, sondern lediglich gegenüber der Krankenkasse. Das Sachleistungsprinzip bringt damit auch das historisch gewachsene Verständnis, von dem das deutsche Krankenversicherungsrecht seit seinen Anfängen geprägt ist, zum Ausdruck. Der Versicherte soll davor geschützt werden, im Krankheitsfall die Behandlungskosten vorstrecken zu müssen und dadurch gegebenenfalls in finanzielle Not zu geraten.[65] Ob man angesichts der sowohl in § 11 SGB I als auch in § 2 II 1 SGB V angelegten Unterscheidung in Zukunft auf den Begriff

---

[61] Dalichau/Grüner, GSG-Kommentar, § 2-SGB V-Art. 1, Zu § 2 Abs. 2; Heinze (Hrsg.), Gk-Sozialversicherung, Band 3, § 2, 4); Schmitt, in: Schulin, Handbuch des Sozialversicherungsrechts, Band 1, § 28, Rn 3; Siewert, Das Vertragsarztrecht, S. 119.

[62] Ebd.

[63] Siehe dazu Kapitel 2., (A.), (I.), (4.) dieser Arbeit.

[64] Schulin/Igl, Sozialrecht, Rn 271.

[65] Knieps, in: SGb 09/1991, 212 ff (215); Muckel, in: SGb 09/1998, 385 ff (386)

Sachleistungsprinzip verzichten und stattdessen den Terminus „Naturalleistungsprinzip" verwenden oder von „Sach- und Dienstleistungs-prinzip" sprechen sollte, mag in diesem Zusammenhang dahingestellt bleiben.[66] Entscheidend ist, dass die Träger der gesetzlichen Krankenversicherung gezwungen sind, private und marktwirtschaftlich ausgerichtete Dritte, nämlich Ärzte, Krankenhäuser, Apotheken, Hebammen usw. in die Leistungserbringung einzuschalten, da sie die Sach- und Dienstleistungen typischerweise nicht selbst erbringen können und von Ausnahmen abgesehen[67] auch nicht selbst erbringen dürfen. Die gesetzlichen Krankenkassen erfüllen die ihnen gegenüber ihren Versicherten obliegende Sachleistungsverpflichtung also durch Inanspruchnahme der Leistungen und Dienste kassenexterner Anbieter. Durch das Sachleistungs-prinzip entsteht somit in der Regel eine Dreiecksbeziehung[68] Krankenversicherungsträger - Leistungserbringer - Versicherter.

Die Krankenkassen und die Leistungserbringer sind in der Gestaltung ihrer Rechtsbeziehung jedoch nicht frei. Vielmehr sind die gesetzlichen Vorgaben hierfür im 4. Kapitel des SGB V geregelt (§ 2 II 2, § 69 SGB V). Dadurch sind die beteiligten Akteure in ein öffentlich-rechtliches Regelungssystem eingebunden, welches nicht nur die Auswahl der Leistungserbringer, sondern auch die Leistungserbringung selbst sowie die Honorierung steuert. Zum Wesen des Sachleistungsprinzips gehört daher auch die Steuerung der Leistungserbringung durch hoheitliche Maßnahmen.[69]

b) Ausnahme: Kostenerstattungsprinzip

In einigen gesetzlich eng definierten Fällen wird der Grundsatz des Sachleistungsprinzips allerdings durchbrochen. So darf die Krankenkasse gemäß § 13 I SGB V anstelle der Sach- oder Dienstleistung Kostenerstattung vor-nehmen, soweit das SGB V dies vorsieht.[70] Das Kostenerstattungsprinzip

---

[66] So die allgemeine Ansicht in Rechtsprechung und Literatur, vgl. dazu Noftz, in: VSSR 05/1997, 393 ff (402); aufgrund der Irrelevanz für die Ausgangsfrage wird hier im Folgenden weiterhin der Terminus Sachleistungsprinzip verwandt.

[67] § 140 I, II, § 76 I 4 SGB V.

[68] Betrachtet man die Dreiecksbeziehung allerdings genauer, so muss man feststellen, dass es unpräzise ist, von „den Dreiecksbeziehungen" bzw. „den Leistungserbringern" zu sprechen. Vielmehr müsste man zwischen den verschiedenen Gruppen der Leistungserbringer differenzieren. Wie die Rechtsbeziehung der Krankenversicherungsträger zu den Vertragsärzten und Krankenhäusern gesetzlich und vertraglich im Detail ausgestaltet ist, wird erst in den folgenden Unterabschnitten ausführlich dargestellt. Zur Erläuterung des Sachleistungsprinzips soll es bei dieser Betrachtungsweise bleiben.

[69] Dazu Kötter, in: VSSR 04/1998, 233 ff (249); Wasem, in: SF 03/1998, 58 ff (59).

[70] Durch diese ausdrückliche Normierung wird auch klargestellt, dass eine erweiternde Rechtsauslegung nicht zulässig ist, aus Heinze (Hrsg.), Gk-Sozialversicherung, § 13, 3).

ist im SGB V insbesondere bei nicht rechtzeitiger Leistungserbringung oder unrechtmäßiger Ablehnung (§ 13 III SGB V), bei einer Behandlung im Ausland (§§ 17 II, 18 SGB V) sowie für freiwillige Mitglieder und ihre (mit-)versicherten Familienangehörigen (§ 13 II SGB V) vorgesehen.[71] Das Instrument der Kostenerstattung zeichnet sich dadurch aus, dass sich der Versicherte die Leistung selbst beschafft. Dies geschieht durch Abschluss privatrechtlicher Verträge mit den Leistungserbringern, die insbesondere auch die Vergütung regeln.[72] Die Krankenkassen erstatten dann nach Maßgabe des abgeschlossenen Versicherungsvertrages ihren Versicherten die Behandlungskosten, die ihnen auf Grundlage des privatrechtlichen Vertrages durch die Inanspruchnahme eines Arztes (oder sonstigen Leistungsanbietern des Gesundheitsmarktes) entstanden sind. In diesem Fall erhält der Versicherte also eine Rechnung von seinem Arzt, die er dann bei seiner Krankenkasse einreicht. Hauptunterscheidungskriterium zwischen Sachleistungs- und Kostenerstattungsprinzip ist also, wie die Zahlungsströme innerhalb der beteiligten Akteure fließen.[73]

Mit dem 2. GKV-NOG[74] vom 23.06.1997 wurde mit Wirkung zum 01.07.1997 der in § 2 SGB V verankerte Grundsatz des Sachleistungsprinzips allerdings, wenn auch nur kurzzeitig, aufgeweicht.[75] Die mit dem GSG 1993 auf freiwillige Mitglieder beschränkt eingeführte Befugnis, anstelle der Sach- und Dienstleistung die Kostenerstattung zu wählen (§ 13 II SGB V idF des GSG 1993), wurde mit dem 2. GKV-NOG erweitert. Die Beschränkung der Kostenerstattung auf freiwillige Mitglieder und ihre nach § 10 SGB V familienversicherten Angehörigen fiel damit weg. Ein neugefasster § 13 II 1 SGB V gewährte allen Versicherten in der gesetzlichen Krankenversicherung die Möglichkeit, Kostenerstattung für Leistungen zu wählen, die sie als Selbstzahler von den im vierten Kapitel des SGB V genannten

---

71 Andere Regelungen über Kostenerstattung, wie z.B. bei kieferorthopädischer Behandlung (§ 29 SGB V) oder Zahnersatz (§ 30 SGB V),erweisen sich bei näherem Hinsehen als „Sachleistungsgewährung mit Eigenbeteiligung des Versicherten", vgl dazu Muckel, in: SGb 09/1998, 385 ff (386); Schulin, in: BKK 1993, 718 ff (718), unter Hinweis auf BSGE 66, 284 ff (287)

72 Soweit sie nicht ohnehin durch öffentlich-rechtliche Gebührenordnungen, wie etwa die Gebührenordnung für Ärzte - GOÄ - geregelt sind.

73 Belter, in: Europablätter 01/2000, 3 ff (5); siehe dazu insbesondere auch die Darstellung von Wasem, in: SF 03/1998, 58 ff.

74 Gesetz zur Neuordnung von Selbstverwaltung und Eigenverantwortung in der gesetzlichen Krankenversicherung, BGBl. 1997, S. 1520.

75 A.A. Roos, in: NZS 10/1997, 464 ff (465), die das Verhältnis weiterhin vom Vorrang des Sachleistungsprinzip geprägt sieht, insbesondere deswegen, da die Wahl zur Kostenerstattung eine Sachleistungsverpflichtung der Krankenkasse voraussetzt.

Leistungserbringern in Anspruch nahmen. Die Regelung sollte das Prinzip der Eigenverantwortung und das Kostenbewusstsein aller Versicherten stärken.[76] Mit dem Gesetz zur Stärkung der Solidarität in der gesetzlichen Krankenversicherung (GKV-SolG)[77] vom 19.12.1998 ist die Möglichkeit für Pflichtversicherte, anstelle der Sach- und Dienstleistung Kostenerstattung zu wählen, jedoch wieder aufgehoben worden. Die Wahlfreiheit besteht seit dem 01.01.1999 wieder nur für freiwillig Versicherte, § 13 II SGB V.[78]
Trotz der eingangs erwähnten im SGB V vorgesehenen Fälle der Kostenerstattung besteht nach der Änderung des § 13 II SGB V zweifellos wieder der Vorrang des Sachleistungsprinzips. Der Vorgang der Kostenerstattung in der gesetzlichen Krankenversicherung der Bundesrepublik bleibt weiterhin die Ausnahme.

V. Akteure in der gesetzlichen Krankenversicherung

Wie bereits aufgeführt, kommt es in der gesetzlichen Krankenversicherung der Bundesrepublik Deutschland durch das vorherrschende Sachleistungsprinzip in der Regel zu einer Dreiecksbeziehung Krankenversicherungsträger - Leistungserbringer - Versicherter.

1. Krankenversicherungsträger

Die Vorschrift des § 4 I SGB V legt fest, dass als Träger der gesetzlichen Krankenversicherung die Krankenkassen tätig werden. Sie sind vom Gesetzgeber als rechtsfähige, sich selbst verwaltende Körperschaften des öffentlichen Rechts konzipiert worden (§ 29 I SGB IV, § 4 I SGB V).

a) Körperschaft des öffentlichen Rechts

Körperschaften des öffentlichen Rechts sind mitgliedschaftlich organisierte Verbände, die unabhängig vom Wechsel ihrer Mitglieder eine rechtliche Einheit bilden und auf dem Gebiet des öffentlichen Rechts tätig sind.[79] Die Durchführung der gesetzlichen Krankenversicherung ist damit nicht eine staatliche Aufgabe, sondern eine Aufgabe von rechtlich selbständigen Organisationen, die von einer Personenmehrheit getragen sind und eine

---

[76] BT-Drucks 13 / 6087, S. 20.
[77] BGBl. 1998, S. 3853.
[78] Die Wahl der Kostenerstattung berechtigt den freiwillig Versicherten aber nicht, sich Leistungen außerhalb des Systems der vertragsärztlichen Versorgung zu verschaffen. § 13 II 2 SGB V beschränkt diese Wahlfreiheit auf die im vierten Kapitel des SGB V genannten Leistungserbringer.
[79] Heinze (Hrsg.), Gk-Sozialversicherung, Band 3, § 4, 3); Schirmer, in: Gk-SGB V, § 4, Rn 6.

verbandsmäßige Struktur haben. Diese Organisationen gehören allerdings der mittelbaren Staatsverwaltung an, deren wesensnotwendiges Begriffsmerkmal die staatliche Rechtsaufsicht ist.[80] Dies ist speziell für die Versicherungsträger in § 87 I SGB IV geregelt.

b) Selbstverwaltungsprinzip, § 29 SGB IV, § 4 I SGB V[81]

Die Rechtsstellung der Krankenkasse wird in Absatz 1 weiter dadurch charakterisiert, dass die als Träger der gesetzlichen Krankenversicherung tätigen Körperschaften Selbstverwaltung genießen.[82] Der Status als Selbstverwaltungskörperschaft wird in § 29 II und III SGB IV präzisiert. Absatz 2 bestimmt, dass die Selbstverwaltung nicht durch die Bediensteten der Versicherungsträger, sondern grundsätzlich durch die Versicherten und die Arbeitgeber ausgeübt wird. Damit wird zum Ausdruck gebracht, dass die Aufgaben der Selbstverwaltung durch die Betroffenen der Krankenversicherung selbst erledigt werden. Absatz 3 enthält die Garantie, dass die Krankenkasse ihre Aufgabe selbständig und unabhängig von fachlichen Weisungen staatlicher Stellen wahrnehmen können. Angesichts der sehr detaillierten Regelungen durch Gesetze und Verordnungen bleibt jedoch für echte Selbstverwaltung, also eigenverantwortliche Entscheidungen, nur selten größerer Raum.[83]

c) Gliederungsprinzip, § 4 II SGB V

Des weiteren sind die Kassenarten dem Gliederungsprinzip unterworfen. § 4 II SGB V enthält den Grundsatz der gegliederten Krankenversicherung und somit eine Absage an die Einheitskrankenversicherung. Danach wird die gesetzliche Krankenversicherung von Allgemeinen Ortskrankenkassen, Betriebskrankenkassen, Innungskrankenkassen, landwirtschaftlichen Krankenkassen, Ersatzkassen, der See-Krankenkasse und der Bundesknappschaft durchgeführt. Diese Einteilung in sieben verschiedene Arten von Trägern ist dabei eine

---

[80] BSGE 2, 53 ff (57); 23, 206 ff (209); BVerfGE 39, 302 ff (313); insbesondere dazu Bogs, in: Bogs/v. Ferber, Soziale Selbstverwaltung, 5 ff (13); aber auch Hörnemann, Die Selbstverwaltung im Gesundheitssystem, S. 5.

[81] § 4 SGB V hat gegenüber § 29 SGB IV keine zusätzliche normative Bedeutung. Beide Vorschriften schließen sich allerdings nicht aus, sondern regeln mit gleicher Zielrichtung die Rechtsnatur der Krankenkassen, vgl. Schirmer, in: Gk-SGB V, § 4, Rn 3.

[82] Damit wird dem Grundsatz der Subsidiarität in § 1 SGB V Rechnung getragen, da die Beteiligten unmittelbare Mitwirkungsmöglichkeiten bei der Ausgestaltung der Gesundheitssicherung erhalten.

[83] Beispiel hierfür sind etwa das Leistungserbringungsrecht (§§ 69 ff SGB V) und hier insb. das Vertragsarztrecht (§§ 72 ff SGB V), die so genannte gemeinsame Selbstverwaltung.

organisatorische Besonderheit des deutschen Krankenversicherungssystems, welches sich in keinem anderen europäischen Staat wiederfindet.[84]
Die einzelnen Orts-, Betriebs- und Innungskrankenkassen haben sich dabei in Landesverbänden[85] (§ 207 SGB V) und in einen Bundesverband (§ 212 I SGB V) zu organisieren. Diese Verbände sind dann, wie ihre Mitglieder, ebenfalls Körperschaften des öffentlichen Rechts.

d) Prinzip der Zusammenarbeit, § 4 III SGB V

Nachteile des gegliederten Systems, die sich an den Nahtstellen der einzelnen Kassen und Verbände, im Informationsfluss und im Hinblick auf die Gleichbehandlung der Versicherten ergeben könnten, versucht § 4 III SGB V zu vermeiden. Sinn dieser Vorschrift ist, dass die Funktionsfähigkeit der gegliederten Krankenversicherung eine enge Zusammenarbeit der Krankenkassen - auch kassenübergreifend - und ihrer Verbände mit allen anderen Einrichtungen des Gesundheitswesens erfordert.[86] Besonderer Sinn und Zweck des § 4 III SGB V ist es, den sich aus dem Selbstverwaltungs- und Gliederungsprinzip ergebenden Tendenzen, nur die Interessen der eigenen Kasse und Kassenart zu vertreten, entgegenzusteuern. Soweit § 4 III SGB V die Zusammenarbeit der gesetzlichen Krankenkassen und ihrer Verbände mit allen anderen Einrichtungen des Gesundheitswesens vorschreibt, handelt es sich dabei vorwiegend um die Zusammenarbeit mit den Leistungserbringern. So ist eine kassenübergreifende Zusammenarbeit gefordert, wenn das Gesetz den Krankenkassen oder den Verbänden eine gemeinsame Aufgabenwahrnehmung, wie z.B. bei dem Abschluss gemeinsamer Verträge mit den Leistungserbringern (§§ 109 I, 111 II, 112 I, 115 I SGB V), vorschreibt.[87]

---

[84] Becker, in: JZ 11/1997, 534 ff (536); mit der Ausnahme Luxemburgs, siehe dazu Fn. 265 dieser Arbeit.

[85] Besteht in einem Land nur eine Krankenkasse der gleichen Art (wie es sogar in Flächenländer vorkommt, so z.B. die AOK Hessen, AOK Niedersachsen), hat sie die Rechtsstellung eines Landesverbandes, § 207 IIa, IV SGB V.

[86] Hierzu hat das BSG in seinem Urteil vom 13.09.1984 entschieden (abgedruckt in SGb 03/1986, 162 ff), dass es sich bei der Pflicht zur Zusammenarbeit gemäß § 4 III SGB V um eine konkrete Rechtspflicht handelt; zur rechtlichen Verbindlichkeit ebenso Schirmer, in: Gk-SGB V, § 4, Rn 77 und Peters, in: KassKomm, § 4, Rn 14.

[87] Zur Pflicht zur Zusammenarbeit zwischen den Krankenkassen und ihren Verbänden einerseits und den anderen Einrichtungen des Gesundheitswesens andererseits vgl. Schirmer, in: Gk-SGB V, § 4, Rn 85 ff.

e) Prinzip der Wirtschaftlichkeit, §§ 2 I, IV, 4 IV SGB V

Des weiteren haben die Krankenkassen gemäß § 4 IV SGB V bei der Durchführung ihrer Aufgaben und in ihren Verwaltungsangelegenheiten sparsam und wirtschaftlich zu verfahren. § 4 IV SGB V schreibt das Wirtschaftlichkeitsverfahren für den engeren klassischen Verwaltungsbereich vor und ergänzt damit § 69 II SGB IV, wonach die Krankenkassen bei der Aufstellung und Ausführung des Haushaltsplans sicherzustellen haben, dass sie die ihnen obliegenden Aufgaben unter Berücksichtigung der Grundsätze der Wirtschaftlichkeit und Sparsamkeit erfüllen können.[88] Wirtschaftlich handeln die Krankenkassen, wenn zwischen Aufwand und Ertrag ein optimales Verhältnis besteht. Dies ist dann der Fall, wenn mit gegebenen Mitteln der größtmögliche Nutzen (Maximalprinzip) oder ein bestimmter Zweck mit den geringst möglichen Mitteln (Minimalprinzip) erreicht wird.[89] Ob die Krankenkassen im Leistungs- und Vertragssektor sowie im Verwaltungssektor wirtschaftlich[90] handeln, wird von den zuständigen Aufsichtsbehörden gemäß § 274 SGB V, § 87 I SGB IV geprüft.

Um Wirtschaftlichkeitsreserven im Gesundheitssystem zu mobilisieren, ist in den §§ 71 I, 141 II 3 SGB V ergänzend das Prinzip der Beitragsstabilität festgeschrieben. Beitragsstabilität bedeutet, dass die Ausgaben der gesetzlichen Krankenversicherung nicht stärker anwachsen sollen als die Einnahmen der Versicherten (einnahmeorientierte Ausgabenpolitik).[91] Beitragserhöhungen sind also zu vermeiden, es sei denn, die notwendige medizinische Versorgung ist auch unter Ausschöpfung der Wirtschaftlichkeitsreserven ohne Beitragssatzerhöhung nicht zu gewährleisten. Für den Leistungsbereich ist das

---

[88] Die angesprochene Kostensteigerung in der gesetzlichen Krankenversicherung soll ihr gesetzliches Korrektiv im Wirtschaftlichkeitsgebot finden. Dieser durch das GRG im SGB V geradezu inflationär und beschwörend hervorgehobene Grundsatz (insgesamt 65 Nennungen im SGB V) soll verdeutlichen, dass sowohl Versicherte als auch Leistungserbringer nicht unbegrenzt Gesundheitsleistungen konsumieren bzw. bereitstellen (so genannter „Hamsterradeffekt", eig. Anm.) dürfen, sondern in ihrem Handeln gesetzlichen Restriktionen unterliegen, aus Schewe, in: SGb 10/1989, 410 ff (416).

[89] BSGE 55, 277 ff (279); Schirmer, in: Gk-SGB V, § 2, Rn 90; Schnapp, in: Schulin, Handbuch des Sozialversicherungsrechts, Band 1, § 52, Rn 65; Spellbrink, Wirtschaftlichkeitsprüfung im Kassenarztrecht, Rn 86.

[90] Der Grundsatz der Sparsamkeit hat keine eigenständige Bedeutung. Dieser Grundsatz ist gleichbedeutend mit dem Maximalprinzip als Unterfall des Wirtschaftlichkeitsgebots. Herrschende Meinung, vgl. BSGE 55, 277 ff (279); Schnapp, in: Schulin, Handbuch des Sozialversicherungsrechts, Band 1, § 52, Rn 65.

[91] Becker, in: JZ 11/1997, 534 ff (535); siehe dazu Pressemitteilung des Bundesministeriums für Gesundheit Nr. 20 vom 03.März 2000: „Beitragssatzniveau im Jahre 1999 sogar leicht rückläufig", unter www.bmgesundheit.de/presse/2000/2000/20.htm, 1 ff (4 f).

Wirtschaftlichkeitsprinzip in § 2 I 1, IV SGB V iVm § 12 SGB V, für den Vertragsbereich in § 70 I 2 SGB V festgeschrieben.

2. Leistungserbringer

Bei Krankheit haben die Versicherten Anspruch auf Krankenbehandlung unter anderem von Ärzten (§ 27 I 2 Nr. 1, 2 SGB V) und Krankenhäusern (§ 27 I 2 Nr. 5 SGB V). Hier soll es bei einer Betrachtung der Leistungserbringer in Form der Vertragsärzte (§ 72 ff SGB V) sowie der Krankenhäuser (§ 107 ff SGB V) bleiben.

a) Vertragsärzte

Krankenkassen bedienen sich der Vertragsärzte, um ihrer Verpflichtung, der Bereitstellung ärztlicher Behandlungen zur Erfüllung ihres Sicherstellungsauftrages gemäß § 72 I iVm § 75 SGB V, nachzukommen. Vertragsarzt wird ein Arzt durch die vom Zulassungsausschuss zu erteilende Zulassung, § 95 SGB V. Dieser Ausschuss wird gemäß § 96 SGB V paritätisch mit Vertretern der Ärzte und der Krankenkassen besetzt. Grundlage für diese Entscheidung ist dabei die Zulassungsverordnung für Ärzte,[92] die aufgrund des § 98 SGB V erlassen worden ist. Die Zulassung ist die umfassende Form der Teilnahme an der vertragsärztlichen Versorgung. Wer als Arzt oder Zahnarzt seine Zulassung beantragt, muss im Arzt- oder Zahnarztregister eingetragen sein. Die Voraussetzungen für die Eintragung in das Arztregister sind für Ärzte und Zahnärzte unterschiedlich geregelt. So wird bei Ärzten die Approbation als Arzt und die Ableistung einer einjährigen Vorbereitungszeit für die vertragsärztliche Tätigkeit verlangt (§ 3 Ärzte-ZV). Bei Zahnärzten wird neben der Approbation eine zweijährige Vorbereitungszeit verlangt (§ 3 Zahnärzte-ZV). Liegen diese gesetzlich geforderten Voraussetzungen vor, besteht auf die Zulassung grundsätzlich ein Rechtsanspruch.[93] Ist die Zulassung erfolgt, ist der Arzt dann nach § 95 III SGB V zur Teilnahme an der vertragsärztlichen Versorgung berechtigt und verpflichtet. Ärzte, die in einem anderen Mitgliedstaat der Europäischen Gemeinschaft ein nach den gemeinschaftlichen Vorschriften anerkanntes Diplom[94] erworben haben und zur Berufsausübung

---

[92] Vom 28. Mai 1957 idF vom 14. Dezember 1983, BGBl. I, S. 1431; ausführlich zur Vertragsarztzulassung siehe Sodan, Freie Berufe als Leistungserbringer im Recht der gesetzlichen Krankenversicherung, S. 221 ff.

[93] Krauskopf, in: Laufs/Uhlenbruck, Handbuch des Arztrechts, § 27, Rn 2; generell zum Zulassungsverfahren siehe auch Muschallik, in: ZM 08/1999, 60 oder Deutsch, Medizinrecht, Rn 23.

[94] Für Ärzte erfolgt die Gleichsetzung der Ausbildungsabschlüsse durch die Richtlinie 93/16/EWG.

zugelassen sind, brauchen keine Vorbereitungszeit für die vertragsärztlichen Tätigkeit abzuleisten (§ 3 V Ärzte-ZV und § 3 IV Zahnärzte-ZV).[95] Nachdem in der Vergangenheit noch weitgehende Niederlassungsfreiheit für die Vertragsärzte bestand[96], ist ab dem 01.01.2003[97] eine „Bedarfszulassung" vorgesehen, um den Anstieg der Zahl der Vertragsärzte und damit zugleich die Kosten der Krankenversicherung zu bremsen.[98] Gemäß § 102 SGB V erfolgt die Zulassung ab diesem Zeitpunkt auf Grund von Verhältniszahlen, die gesetzlich festgelegt werden.[99] Aufgrund der Kostensteigerungen im Gesundheitswesen hat sich der Gesetzgeber als berechtigt angesehen, von der Linie der verfassungsgerichtlichen Entscheidung abzu-weichen und neue Zulassungsbeschränkungen zur Eindämmung der so genannten Ärzteschwemme zu erlassen.[100] Tatsächlich ist der Gesetzgeber bei wesentlicher Veränderung der konkreten Sachlage berechtigt, unbeschadet einer vorhergegangenen Entscheidung des BVerfG eine Regelung mit dem als

---

[95] Da diese Zulassungsvoraussetzungen die Niederlassungsfreiheit der Ärzte aus den anderen Mitgliedsländern beeinträchtigen würde, nehmen diese Vorschriften diesen Personenkreis ausdrücklich von dem Erfordernis der Ableistung einer Vorbereitungszeit aus. Dies führt dazu, dass Mediziner, die ihre Ausbildung in der Bundesrepublik abgeschlossen haben, gegenüber ihren mitgliedstaatlichen Berufskollegen schlechter gestellt sind (so genannte „Inländerdiskriminierung").

[96] Siehe dazu das so genannte Kassenarzturteil des BVerfG, in dem das Gericht eine bestehende Bedarfsprüfung als verfassungswidrig erklärt hat, BVerfGE 11, 30 ff.

[97] Ursprünglich war diese Bedarfszulassung bereits für den 01. Januar 1999 vorgesehen. Das GKV-Gesundheitsreformgesetz 2000 hat den Zeitpunkt der Einführung der Bedarfszulassung (i.d.F. des GSG 01.01.1999) auf den 01.01.2003 verlegt.

[98] Schulin/Igl, Sozialrecht, Rn 331; insbesondere Igl, in: Rothgang (Verf.), in: BKK 02/2000, 49 ff (49), der in der verschärften Bedarfszulassung einen deutlichen Rückschritt des Gesundheitswesens zum Markt und Wettbewerb sieht; über die Verfassungsmäßigkeit einer solchen Zulassungsbeschränkung mit dem Gesamtergebnis der Widrigkeit siehe bereits in der Vergangenheit Papier, Zulassungsbeschränkung der Ärzte aus verfassungsrechtlicher Sicht, S. 68 ff; gegenwärtig dazu v. Maydell/Pietzcker, Begrenzung der Kassenarztzulassung, S. 9 ff; ausführlich auch Sodan, Freie Berufe als Leistungserbringer im Recht der gesetzlichen Krankenversicherung, S. 221 ff.

[99] Zur genauen Ermittlung der Verhältniszahlen siehe Hiddemann, in: BKK 08/1999, 381 ff (382 f); die gesetzliche Ankündigung in § 102 SGB V ist jedoch vom Gesetzgeber in der vergangenen Legislaturperiode nicht umgesetzt worden, so dass die (alte) Verteilungsregelung auch über den 01.01.1999 hinaus Geltung hat.

[100] Haverkate/Huster, Europäisches Sozialrecht, Rn 619; wobei von der neuen Bundesregierung bereits eine Reform des Kassenarztkartells geplant ist, Neubacher, in: Der Spiegel, 06/2000, 72 f (72); siehe hierzu insbesondere die Vorschläge von Bogs, in: Bogs/Herder-Dorneich/Scheuch/Wittkämper, Gesundheitspolitik zwischen Staat und Selbstverwaltung, 415 ff, 465.

verfassungswidrig geltenden Inhalt erneut zu erlassen.[101] Mangels konkreten Regelungsgehalts ist diese gesetzliche Bestimmung jedoch mit der gegen ein Gesetz gerichteten Verfassungsbeschwerde nicht anzugreifen. § 102 SGB V enthält die maßgebliche Regelung der Beschränkung noch nicht, sondern kündigt sie nur an.
Die Vertragsärzte bilden wie auch die Krankenkassen für den Bereich jedes Landes eine Kassenärztliche und eine Kassenzahnärztliche Vereinigung (§ 77 I 1 SGB V), diese wiederum eine Kassenärztliche und eine Kassenzahnärztliche Bundesvereinigung (§ 77 VI SGB V). Auch sie sind Körperschaften des öffentlichen Rechts (§ 77 V SGB V). Diese wirken zur Erfüllung des Sicherstellungsauftrages gemäß § 72 I iVm § 75 I 1 SGB V in gemeinsamer Selbstverwaltung mit den Krankenkassen zusammen.

b) Krankenhäuser

Die Definition von Krankenhäusern[102] findet sich in § 107 I SGB V. Danach sind Krankenhäuser iSd SGB V Einrichtungen, die – vereinfacht gesagt – ärztliche Leistungen erbringen (§ 107 I Nr. 1, 3 SGB V) und in denen die Patienten untergebracht und verpflegt werden können (§ 107 I Nr. 4 SGB V).[103] Für die Versorgung von gesetzlich Versicherten hat der Gesetzgeber eine besondere Zulassungsregelung für Krankenhäuser in § 108 SGB V geschaffen. Danach dürfen die Krankenkassen Krankenhausbehandlung nur durch zugelassene Krankenhäuser erbringen.[104] Als zugelassen gelten Hochschulkliniken sowie Krankenhäuser, die in den Krankenhausplan eines Landes aufgenommen worden sind. Krankenhäuser, die diese Voraussetzung nicht erfüllen, müssen einen Versorgungsvertrag mit den Landesverbänden der

---

[101] BVerfGE 33, 169 ff.

[102] Das Krankenhaus ist wie kaum eine andere Institution Teil der deutschen Sozial- und Rechtsgeschichte. Seine sozialrechtliche Dimension ist bereits im Allgemeinen Landrecht für die Preußischen Staaten von 1794 kodifiziert worden, aus Vollmer/Graeve, KHG-Kommentar, § 2, Kzl. 302.20.

[103] Ein etwas anderer Krankenhausbegriff wird in § 2 I Nr. 1 KHG verwendet. Der § 107 SGB V greift dabei aber im wesentlichen auf die Definition dieser Vorschrift zurück und ergänzt sie um weitere Merkmale.

[104] Dabei handelt es sich jedoch um eine Pseudoregelung, weil dem Bundesgesetzgeber eine Gesetzgebungskompetenz auf dem Gebiet des Krankenhausplanungsrechts nicht zusteht, die konkrete Krankenhausbedarfsplanung obliegt den Ländern. Nach Heinze, in: Schulin, Handbuch des Sozialversicherungsrechts, Band 1, § 38, Rn 38 hat der § 108 unter rechtlichen Gesichtspunkten lediglich deklaratorische Wirkung. Er bringt jedoch rechtspolitisch zum Ausdruck, dass der Bundesgesetzgeber zunehmend auf dem Wege zu einer monistischen Finanzierung der Krankenhäuser die Kompetenz der Länder auf Umwegen zu okupieren beabsichtigt.

Krankenkassen und der Ersatzkassen abschließen, um als zugelassene Krankenhäuser iSd §§ 108, 109 SGB V zu gelten. Das so zugelassene Krankenhaus ist dann im Rahmen seines Versorgungsauftrages zur Krankenhausbehandlung gemäß § 39 SGB V der in der gesetzlich Krankenkasse Versicherten verpflichtet, § 109 IV 2 SGB V.
Die in den Krankenhäusern tätigen Ärzte können wiederum unter engen Voraussetzungen (§ 116 SGB V) zur Teilnahme an der vertragsärztlichen Versorgung der Versicherten ermächtigt werden. Des weiteren schließen die Krankenkassen gemeinsam mit den Landeskrankenhausgesellschaften zweiseitige Verträge ab, um sicherzustellen, dass Art und Umfang der Krankenhausbehandlung den Anforderungen des SGB V entspricht. Diese regeln unter anderem, dass der Versicherte sich vor Beginn der stationären Behandlung durch eine von seiner zuständigen Krankenkasse auszustellenden Kostenübernahmeerklärung gegenüber dem Krankenhaus auszuweisen hat.
Die Finanzierung der Krankenhäuser funktioniert seit 1972 nach dem dualen Finanzierungssystem. Durch die Pflegesätze werden die durch Benutzung verursachten Kosten gedeckt (laufende Betriebskosten), durch Förderung durch die Länder[105] werden die Investitionskosten nach § 2 Nr. 2, 3 KHG aufgebracht. Die bis 1972 praktizierte monistische Finanzierung sah dagegen vor, dass Betriebs- und Investitionskosten rein über den Pflegesatz finanziert werden.[106] Zukünftig soll die duale Finanzierung in eine mittel- bis langfristigen Prozess[107] wieder durch das monistische Finanzierungssystem ersetzt werden.

3. Kreis der versicherten Personen

In § 5 SGB V ist die Versicherungspflicht geregelt, während die §§ 6-8 SGB V die Ausnahmen von der Versicherungspflicht behandeln. Hier ist die fehlende Versicherungspflicht kraft Gesetz, §§ 6 und 7 SGB V (Versicherungsfreiheit), von derjenigen auf Antrag, § 8 SGB V (Befreiung von der Versicherungspflicht), zu unterscheiden. § 9 SGB V regelt dann die Versicherungsberechtigung, also die Möglichkeit, freiwillig der Versicherung beizutreten und somit gemäß § 13 II SGB V eine Wahlmöglichkeit zwischen Sachleistung und Kostenerstattung zu haben. § 10 SGB V regelt schließlich die

[105] Dies beruht auf der Idee, dass der Staat aus seiner Verantwortung für die Vorhaltung von Krankenhausleistungen heraus die Investitionskosten zu tragen habe.
[106] Zur Vereinbarkeit des dualen Finanzierungssystems, da dem Staat dadurch auch Prüfungskompetenzen zufallen, mit Art. 12 und Art. 14 GG siehe Depenhauer, Staatliche Finanzierung und Planung im Krankenhauswesen, S. 108 ff.
[107] So ausdrücklich bereits in BT-Drucks. 12/3608, S. 70.

Familienversicherung, also die Versicherung von Familienangehörigen der Versicherungspflichtigen und -berechtigten.

4. Zusammenfassung

Bei genauerer Betrachtung des Versorgungssystems der gesetzlichen Krankenversicherung in der Bundesrepublik Deutschland wird aus dem Dreiecks- ein Fünfecksverhältnis[108]. Neben den Krankenkassen, den Leistungserbringern und den Versicherten sind noch die Krankenkassenverbände und die Kassenärztlichen Vereinigungen, jeweils mit ihren Landes- und Bundesverbänden, beteiligt.

VI. Rechtsbeziehungen zwischen den Krankenkassen, den Leistungserbringern und den Versicherten

Zwischen denen am Versorgungssystem beteiligten Akteuren kommt es zu unterschiedlich ausgestalteten Rechtsbeziehung.

1. Das Rechtsverhältnis Leistungserbringer – gesetzlich Versicherter

Nach h.M. kommt durch die Übernahme der ärztlichen Behandlung zwischen dem Versicherten und dem Vertragsarzt ein zivilrechtlicher Vertrag zustande, der in der Regel als Dienstvertrag (§§ 611 ff BGB) geschlossen wird.[109] Dies folgte aus § 76 IV SGB V, wonach die Übernahme einer Behandlung eines Kassenpatienten den Kassenarzt zur Sorgfalt nach den Vorschriften den bürgerlichen Vertragsrechts verpflichtet. Zumindest das Zustandekommen von Rechtsbeziehungen zwischen Vertragsarzt und versichertem Patient muss aber dem öffentlichen Recht zugeordnet werden.[110] Dies zum einen, da der Versicherte mit der Aushändigung des Behandlungsausweises bzw. der Krankenversichertenkarte an den Arzt erklärt, dass er die Dienstleistung nach § 27 Satz 2 Nr.1-3 SGB V in Anspruch nehmen will. Zum anderen dokumentiert der Vertragsarzt mit der Entgegennahme des Behandlungsausweises / der

[108] Ebenso Jörg, Das neue Kassenarztrecht, Rn 20; Siewert, Das Vertragsarztrecht, 5.7.

[109] BGHZ 63, 306 ff (309); 76, 249 ff (261); 97, 273 ff; BSGE 51, 108 ff; Giesen, Arzthaftungsrecht, I., 1.; Jörg, Das neue Kassenarztrecht, Rn 21; Kraft, in: Soergel, Vor § 611, Rn 104; Müller-Glöge, in: Münchener-Kommentar, § 611, Rn 49; Putzo, in: Palandt, Einf. v. § 611, Rn 18; Siewert, Das Vertragsarztrecht, 5.6.; Uhlenbruck, in: Laufs/Uhlenbruck, Handbuch des Arztrechts, § 39, Rn 10; a.A. mit einer Vielzahl von Argumenten Spellbrink, Wirtschaftlichkeitsprüfung im Kassenarztrecht, Rn 24 f; eine neutrale Darstellung findet sich bei Schmitt, in: Schulin, Handbuch des Sozialversicherungsrechts, Band 1, § 29, Rn 13 ff.

[110] Buddee, Der Arztvertrag nach dem SGB V, 5. Kapitel, B., II.; Krauskopf, in: Laufs/Uhlenbruck, Handbuch des Arztrechts, § 25, Rn 7.

Krankenversichertenkarte, dass er im Rahmen der vertragsärztlichen Versorgung tätig werden will. Auf den öffentlich-rechtlichen Charakter des Zustandekommens der Rechtsbeziehung weisen auch § 2 II und § 70 I SGB V hin. Danach erhalten die Versicherten die Leistung grundsätzlich als Sach- oder Dienstleistungen, und über diese schließen die Krankenkassen nach den Vorschriften der §§ 69 ff SGB V Verträge mit den Vertragsärzten. Obwohl der Vertragsarzt kraft seiner Zulassung zur Teilnahme an der kassenärztlichen Versorgung verpflichtet ist (§ 95 III SGB V), lässt sich aus der Haftung des Vertragsarztes nach den Bestimmungen des Zivilrechts jedoch nicht herleiten, dass er einen bestimmten Versicherten behandeln muss. Die bürgerlich-rechtliche Haftung setzt erst mit der Behandlung ein. Ausnahmsweise besteht jedoch eine Behandlungspflicht des Vertragsarztes, wenn er im Rahmen des Not- bzw. Bereitschaftsdienstes in Anspruch genommen wird. Auch das Recht auf freie Arztwahl (§ 76 I, II SGB V) gibt dem Versicherten grundsätzlich keinen Anspruch, die Behandlung durch einen bestimmten Vertragsarzt wählen zu können.[111] Das Recht auf freie Arztwahl verpflichtet den Vertragsarzt auch nicht, mehr Patienten anzunehmen, als er ohne übermäßige Ausdehnung seiner Kassenpraxis mit der gebotenen Sorgfalt behandeln kann. Das unmittelbare Rechtsverhältnis zwischen Vertragsarzt und Versicherten ist somit trotz öffentlich-rechtlicher Ausgestaltung des Vertragsarztsystems zivilrechtlicher Natur. Ebenso handelt es sich nach mittlerweile h.M. bei dem Krankenhausaufnahmevertrag zwischen Versicherten und Krankenhaus um einen zivilrechtlichen Vertrag mit vorwiegend dienst- und mietvertraglichen Elementen.[112]

2. Das Rechtsverhältnis Vertragsarzt - Kassenärztliche Vereinigung

Durch die Zulassung tritt der niedergelassene Arzt in Rechtsbeziehungen zur Kassenärztlichen Vereinigung (§ 95 III SGB V). Die Zulassung begründet die ordentliche Mitgliedschaft des Vertragsarztes in der für seinen Kassenarztsitz zuständigen Kassenärztlichen Vereinigung. Der Vertragsarzt wird somit Zwangsmitglied. Zugleich werden auch die Bestimmungen des Bundesmantelvertrages und des einschlägigen Gesamtvertrages für ihn verbindlich (§ 95 III 2 SGB V). Als Mitglied der Kassenärztlichen Vereinigung ist der Vertragsarzt deren gesetzlichen und satzungsgemäßen Hoheitsbefugnissen, so z.B. der Disziplinargewalt (§ 81 V SGB V), unterworfen (§§ 75

---

[111] So unterliegt auch der Versicherte dem Gebot der Wirtschaftlichkeit (§§ 2, 12 SGB V). Der Versicherte hat bspw. bei Inanspruchnahme eines weiter weg gelegenen Vertragsarztes ohne zwingenden Grund die Mehrkosten zu tragen.

[112] Heinze, In: Schulin, Handbuch des Sozialversicherungsrechts, § 38, Rn 2.

II, 95 III SGB V). Er befindet sich also in einem besonderen Gewaltverhältnis. Außerdem ergeben sich aus der Mitgliedschaft eine Reihe von Rechten und Pflichten des Vertragsarztes gegenüber der Kassenärztlichen Vereinigung. Zu den wesentlichen subjektiv-öffentlichen Rechten des Vertragsarztes zählt sein Honoraranspruch gegenüber der Kassenärztlichen Vereinigung nach Maßgabe des Gesamtvertrages und des Honorarverteilungsmaßstabes.[113] Die Eigenschaft des mitgliedschaftlichen Verhältnisses wird auch in der Tatsache deutlich, dass der Vertragsarzt nur dann einen Anspruch auf ein Honorar für einen bestimmten Behandlungsvorgang hat, wenn im Gesamtvertrag dafür ein Honorar vereinbart worden ist. Die Rechtsbeziehung zwischen Vertragsarzt und seiner Kassenärztlichen Vereinigung wird einhellig dem öffentlichen Recht zugeordnet.[114]

3. Das Rechtsverhältnis Krankenhaus - Landeskrankenhausgesellschaft

Die Landeskrankenhausgesellschaft ist eine Zusammenschluss von Trägern zugelassener Krankenhäuser im Land, § 108 a S. 1 SGB V. Bei den Landeskrankenhausgesellschaften handelt es sich durchgehend um Vereine des Privatrechts. Diese bilden wiederum zusammen die Deutsche Krankenhausgesellschaft.

4. Das Rechtsverhältnis Versicherter - Krankenkasse

Die Rechtsbeziehungen zwischen dem Versicherten und der Krankenkasse sind Gegenstand des Leistungsrechts der gesetzlichen Krankenversicherung (§§ 11 ff SGB V). Wie bereits erläutert, herrscht hier das Sachleistungsprinzip vor. Wegen dieses Sachleistungsprinzips ist die Krankenkasse Schuldnerin der ärztlichen Behandlung. Grundlage dieser Leistungsansprüche ist das öffentlich-rechtliche Versicherungsverhältnis zwischen dem einzelnen Versicherten und der Krankenkasse.

5. Das Rechtsverhältnis Kassenärztliche Vereinigung - Krankenkassenverbände (auf Landes- und Bundesebene)

Der Versicherte in der gesetzlichen Krankenversicherung hat gegen seine Krankenkasse grundsätzlich einen Anspruch auf ärztliche Behandlung (s.o.). Um die Erfüllung dieser Pflicht sicherzustellen, müssen den Krankenkassen

---

113 Jörg, Das neue Kassenarztrecht, Rn 26; Krauskopf, in: Laufs/Uhlenbruck, Handbuch des Arztrechts, § 25, Rn 4; Siewert, Das Vertragsarztrecht, 5.5; Schmitt, Leistungserbringung durch Dritte im Sozialrecht, § 2, II., 2., c); Schneider, Kassenarztrecht, D., I., 2., c).

114 BVerfGE 11, 30 ff (39); Schmitt, in: Schulin, Handbuch des Sozialversicherungsrechts, Band 1, § 29, Rn 11; Schneider, Kassenarztrecht, D., I., 2., c).

Ärzte zur Verfügung stehen, die ihren Versicherten im Krankheitsfall ärztliche Hilfe leisten.[115] Zu diesem Zweck treten die Krankenkassen in vertragliche Beziehungen zu den Kassenärztlichen Vereinigungen und schließen entsprechende Verträge ab, §§ 72 II, 82 ff SGB V. Hinsichtlich der Vertragspartner ist dabei zwischen Bundesmantel- und Gesamtverträgen zu unterscheiden. Bei den Gesamtverträgen handeln für die Ärzte die auf Landesebene gebildeten Kassenärztlichen Vereinigungen, in denen die Vertragsärzte zusammengeschlossen sind, § 77 SGB V. Im Falle des Bundesmantelvertrages handelt dementsprechend die Kassenärztliche Bundesvereinigung. Ebenso verhält es sich auf Seite der Krankenkassen. Vertragspartner auf Ebene der Gesamtverträge sind die Landesverbände sowie die Verbände der Ersatzkassen, auf Ebene des Bundesmantelvertrages sind es die Spitzenverbände der Krankenkassen, vgl. §§ 82, 83 I SGB V. Auf diese Weise wirken Ärzte und Krankenkassen „zur Sicherstellung der vertragsärztlichen Versorgung der Versicherten" (§ 72 I 1 SGB V) und damit zur Erfüllung des den Versicherten nach Art und Umfang aufgrund des Leistungsrechts der gesetzlichen Krankenversicherung Anspruchs auf ärztliche Behandlung zusammen. Inhalt dieser Bundesmantel- und Gesamtverträge ist zum einen die Verpflichtung der Kassenärztlichen Vereinigung, „eine ausreichende, zweckmäßige und wirtschaftliche Versorgung der Versicherten" zu gewährleisten (Sicherstellungsauftrag, vgl. auch § 75 SGB V).[116] Zum anderen werden die Krankenkassen gegenüber den Kassenärztlichen Vereinigungen verpflichtet, die ärztliche Leistung „angemessen" zu vergüten (vgl. § 72 II SGB V). Darüber hinaus werden aber auch die Rechte und Pflichten der Vertragsärzte geregelt (Aufzeichnungen, Sprechstunden- und Besuchszeiten, Behandlungsweise, Überweisungen, Verordnungen von Krankenhausbehandlungen, Verordnungen von Arznei-, Heil- und Hilfsmitteln usw.).[117]

Des weiteren ermächtigt § 72 II SGB V die Vertragspartner der vertragsärztlichen Versorgung zur autonomen Ausgestaltung der Modalitäten der vertragsärztlichen Versorgung. Damit steht wie in keinem anderen Teilbereich des Sozialversicherungsrechts die Befugnis zur autonomen

---

[115] Dabei handelt es sich nach Ansicht des BGH - Urteil vom 12.11.1992 - III ZR 178/91 (abgedruckt in JZ 18/1993, 904 ff, m. Anm. Gitter, 906 ff) - um eine drittgerichtete Amtspflicht iSv Art. 34 GG, § 839 BGB, in deren Schutzbereich die Versicherten einbezogen sind.

[116] Leistungen, die nicht notwendig oder unwirtschaftlich sind, können Versicherte nicht beanspruchen, dürfen die Leistungserbringer nicht bewirken und die Krankenkassen nicht bewilligen, § 12 I 2 SGB V.

[117] Aufzählung aus Schmitt, Leistungserbringung durch Dritte im Sozialrecht, § 5, 2.

Regelung der Modalitäten der vertragsärztlichen Versorgung durch dazu ermächtigte Vertragspartner im Vordergrund.[118]

VII. Grundsatz und Ausgestaltung der territorialen Leistungserbringung

Besonderer Beachtung vor dem Hintergrund der Ausgangsfragestellung bedarf der Grundsatz der territorialen Leistungserbringung. Das System der Leistungserbringung in der gesetzlichen Krankenversicherung ist auf die Bundesrepublik Deutschland zugeschnitten. Wie auch in den anderen Mitgliedstaaten gilt für die Sachleistung der deutschen gesetzlichen Krankenversicherung das Territorialitätsprinzip. Aufgrund dieser territorialen Begrenzung wird eine Leistungserbringung im Ausland – auch im europäischen - regelmäßig ausgeschlossen. Erfüllungsort bzw. der Ort der Leistungserbringung ist prinzipiell das Inland. Die territoriale Begrenzung des Leistungsrechts kommt sowohl in den Vorschriften des Leistungs- als auch in denen des Leistungserbringungsrechts zum Ausdruck.

1. Territoriale Begrenzung des Leistungsrechts[119]

In der Bundesrepublik Deutschland können die Versicherten überall vertragsärztliche Leistungen sowie stationäre Behandlungen in Krankenhäusern in Anspruch nehmen, ohne in der Wahl ihres Leistungsortes durch leistungsrechtliche Vorschriften behindert zu werden. Diese Wahlfreiheit setzt sich im Ausland und in den europäischen Mitgliedstaaten jedoch nicht fort.

a) Grundsatz

Grundsätzlich ruhen gemäß der §§ 16 ff SGB V die Leistungsansprüche der Versicherten, solange sie sich - dauernd oder vorübergehend - im Ausland aufhalten. In Verbindung mit dem Sachleistungs- und dem Vertragsprinzip (§ 2 I, II SGB V) werden Leistungen der gesetzlichen Krankenversicherung, insbesondere Krankenbehandlungen, grundsätzlich nur im Inland erbracht.

b) Ausnahmen

In der Bundesrepublik Deutschland können nach dem geltenden Recht Leistungen der medizinischen Versorgung im Ausland nur in gesetzlich

---

[118] Funk, in: Schulin, Handbuch des Sozialversicherungsrechts, § 32, Rn 8; Schirmer, in: Hauck/Haines, SGB V - Kommentar, § 72, Rn 4; diese Regelungsbefugnis unterliegt natürlich nicht uneingeschränkt dem Grundsatz der Vertragsfreiheit. Sie kann entsprechend der Prinzipien des Vorbehalts (§ 31 SGB I) und des Vorranges des Gesetzes (Art. 20 III GG) nur in dessen Rahmen und nach seinen Vorgaben ausgeübt werden.

[119] Leistungsrecht als Gesamtheit der Rechtsverhältnisse zwischen Sozialleistungsträger (hier: die Krankenkassen) und Sozialleistungsberechtigten (hier: der gesetzlich Krankenversicherte).

geregelten Ausnahmefällen in Anspruch genommen werden. Ausnahmen können sich aus dem überstaatlichen und zwischenstaatlichen Recht, wie der Verordnung (EWG) 1408/71, ergeben (§ 30 II SGB I). Solche Ausnahmen sind aber auch in den §§ 17, 18 SGB V geregelt.

aa) Auslandsbeschäftigung

§ 17 SGB V enthält eine Sonderregelung für Auslandsbehandlungen bei Auslandsbeschäftigung. Diese Norm sieht vor, dass Mitglieder, die im Ausland beschäftigt sind und während dieser Beschäftigung erkranken, die gesetzlich vorgesehenen Leistungen von ihrem Arbeitgeber erhalten. Dies bedeutet, dass der Arbeitgeber die Rechnung eines im Ausland niedergelassenen Leistungserbringers, von dem sich der Versicherte oder seine Familienangehörigen behandeln lässt, begleichen muss. Die Krankenkasse hat dem Arbeitgeber die entstandenen Kosten bis zu der Höhe zu erstatten, in der sie bei ihr bei einer Behandlung in der Bundesrepublik entstanden wären (§ 17 II SGB V). Die praktische Bedeutung dieser Vorschrift ist jedoch relativ gering, da sie nur dann zur Anwendung kommt, wenn der ausländische Beschäftigungsstaat und die Bundesrepublik weder durch ein bilaterales noch durch ein beide Staaten bindendes multilaterales Abkommen gebunden sind.[120] Innerhalb der Europäischen Union wird diese Vorschrift durch die Art. 18 ff der Verordnung (EWG) 1408/71 verdrängt.

bb) Kostenübernahme

Durch die in § 18 I SGB V vorgesehene Kostenübernahme deutscher Krankenkassen können die Versicherten auch Leistungen eines im Ausland niedergelassenen Leistungserbringers erhalten. Gemäß § 18 I 1 SGB V können die Krankenkassen[121] die Kosten einer Auslandsbehandlung ganz oder teilweise übernehmen, wenn eine dem allgemein anerkannten Stand der medizinischen Erkenntnisse entsprechende Behandlung nur im Ausland möglich ist.[122] Ausreichend dafür ist, dass eine rechtzeitige Behandlung im Inland wegen der generell fehlenden Behandlungsmöglichkeiten oder wegen

---

[120] Vgl. zum Vorrang der Sozialversicherungsabkommen die Gesetzesbegründung zu § 17 SGB V, Bundesrats-Drucksache 200/88, 165 f.

[121] Beachtenswert hier, dass es sich bei der Regelung des § 18 I SGB V um eine Ermessensvorschrift handelt (ausführlicher dazu unten). Dabei steht die Gewährung der Leistung wie der Umfang der Kostenübernahme im Ermessen der Krankenkasse.

[122] Dies kann etwa bei bestimmten Herz- und Augenoperationen oder Hautkrankheiten der Fall sein; so ausdrücklich erwähnt in der Gesetzesbegründung zu § 18 SGB V, Bundesrats-Drucksache 200/88, 166.

Behandlungsengpässen nicht möglich ist.[123] Eine kostengünstigere Behandlungsmöglichkeit im Ausland reicht jedoch nicht aus.[124] Gemäß § 18 III 1 SGB V kommt eine Kostenübernahme ferner dann in Betracht, wenn während eines vorübergehenden Auslandsaufenthalts eine Behandlung, die in der Bundesrepublik ebenfalls möglich wäre, unverzüglich erforderlich ist. Die Krankenkasse hat die Behandlungskosten jedoch nur insoweit zu übernehmen, als Versicherte sich hierfür wegen einer Vorerkrankung oder ihres Lebensalters nachweislich nicht versichern können und die Krankenkasse dies vor Beginn des Auslandaufenthalts festgestellt hat. Diese ohnehin engen Voraussetzungen werden in den Sätzen 2 und 3 der Vorschrift noch weiter eingeschränkt. Zum einen dürfen die Kosten nur bis zu der Höhe, in der sie im Inland entstanden wären, und nur für längstens sechs Wochen übernommen werden. Zum anderen ist eine Kostenübernahme der Krankenkassen unzulässig, wenn sich Versicherte gezielt zur Behandlung ins Ausland begeben.

cc) Sozialversicherungsabkommen

Die Sozialversicherungsabkommen[125], die die Bundesrepublik Deutschland mit einer Reihe von Staaten abgeschlossen hat, sind bilaterale Regelungen, die eine weitere Ausnahme vom Grundsatz des § 16 I 1 SGB V beinhalten. Diese Abkommen ermöglichen beispielsweise deutschen Touristen, bei einer Erkrankung im Ausland die dortigen Leistungserbringer aufzusuchen. Allerdings richtet sich in diesen Fällen die Leistungserbringung nicht nach dem SGB V, sondern nach den Rechtsvorschriften des Aufenthaltsstaates.

dd) Art. 18 ff der Verordnung (EWG) 1408/71

Innerhalb der Europäischen Union sind die einzelnen Sozialversicherungsabkommen durch die EWG-VO 1408/71 abgelöst worden, die mittlerweile für alle fünfzehn Mitgliedstaaten verbindlich ist. Die Art. 18 ff EWG-VO 1408/71 regeln die Voraussetzungen, unter denen Arbeitnehmer, Selbständige sowie deren Familienangehörige Leistungen bei Krankheit und Mutterschaft in einem anderen Mitgliedstaat als dem, in dem sie versichert sind, in Anspruch nehmen können. Alle Vorschriften machen eine Leistungsinanspruchnahme in einem anderen Mitgliedstaat davon abhängig,

---

[123] Heinze (Hrsg.), Gk-Sozialversicherung, Band 3, § 18, 3); Noftz, in: Hauck/Haines, SGB V - Kommentar, § 18, Rn 3a, 3b; Käsling, in: Krauskopf, Soziale Krankenversicherung, SGB V - Kommentar, § 18, Rn 3.

[124] Vgl. dazu BSGE 53, 150 ff (154); 55, 184 ff (194).

[125] Die derzeit geltenden Sozialversicherungsabkommen sind in der Sammlung „Deutsche Sozialversicherungsabkommen mit ausländischen Staaten“ (Hrsg. AOK-Bundesverband) abgedruckt.

dass die Berechtigten die im zuständigen Versicherungsstaat geltenden Leistungsvoraussetzungen erfüllen. Hierbei wird zwischen Versicherten mit Wohnsitz in einem anderen Mitgliedstaat und Versicherten mit vorübergehendem Aufenthalt in einem anderen Mitgliedstaat unterschieden.[126] Auch hier ist die Anzahl der Fälle, in denen eine Leistungsinanspruchnahme ohne jegliche Einschränkungen erfolgen kann, jedoch gering. Lediglich die Versicherten, die einen Wohnsitz in einem anderen Mitgliedstaat haben, können gemäß Art. 19 EWG-VO 1408/71 dort Leistungen beanspruchen. Die angefallenen Kosten hat die zuständige deutsche Krankenkasse dann dem aushelfenden Träger im Wohnsitzstaat zu erstatten. Bei allen anderen Versicherungsfällen ist die Behandlung von einer Genehmigung der zuständigen Krankenkasse abhängig.

c) Wirkung der Ausnahmeregelungen

Obwohl die Ruhensbestimmung des § 16 I 1 Nr. 1 SGB V somit von mehreren Ausnahmevorschriften durchbrochen wird, ermöglichen diese Regelungen grenzüberschreitende Leistungsinanspruchnahme jedoch nur in seltenen Fällen. Lediglich die Versicherten, die im Ausland arbeiten oder in einem anderen Mitgliedstaat wohnen, können grenzüberschreitende Leistungsansprüche ohne besondere Einschränkungen geltend machen. Dieser Versichertenkreis ist jedoch sehr klein. Der Großteil der Versicherten, die ihren Wohnsitz im Bundesgebiet haben und sich nur vorübergehend in einen anderen Mitgliedstaat begeben, bedürfen einer Genehmigung der zuständigen Krankenkasse. Seltenst wird einer der im SGB V oder der EWG-VO 1408/71 normierten Ausnahmefälle erfüllt, längerfristige Behandlung von Normalerkrankungen erfüllen diese Vorschriften nicht. Selbst Versicherte, die in Grenznähe wohnen und für die ein Leistungserbringer jenseits der Grenze oftmals näher als ein in der Bundesrepublik ansässiger Leistungserbringer ist, müssen für die Leistungsinanspruchnahme in einem anderen Mitgliedstaat selber aufkommen. Die Wahlfreiheit der Versicherten beschränkt sich deshalb in der Regel auf die Leistungserbringer, die in der Bundesrepublik niedergelassen sind.

Angesichts dieser Konsequenzen stellen die §§ 17, 18 SGB V und die Art. 18 ff EWG-VO 1408/71 systematisch zwar Ausnahmeregelungen des in § 16 I 1 Nr.1 SGB V enthaltenen Grundsatzes dar. Die jeweiligen Tatbestandsvoraussetzungen sind jedoch so eng gefasst, dass eine Leistungsinanspruchnahme außerhalb der Bundesrepublik regelmäßig

[126] Siehe dazu die systematischen Ausführungen von Zechel, Die territorial begrenzte Leistungserbringung der Krankenkassen im Lichte des EG-Vertrages, S. 17 f.

ausscheidet.[127] In der Praxis tragen diese Vorschriften daher eher zu der territorialen Begrenzung des Leistungsrechts bei und es gilt fast uneingeschränkt der Grundsatz der territorialen Beschränkung der Leistungserbringung.[128] Eine regelmäßige und vor allem auch gezielte Leistungsinanspruchnahme ambulanter Ärzte oder Krankenhäuser in anderen Mitgliedstaaten ist für den in Deutschland Versicherten nicht vorgesehen.

2. Territoriale Begrenzung des Leistungserbringungsrechts[129]

Das Leistungserbringungsrecht der Vertragsärzte erhält zwar keine ausdrückliche Vorschrift, die es den Krankenkassen verbietet, Verträge mit im EG-Ausland niedergelassenen Leistungserbringern abzuschließen. Dennoch wird aus dem völkerrechtlichen Territorialitätsprinzip, welches Hoheitsakte in einem anderen Staat verbietet, abgeleitet, dass grenzüberschreitende Rechtsbeziehungen zwischen deutschen Krankenkassen und Ärzten in anderen Mitgliedstaaten unzulässig sind.[130] Begründet wird dies damit, dass die öffentlich-rechtlichen Steuerungsinstrumente des Leistungserbringungsrechts, wie Zulassungs-beschränkungen, Wirtschaftlichkeitskontrollen und Disziplinarmaßnahmen außerhalb der Bundesrepublik Deutschland nicht wirken können.

Im Leistungserbringungsrecht der Krankenhäuser steht ferner der § 112 SGB V grenzüberschreitenden Verträgen entgegen. Diese Vorschrift regelt den Inhalt der Rahmenverträge zwischen den Landesverbänden der Krankenkassen und den Verbänden der Ersatzkasse einerseits und den Landeskrankenhausgesellschaften andererseits. Der Geltungsbereich dieser Verträge beschränkt sich nach Absatz 2 Satz 2 auf Krankenkassen und zugelassene Krankenhäuser „im Land". Einrichtungen außerhalb des Zuständigkeitsbereiches einer Landeskranken-hausgesellschaft sind somit nicht erfasst.

---

[127] So auch die amtliche Begründung zu § 18 SGB V, Bundesrats-Drucksache 200/88, 166 oder BSG NZS 1996, 283 ff.

[128] Hirsch, in: BKK 01/1999, 11 ff (13); Kötter, in: VSSR 04/1998, 233 ff (250); dies., in: SF 2-3/2000, 27 ff (30); Münnich, in: BKK 01/1999, 17 ff (18); Willms, Soziale Sicherung durch Europäische Integration, D., § 7, 3., b); Zechel, Die territorial begrenzte Leistungserbringung der Krankenkassen, S. 20.

[129] Leistungserbringungsrecht als Gesamtheit der Rechtsverhältnisse zwischen den Sozialleistungsträgern (hier: die Krankenkassen) und den Leistungserbringern (hier: die Vertragsärzte).

[130] BSGE 31, 288 ff (290); 32, 174 ff (175); 33, 280 ff (285); 35, 70 ff (71); 53, 150 ff; siehe dazu aber auch die ausführliche Herleitung bei Zechel, Die territorial begrenzte Leistungserbringung der Krankenkassen im Lichte des EG-Vertrages, S. 20 ff.

3. Sinn und Zweck des Territorialitätsprinzips / Ausblick

Abgesehen von wenigen Ausnahmetatbeständen ist das System der Leistungserbringung in der gesetzlichen Krankenversicherung fast ausschließlich auf das Hoheitsgebiet der Bundesrepublik zugeschnitten. Diese Begrenzung erklärt sich vornehmlich damit, dass das finanzielle Gesamtvolumen für die Leistungserbringung limitiert ist, der Leistungskatalog in der gesetzlichen Krankenversicherung deshalb unter dem Vorbehalt des medizinisch Notwendigen und wirtschaftlich Vertretbaren steht[131] und die aus diesem Vorbehalt erwachsenen staatlichen Steuerungs- und Kontrollmechanismen nur national Wirkung entfalten können. Hoheitsakte auf fremdem Staatsgebiet sind grundsätzlich verboten.[132]
Dieses Regelungselement der territorialen Leistungserbringung dient aus nationaler Sicht somit öffentlichen Interessen, stellt sich aus europäischer Sicht dem Grunde nach jedoch als eine Wettbewerbsbeschränkung dar.

Insbesondere bei dem Prinzip der territorialen Leistungserbringung zeigt sich, dass die Frage der Kollision der die Möglichkeiten der Auslandsbehandlung beschränkenden Regelungen des nationalen Krankenversicherungsrechts mit der auf Kohärenz und Integration ausgerichteten Politik der Europäischen Union damit im deutschen Krankenversicherungsrecht von zunehmender Bedeutung ist.

C. Einflüsse der Europäischen Union auf den Leistungsbereich der Vertragsärzte und Krankenhäuser in der gesetzlichen Krankenversicherung

Die Möglichkeiten einer Einflussnahme der Europäischen Union auf die nationale Politik der Bundesrepublik Deutschland sind zahlreich. So sind in der Vergangenheit bereits einige Politikbereiche, die vorher zu den Regelungskompetenzen der einzelnen Mitgliedsstaaten gehörten, auf die Ebene der Europäischen Union übergegangen. Ziel dieses Kapitels ist es, zu klären, wie sich die Rechtslage bzw. Kompetenzverteilung im Gesundheitswesen und dort speziell für das nationale System der gesetzlichen Krankenversicherung darstellt. Eine mögliche Einflussnahme der Europäischen Union auf das nationale System der gesetzlichen Krankenversicherung in der Bundesrepublik ist vorstellbar durch Primärrecht in Form des Art. 152 EGV, durch Primärrecht in Form der Grundfreiheiten - hier speziell Dienstleistungs-, Warenverkehrs

---

[131] Vgl. § 12 I SGB V.
[132] Zu den Ausnahmen siehe Ipsen, Völkerrecht, § 23, Rn 1 ff.

und Niederlassungsfreiheit (Art. 49, 28 und 43 EGV) -, durch einzelne Urteile des Europäischen Gerichtshofs (EuGH) auf dem Gebiet der gesetzlichen Krankenversicherung sowie der am 01. Januar 2002 erfolgten Einführung des Euro als verbindliches Zahlungsmittel.

I. Einflussnahme durch primärrechtliche Kompetenzen in Form des Art. 152 EGV

Einziger Artikel innerhalb des Amsterdamer Vertrages[133], der sich unmittelbar mit der Gemeinschaftspolitik im Bereich des Gesundheitswesen befasst, ist der Art. 152 EGV. Es gilt also zu untersuchen, welche Kompetenzen der Europäischen Union durch diesen Artikel zur Verfügung stehen und in welchem Maße sie dadurch Einfluss auf das nationale System der gesetzlichen Krankenversicherung der Bundesrepublik Deutschland nehmen kann bzw. nimmt. Zur Darstellung der allgemeinen Gewichtung des Gesundheitswesens auf europäischer Ebene wird dabei vorab auf die Entstehung der Europäischen Union und den dabei von den Mitgliedstaaten verfolgten Intentionen eingegangen. Dies wird anhand der Entwicklung der primärrechtlichen Kompetenzen im Gesundheitswesen sowie den Zielen und Aufgaben der Gesundheitspolitik der Europäischen Gemeinschaft vor dem Amsterdamer Vertrag aufgezeigt.

1. Gesundheitspolitische Kompetenzen der Europäischen Union bis zum Amsterdamer Vertrag

a) Entwicklung der primärrechtlichen Kompetenzen im Gesundheitswesen

aa) Vorgeschichte

In Gang gesetzt wurde die europäische Idee durch ein kurz nach Beendigung des 2. Weltkrieges entstandenes Konzept des Franzosen Jean Monnet von 1950,

---

[133] Im Einklang mit Art. N EUV a.F. hat der Europäische Rat Ende März 1997 in Turin eine Konferenz mit den Vertretern der Mitgliedstaaten einberufen, die sich mit einer Revision der vertraglichen Grundlage der Union befasst hat. Die Arbeit dieser Regierungskonferenz wurde durch den Gipfel des Europäischen Rates am 16. und 17.06.1997 mit dem „Amsterdamer Vertrag" abgeschlossen und mündete in der Unterzeichnung aller Mitgliedstaaten am 02.10.1997. Zur Ratifikation in Deutschland war gemäß Art. 59 II 1 GG ein Zustimmungsgesetz erforderlich, welches nach Art. 23 I 3 GG der Zustimmung von zwei Dritteln der Mitglieder des Bundestages und zwei Drittel der Stimmen des Bundesrates bedurfte. Die Ratifizierung des Amsterdamer Vertrages wurde vom Deutschen Parlament am 05.03.1998 vorgenommen (561 Abgeordnete stimmten dafür, 34 dagegen, 50 enthielten sich). Endgültig in Kraft getreten ist der Vertrag am 01.05.1999.

das der damalige französische Außenminister Robert Schumann aufgriff.[134] Grundgedanke war es, die deutsche Produktion von Kohle und Stahl, der eine erhebliche militärische und wirtschaftliche Bedeutung beigemessen wurde, unter internationale Kontrolle zu bringen.[135] Dadurch sollte eine Bedrohung des europäischen Friedens durch ein wiedererstarkendes Deutschland ausgeschlossen werden. Bezeichnend für den weiteren Verlauf der Entwicklung ist hier bereits, dass lediglich militärische und wirtschaftliche Überlegungen im Vordergrund standen. Sozialpolitische und speziell gesundheitspolitische Intentionen spielten in den Anfängen der europäischen Gemeinschaft keine Rolle. Diese bescheidene Rolle der sozialen Dimension erklärt sich aus der Geschichte der EG-Sozialpolitik. Die Europäische Gemeinschaft ist - wie sich bereits aus der Bezeichnung des sie konstituierenden „Vertrages über die Europäische Wirtschaftsgemeinschaft" ergibt - ursprünglich als Wirtschaftsgemeinschaft gegründet worden.[136] In den darauffolgenden Jahrzehnten wurde die Idee der europäische Integration durch eine Reihe von Vertragsabschlüssen verwirklicht und vorangetrieben.

bb) EGKS (1951)

So kam es am 18.04.1951 in Paris zur Gründung der Europäischen Gemeinschaft für Kohle und Stahl (EGKS, so genannte Montanunion) zwischen Deutschland, Frankreich, Italien und den Benelux-Staaten. Im Hinblick auf die europäische Integration begründete die EGKS dabei die ersten Versuche einer gemeinsamen Politik. Entsprechend der Grundidee und der Namensgebung des Vertrages wurden gesundheitspolitischen Kompetenzen jedoch nicht übertragen.[137] Sie blieben rein nationale Angelegenheit und im Vordergrund stand nur der wirtschaftliche Gedanke.

cc) Römische Verträge (1957)

Um die europäische Integration mit den gemachten positiven Erfahrungen der EGKSV voranzutreiben, erfolgten weitere Vorschläge zur Gründung europäischer Gemeinschaften in Teilbereichen der Politik. Am 25.03.1957 wurden die Verträge über die Europäische Wirtschaftsgemeinschaft (EWG) und

---

[134] Röttinger, in: Röttinger/Weyringer, Handbuch der europäischen Integration, S. 5

[135] Beutler/Bieber/Pipkorn/Streil, Die Europäische Union - Rechtsordnung und Politik, S. 33; Wilmowsky, in: Jura 7/1992, 337 ff (337).

[136] Umfassend hierzu Schulte, in: Auswirkungen der Politik der EU auf das Gesundheitswesen und die Gesundheitspolitik in der BRD, S. 95.

[137] Bemerkenswert jedoch die Einführung eines sozialpolitischen Titels im EGKSV mit dem Dritten Titel „Wirtschafts- und Sozialbestimmungen", Art. 46 ff EGKSV.

die Europäische Atomgemeinschaft (EAG) in Rom unterzeichnet („Römische Verträge"), die am 01.01.1958 in Kraft getreten sind.[138]
Trotz des engen Zusammenhangs zwischen Wirtschafts- und Sozialpolitik war wichtigstes Ziel der EWG jedoch lediglich die Errichtung eines „Gemeinsamen Zolltarifs" (GZT) im Verhältnis zu Drittstaaten und Freizügigkeit der Produktionsfaktoren zwischen den Mitgliedstaaten.[139] Schwerpunkt war somit weiterhin der wirtschaftliche Aspekt.[140] Zwar wurde in den darauffolgenden Jahren ein Krankenversicherungsschutz für Wanderarbeitnehmer und Selbständige entwickelt.[141] Ein eigener Zuständigkeitsbereich für die Gesundheitspolitik wurde im Primärrecht jedoch wiederum nicht definiert. Vielmehr waren die Gründer der EG zu der Zeit mehrheitlich der Überzeugung, dass das Funktionieren des gemeinsamen Marktes zu einer Angleichung der Sozialsysteme und zu einer Erhöhung der sozialen Standards in den Mitgliedstaaten führen würde.[142] Die damals beauftragte Expertengruppe hielt die Aufnahme umfassender sozialpolitischer - und somit auch gesundheitspolitischer - Zuständigkeiten in die Gemeinschaftsverträge aus diesem Grund für entbehrlich. Zu einer Kompetenzübertragung der Gesundheitspolitik von den Mitgliedstaaten auf die europäische Ebene kam es also auch innerhalb der Römischen Verträge nicht. Im Vordergrund stand weiterhin die wirtschaftspolitische Konsolidierung der Gemeinschaft. Gesundheitspolitik blieb weiterhin Angelegenheit der Mitgliedstaaten.

---

[138] Röttinger, in: Röttinger/Weyringer, Handbuch der europäischen Integration, S. 7

[139] Beutler/Bieber/Pipkorn/Streil, Die Europäische Union - Rechtsordnung und Politik, S. 448; v. Schwanenflügel, Die Entwicklung der Kompetenzen der Europäischen Union im Gesundheitswesen, 2., 2.1.

[140] Es kam zwar zur Einführung vereinzelter sozialpolitischer Vorschriften, diese hatten jedoch keinen gesundheitspolitischen Bezug und waren lediglich unverbindliche Absichtserklärungen.

[141] VO (EWG) Nr. 1408/71 über die Anwendung der Systeme der sozialen Sicherheit auf Arbeitnehmer und Selbständige sowie deren Familienangehörigen, die innerhalb der Gemeinschaft zu- und abwandern, vom 14.06.1971 (ABlEG 1971 L 149/2, 1973 L 128/22 und 1980 L 82/1); VO (EWG) Nr. 574/72 über die Durchführung der Verordnung (EWG) Nr. 1408/71 vom 21.04.1972 (ABlEG L 74/1).

[142] Aust, in: ZfS 09/1997, 748 ff (749); Kleinhenz, in: Lichtenberg (Hrsg.), Sozialpolitik in der EG, 17 ff (23); Oppermann, Europarecht, Rn 1631; Strohmeier, Die Europäische Union, Kapitel 11, I., 2., a.; diese Philosophie ergab sich vor allem aus Art. 2 EGKSV, wonach die Hebung der Lebenshaltung (und somit auch der Krankheitsbekämpfung) durch die Errichtung des Gemeinsamen Marktes erfolgen sollte.

dd) Einheitliche Europäische Akte 1986

Weiteres wichtiges Ereignis für die europäische Integration war die Verabschiedung der Einheitlichen Europäischen Akte (EEA) am 28.02.1986, die wegen verschiedener Verzögerungen der Ratifikation erst am 01.07.1987 in Kraft getreten ist. Durch sie wurde die Gemeinschaftstätigkeit auf weitere Politikbereiche ausgedehnt. Eine deutliche kompetenzielle Aufwertung erfuhr dabei erstmals auch die Gesundheitspolitik. Durch die EEA wurde die Bedeutung des Gesundheitsschutzes für eine Reihe von Tätigkeitsbereichen der Gemeinschaft herausgestellt. Hervorzuheben ist vor allem die Einfügung des Art. 118a in den EWG-Vertrag[143]. Art. 118a EWG erlaubte den Erlass von Richtlinien[144] und gab der Gemeinschaft erstmals Kompetenzen in dem Bereich der Sozialgesundheitspolitik. Auf diese Weise wurden insbesondere die Kompetenzen der Gemeinschaft auf dem Gebiet des Sicherheits- und Gesundheitsschutzes der Arbeitnehmer erweitert. Auf seiner Grundlage sind in der Folge eine Vielzahl von Richtlinien zum Gesundheitsschutz am Arbeitsplatz ergangen. Des weiteren wurden Richtlinien und Verordnungen erlassen, die Arznei-, Lebensmittel-, Veterinär- und Medizinprodukte, den Arbeitsschutz, die Marktfreiheiten sowie die Niederlassungsfreiheit und Dienstleistungsfreiheit im medizinischen Bereich umfassten. Eine solche Kompetenz wurde dann zumeist auf die Art. 100, 100a und 235 EGV a.F. gestützt. Im Bereich des Verbraucherschutzes war es der Art. 129a EGV a.F. und im Umweltschutz die Art. 130r und 130s EGV a.F..[145] Zudem wurde in Art. 100a III EGV a.F. (Art. 95 III EGV n.F.) die Kommission ausdrücklich verpflichtet, bei ihren Vorschlägen zur Verwirklichung des Binnenmarktes im Bereich der Gesundheit von einem hohen Schutzniveau auszugehen. Wiederum existierte in diesem Vertragswerk jedoch keine originäre gesundheitspolitische Rechtssetzungskompetenz. Es blieb vielmehr bei sektoralen Zuständigkeiten,

---

[143] Art. 118a EWG lautet: "Die Mitgliedstaaten bemühen sich, die Verbesserung insbesondere der Arbeitsumwelt zu fördern, um die Sicherheit und die Gesundheit der Arbeitnehmer zu schützen, und setzen sich die Harmonisierung der in diesem Bereich bestehenden Bedingungen bei gleichzeitigem Fortschritt zum Ziel".

[144] Gemäß Art. 249 UAbs. 3 EGV sind Richtlinien für jeden Mitgliedstaat, an den sie gerichtet sind, hinsichtlich des zu erreichenden Ziels verbindlich. Lediglich Form und Wahl der Mittel bleibt den innerstaatlichen Stellen überlassen.

[145] Kienle, in: Bergmann/Lenz, Der Amsterdamer Vertrag, Kapitel 6, Rn 2; König, in: SF 11/1998, 282 ff (282); Kuhn, Die soziale Dimension der Europäischen Gemeinschaft, 1. Teil, A., III., 1.; die europäische Gesundheitspolitik wirkte dadurch wie eine zufällige Addition von Einzelprogrammen (so bspw. der Aktionsplan zur Krebsbekämpfung 1996-2000, das Aktionsprogramm zur Suchtprävention 1996-2000), aus Hanika, in: MedR 5/1998, 193 ff (195); Schmidt am Busch, in: Grabitz/Hilf, Das Recht der Europäischen Union, Art. 152, Rn 2 bezeichnet sie als unkoordinierte Mosaiksteine.

die als Annexkompetenz an andere Aufgabengebiete angebunden waren.[146] Auch nach der EEA konnte die Gemeinschaft somit eine Maßnahme mit gesundheitspolitischen Auswirkungen nur begleitend im Zusammenhang mit einer Regelung anderer Politikbereiche beschließen. Die Gemeinschaft wurde jedoch trotz dieser Einschränkungen jetzt verstärkt als gemeinschaftlicher Sozialraum angesehen, der vor dem Hintergrund eines enormen Wohlstandsgefälles zwischen den Regionen der Gemeinschaft auch dem Prinzip der Solidarität verbunden war. Hauptziel war zwar nicht die Erarbeitung einer systematischen gemeinsamen Gesundheitspolitik, sondern wiederum der Wegfall von Handelshemmnissen und die damit verbundene Harmonisierung von Normen.[147] Durch die Einführung der sozialgesundheitspolitischen Kompetenzen sowie die Ausdehnung der Gemeinschaftskompetenzen auf weitere Bereiche mit gesundheitspolitischen Implikationen innerhalb der EEA kommt jedoch ein anfängliches Sozialbewusstsein - auch wenn mit nur wenigen gesundheitspolitischen Bezügen - auf europäischer Ebene zum Ausdruck.

ee) Sozialcharta (1989)

Als weiterer Ausdruck dieses Bewusstseins auf europäischer Ebene - mit der Ausnahme Großbritanniens[148] - kann auch die Verabschiedung der Gemeinschaftscharta der sozialen Grundrechte am 09. Dezember 1989 gewertet werden. In den einzelnen Mitgliedstaaten setzte sich zunehmend die Erkenntnis durch, dass die Bürger in Europa den gemeinsamen Binnenmarkt nur dann akzeptieren werden, wenn er sozial ausgestaltet ist. Dies führte zur Anerkennung der Notwendigkeit, den wirtschaftlichen Errungenschaften des Binnenmarktes eine soziale Dimension zu verleihen.[149] Die Entdeckung der

---

[146] Vgl. dazu v. Schwanenflügel, Die Entwicklung der Kompetenzen der Europäischen Union im Gesundheitswesen, S. 60.

[147] Egger, in: Röttinger/Weyringer, Handbuch der europäischen Integration, S. 761; v. Schwanenflügel, Die Entwicklung der Kompetenzen der Europäischen Union im Gesundheitswesen, 2., 2.1.

[148] Die britische Regierung blockierte die Absicht der Kommission und einiger Mitgliedstaaten eine, von Delors zunächst sogar als rechtsverbindlich angekündigte, Charta der sozialen Grundrechte zu verabschieden. Selbst in der Form einer unverbindlichen „Feierlich Erklärung" wollte das Königreich die Charta nicht unterschreiben, aus: Aust, in: ZfS 09/1997, 748 ff (750).

[149] Neumann-Duesberg, in: Schulte/Zacher (Hrsg.), Wechselwirkungen zwischen dem Europäischen Sozialrecht und dem Sozialrecht der Bundesrepublik Deutschland, 83 ff (83); Schulte, in: Lenz, Recht im Binnenmarkt, Teil 7, B., I., vor 1.; Strohmeier, Die Europäische Union, Kapitel 11, I., 2., d.; insbesondere seitens der Bundesregierung wurde unter dem Stichwort „Soziale Dimension des Binnenmarktes" der soziale Aspekt in die Diskussion der Gestaltung europäischer Politik eingebracht.

sozialen Dimension Europas schritt voran. Diese Sozialcharta stellte zwar kein bindendes Gemeinschaftsrecht dar, sondern war juristisch lediglich als politische Absichtserklärung zu werten, die ohne jegliche Bindungswirkung für die unterzeichnenden Mitgliedstaaten blieb.[150] Ihre politischen Zielsetzungen haben aber ein erhebliches Gewicht bekommen und die Sozialpolitik hat dadurch eine substanzielle Aufwertung erfahren.[151] Sie prägten das sozialpolitische Programm der Gemeinschaft und wurden Anfang der neunziger Jahre von der Kommission zur Begründung zahlreicher sozialrechtlicher Initiativen herangezogen. Die Sozialcharta war somit Ausdruck einer angestrebten Vertiefung der sozialen Dimension der Europäischen Gemeinschaft. Gesundheitspolitik und somit auch die nationalen Systeme der gesetzlichen Krankenversicherungen blieben jedoch trotz zunehmender sozialer Ausrichtung der Gemeinschaft weiterhin unbeachtet. Insbesondere eine Verankerung einer Harmonisierungskompetenz des europäischen Gesundheitswesens im Primärrecht blieb aus.

ff) Maastrichter Unionsvertrag (1992)

Einen weiteren Fortschritt der Sozialpolitik im Allgemeinen bildeten die Ergebnisse des Gipfels von Maastricht vom Dezember 1991.[152] Die Sozialpolitik stand hierbei überraschenderweise zum ersten Mal ganz im Mittelpunkt einer derartigen Regierungskonferenz. Bei der Errichtung der Europäischen Union durch den Maastrichter Unionsvertrag wurde trotz einiger Widerstände die soziale Seite der Union gestärkt. So wurde in Art. 3 i EGV (Maastrichter Fassung) die „Sozialpolitik mit einem europäischen Sozialfonds“ unter den Tätigkeiten der Union erstmals ausdrücklich erwähnt. Vor allem wurde aber in dem Vertrag von Maastricht ein eigener Titel X „Gesundheitswesen“ mit dem Art. 129 EGV eingeführt. Durch die Einführung eines eigenen Titels wurde die Gesundheitspolitik erstmals auf eine selbständige Rechtsgrundlage gestellt.[153] Damit wurde die Gesundheitspolitik

---

[150] Egger, in: Röttinger/Weyringer, Handbuch der europäischen Integration, S. 765; Hilf/Willms, in: JuS 05/1992, 368 ff (372); Schweitzer/Hummer, Europarecht, Rn 1522; Strohmeier, Die Europäische Union, Kapitel 11, I., 2., d..

[151] Balze, Die sozialpolitischen Kompetenzen der Europäischen Union, Kapitel 6, D., dieser spricht sogar von einem ersten Schritt in Richtung Europäische Sozialunion; Kuhn, Die soziale Dimension der Europäischen Gemeinschaft, 1. Teil, A., III., 2.

[152] Verabschiedung des Maastrichter Unionsvertrages am 07.02.1992, endgültig in Kraft getreten am 01.11.1993.

[153] Daraufhin wurden auf Grundlage der allgemeinen Rechtsgrundlage des Art. 235 EGV a.F. und den Harmonisierungskompetenzen der Art. 100 und 100a EGV a.F. seit Maastricht immer mehr gesundheitspolitischen Maßnahmen auch auf Art. 129 EGV a.F. mit gestützt, v.

gegenüber anderen Titeln des Vertrages gleichgestellt und gleichzeitig die Einflussmöglichkeit gemeinschaftlicher Gesundheitspolitik gegenüber anderen Politikbereichen gestärkt.[154] Diese Aufnahme einer Gemeinschaftskompetenz im Bereich des Gesundheitswesens stellt zwar im Wesentlichen nur die Bestätigung einer mehrjährigen Praxis dar. Dennoch erhielt die Gemeinschaftspolitik im Gesundheitswesen dadurch eine neue Qualität.[155] Schwierig gestaltete sich jedoch die Abgrenzung zu anderen Kompetenzen der Gemeinschaft, insbesondere des Arbeitsschutzes (Art. 118, 118a EGV a.F.), des Verbraucherschutzes (Art. 129a EGV a.F.) sowie des Umweltschutzes (Art. 130r, 130s EGV a.F.).[156]

Weiter bemerkenswert ist, dass Art. 129 EGV a.F. eine der ganz wenigen Vorschriften des EG-Vertrages war (vgl. etwa noch Art. 128 EGV a.F.), die keinen unmittelbaren Bezug mehr zu dem ursprünglichen Ziel einer Wirtschaftsgemeinschaft hatten. Er war damit Ausdruck einer Weiterentwicklung der Gemeinschaft zu einer Sozialgemeinschaft.[157] Wiederum ist es somit durch ein neues Vertragswerk zu einer deutlichen Stärkung der sozialpolitischen - und in diesem Fall speziell erstmals der gesundheitspolitischen[158] - Kompetenzen gekommen.

Schwanenflügel, in: JZ 5/1993, 551 ff (551); vgl. dazu die ausführlichen Darstellungen bei Kuhn, Die soziale Dimension der Europäischen Gemeinschaft, 1. Teil, C., 3. und Schmidt am Busch, in: Grabitz/Hilf, Das Recht der Europäischen Union, Art. 152, Rn 67.

[154] Beutler/Bieber/Pipkorn/Streil, Die Europäische Union - Rechtsordnung und Politik, S. 47; Kienle, in: Bergmann/Lenz, Der Amsterdamer Vertrag, Kapitel 6, Rn 1; Kuhn, Die soziale Dimension der Europäischen Gemeinschaft, 1. Teil, B., I., 2.; Haverkate/Huster, Europäisches Sozialrecht, Rn 816; v. Schwanenflügel, in: EuR 02/1998, 211 ff (211).

[155] So Berg, in: Schwarze, EU-Kommentar, Art. 152, Rn 3.

[156] Röckinghausen, Integrierter Umweltschutz im EG-Recht, C., I., 2.; die Ermittlung der zutreffenden Ermächtigungsgrundlage für verbindliche Rechtsakte hat sich seit 1986 zu einem erheblichen Gemeinschaftsrechtsproblem entwickelt, Balze, Die sozialpolitischen Kompetenzen der EU, Kapitel 4, C., II., 3., d., cc., (1); notwendig ist diese Abgrenzung augrund des unterschiedlich vorgesehenen Rechtssetzungsverfahrens. So war z.B. für den Arbeitsschutz das Verfahren des Art. 189c EGV a.F. vorgesehen, für das Gesundheitswesen nach Art. 129 IV EGV a.F. das Verfahren des Art. 189b EGV a.F.; der Rückgriff auf eine falsche Ermächtigungsgrundlage führt zu einem Verstoß gegen Art. 190 EGV a.F..

[157] Willms, in: v. d. Groeben/Thiesing/Ehlermann, Kommentar zum EU-/EG-Vertrag, Art. 129, Rn 2. Ähnlich Waltermann, Sozialrecht, Rn 85, der von einer vorherigen Unzulänglichkeit der einseitigen wirtschaftlichen Ausrichtung des Binnenmarktes spricht.

[158] Überschattet wurde die Fortentwicklung der eigentlichen Gesundheitspolitik aber in den folgenden Jahren durch eine agrarpolitische Problematik mit gesundheitspolitischem Bezug, dem so genannte BSE-Skandal; vgl. dazu die umfassende Darstellung bei Berg, Gesundheitsschutz als Aufgabe der Europäischen Union, S. 515 ff.

gg) Betrachtung der Gesamtentwicklung der primärrechtlichen Kompetenzen im Gesundheitswesen bis zum Maastrichter Unionsvertrag

Insgesamt kommt man also zu dem Schluss, dass die Sozialpolitik auf europäischer Ebene, und somit vor allem auch die Gesundheitspolitik, bis Mitte der achtziger Jahre völlig vernachlässigt wurde, bzw. keine Anerkennung bei den Mitgliedstaaten fand. Die Rolle einer gemeinschaftlichen Gesundheitspolitik litt von Anfang an daran, dass für die Errichtung des Gemeinsamen Marktes eine gemeinschaftliche Sozialpolitik nicht erforderlich schien und die Mitgliedstaaten lediglich wirtschaftliche Intentionen auf europäischer Ebene verfolgten. Dies änderte sich aber Mitte der achtziger Jahre bei Einführung der EEA. Durch die Sozialcharta und für die Gesundheitspolitik insbesondere im Maastrichter Vertrag kam es in den darauffolgenden Jahren zu einer stetigen und - im Vergleich zu den vorherigen Jahren - schnellen Weiterentwicklung dieser der Stärkung der Sozialpolitik in Europa. Neben vorangehender Einführung mehrerer Annexkompetenzen wurde die Gesundheitspolitik erstmals im Primärrecht verankert. Bis zum Inkrafttreten des Amsterdamer Vertrages ist also in Europa ein eindeutiger Entwicklungsprozess zu verzeichnen, mehr sozialpolitische und gesundheitspolitische Kompetenzen auf die Ebene der Europäischen Gemeinschaft zu verlagern.

b) Ziele und Aufgaben der Gesundheitspolitik der Europäischen Union vor dem Inkrafttreten des Amsterdamer Vertrages

Art. 129 I EGV a.F. enthielt - neben der Querschnittsklausel des UAbs. 3, die an Art. 100a III EGV a.F. anschloss - Zielvorgaben für die gesundheitspolitischen Aktivitäten der Gemeinschaft. Danach war Ziel und Aufgabe des Gesundheitswesens der Gemeinschaft gemäß Art. 129 I iVm Art 3b EGV a.F. einen Beitrag zur Sicherstellung bzw. zur Erreichung eines hohen Gesundheitsschutzniveaus zu leisten.[159] Diese beiden zentralen Begriffe grenzen den Gegenstandsbereich des Art. 129 EGV a.F. von der Gesundheitsversorgung der Mitgliedsstaaten ab. Sowohl der Schutz der Gesundheit als auch die Krankheitsverhütung sprechen deutlich den Aspekt der Prävention an, es sollte somit gerade nicht um die Behandlung bereits eingetretener Erkrankungen gehen.[160]Da die Mitgliedstaaten für die

[159] Diese Aufgabe beinhaltet auch ein Verschlechterungsgebot, so dass eine Nivilierung des gemeinschaftlichen Gesundheitsstandards nach unten ausgeschlossen war, aus Kienle, in: Bergmann/Lenz, Der Amsterdamer Vertrag, Kapitel 6, Rn 3; Fischer, in: Lenz, Kommentar EGV-Vertrag, Art. 152, Rn 2; Willms, in: v. d. Groeben/Thiesing/Ehlermann, Kommentar zum EU-/EG-Vertrag, Art. 129, Rn 7.

[160] Fischer, in: Lenz, Kommentar EG-Vertrag, Art. 152, Rn 7; Haverkate/Huster, Europäische Sozialpolitik, Rn 818; Willms, in: v. d. Groeben/Thiesing/Ehlermann, Kommentar zum EU-

Organisation und Finanzierung der Gesundheitsversorgungssysteme bislang allein verantwortlich sind, richtet sich die Tätigkeit der Gemeinschaft auch nicht auf die Bereiche der sozialen Sicherungssystem und der gesetzlichen Krankenkassen.[161] Eine Einflussnahme der Europäischen Union auf das nationale System der gesetzlichen Krankenversicherung und insbesondere auf den Leistungsbereich der Vertragsärzte durch den Art. 129 EGV a.F. war somit nicht möglich. Neben dieser thematischen Eingrenzung des Mandats enthielt Art. 129 EGV a.F. eine strenge Beschränkung der gesundheitspolitischen Tätigkeiten und der zur Verfügung stehenden Instrumente. Zum einen wurde die Gemeinschaft auf eine Förderungs- und Unterstützungsfunktion verwiesen. Nach Art. 129 I UAbs. 1 und 2 förderte sie die Zusammenarbeit der Mitgliedstaaten und unterstützte deren Tätigkeiten. Ebenfalls nur eine Förderung sah Art. 129 I UAbs. 2 EGV a.F. für die Erforschung der Ursachen und der Übertragung von Krankheiten sowie der Gesundheitsinformation und der -erziehung vor. Auch der Rat erließ lediglich Fördermaßnahmen und Empfehlungen, Art. 129 III EGV a.F.. Hinsichtlich der Fördermaßnahmen, die organisatorischer und finanzieller Natur sein konnten, war zudem jegliche Harmonisierung des Rechts der Mitgliedstaaten ausgeschlossen.[162]

Art. 129 EGV a.F. verlieh der Gemeinschaft zwar erstmals eine eigenständige Rechtsgrundlage für die Gesundheitspolitik, begrenzte diese aber gleichzeitig in mehrfacher Hinsicht. Zunächst besaß die Gemeinschaft nur komplementäre Zuständigkeiten. Sie förderte und unterstützte die Mitgliedstaaten, ergriff aber nicht selbst die Initiative. Dabei handelt es sich um die schwächste Form der Zuständigkeit und eine gemeinschaftliche Gesundheitspolitik wider den Interessen der Mitgliedstaaten war damit nicht möglich. Zum anderen war sie inhaltlich auf den Bereich der Prävention begrenzt. Ferner waren als Handlungsformen nur Fördermaßnahmen und Empfehlungen vorgesehen. Gemeinschaftliche Maßnahmen mit Regelungscharakter, die Einfluss auf den Leistungsbereich der Vertragsärzte in der deutschen gesetzlichen Krankenversicherung haben konnten, schieden demnach aus bzw. waren mit Art. 129 EGV a.F. nicht vereinbar.

/EG-Vertrag, Art. 129, Rn 7; Schmidt am Busch, in: Grabitz/Hilf, Das Recht der Europäischen Union, Art. 152, Rn 3.

[161] Hanika, in: MedR 05/1998, 193 ff (195); Kienle, in: Bergmann/Lenz, Der Amsterdamer Vertrag, Art 152, Rn 3; KOM 1997, 102, S. 1; v. Maydell, in: VSSR 01/1999, 1 ff (10); Schweitzer/Hummer, Das Recht der Europäischen Union, Rn 1669.

[162] Versperrt ist dadurch insbesondere der Rückgriff auf Art. 308 EGV (Ergänzende Rechtsetzungsbefugnis; Kompetenz zum Erlass von Vorschriften für unvorhergesehene Fälle) im Bereich der Gesundheitspolitik.

2. Gesundheitspolitische Kompetenzen der Europäischen Union nach Inkrafttreten des Amsterdamer Vertrages

Durch den Vertrag von Amsterdam wurde in Kapitel VI der bisherige Art. 129 EGV durch den Art. 152 EGV neugefasst. Insbesondere nach der bisherigen und speziell in der nahen Vergangenheit sprunghaften Entwicklung der europäischen Gesundheitspolitik, ihrer stetig steigenden Bedeutung sowie der zunehmenden Mobilität der Bürger und vor allem auch der Arbeitskräfte innerhalb Europas bedarf die neuere Entwicklung der Gesundheitspolitik in Form des Art. 152 EGV einer besonderen Beachtung.

a) Inhaltliche Änderungen durch den Art. 152 EGV

aa) Art. 152 I UAbs. 1 EGV

Inhaltliche Änderungen durch den Amsterdamer Vertrag sind dabei bereits im 1. Abs. UAbs. 1 des Art. 152 EGV zu finden. Die bisherige Formulierung des Art. 129 I UAbs. 1 EGV, wonach die Gemeinschaft durch Förderung der Zusammenarbeit zwischen den Mitgliedstaaten einen Beitrag zur Sicherstellung eines hohen Gesundheitsschutzniveaus leistet, wird in Art. 152 I EGV durch die Formulierung ersetzt: „bei der Festlegung und Durchführung aller Gemeinschaftspolitiken wird ein hohes Gesundheitsschutzniveau sichergestellt". Wie auch bereits dem alten Art. 129 EGV kommt dem neuen Art. 152 EGV die Funktion einer Querschnittsklausel zu.[163] Dies bedeutet, dass jeglicher Richtlinienerlass der Kommission – selbst wenn er inhaltlich völlig anderen Politikbereichen zuzuordnen ist - dem Interesse der europäischen Bevölkerung in gesundheitspolitischer Hinsicht gerecht werden muss.[164] Die Querschnittsklausel verpflichtet alle Gemeinschaftsorgane, im Rahmen der

---

[163] Burger, in: BKK 01/1999, 5 ff (6); Kienle, in: Bergmann/Lenz, Der Amsterdamer Vertrag, Kapitel 6, Rn 16; König, in: SF 11/1998, 282 ff (282); Schmidt am Busch, in: Grabitz/Hilf, Das Recht der Europäischen Union, Art. 152, Rn 4; Wichard, in: Callies/Ruffert, Kommentar zu EUV und EGV, Art. 152, Rn 23; Willms, in: v. d. Groeben/Thiesing/Ehlermann, Kommentar zum EU-/EG-Vertrag, Art. 129, Rn 9.

[164] Durch die Klausel wird die Abwägung des Gesundheitsschutzes mit den anderen betroffenen Belangen in jeden Rechtsetzungsakt hineingetragen (Gesundheitsverträglichkeitsprüfung), aus Schwarze, EU-Kommentar, Art. 152, Rn 10. Auch erarbeitet die Europäische Kommission jetzt Jahresberichte, die den Stand der Integration der Gesundheitserfordernisse in die Gemeinschaftspolitiken darstellen. Dadurch sollen die übrigen Organe der Gemeinschaft veranlasst werden, bei der Erwägung von Maßnahmen und Programmen im Rahmen der gemeinschaftlichen Entscheidungsprozesse die Auswirkungen anderer Politikbereiche auf die Gesundheitspolitik genau zu prüfen.

Verfolgung anderer Vertragsziele auch die Erreichung eines hohen Gesundheitsschutzniveaus als „Sekundärziel" anzustreben.[165]
Obwohl Satz 1 des Absatzes 1 damit schlanker gefasst ist als der frühere Satz 1, erfährt die Regelung jedoch inhaltlich eine Ausweitung. In ihrer jetzigen Fassung lässt die Klausel den hohen Rang der menschlichen Gesundheit als Schutzgut noch höher in Erscheinung treten als die ursprüngliche Klausel des Art. 129 EGV a.F.. Dies folgt sowohl aus ihrer Stellung an der Spitze von Art. 152 EGV, als auch aus ihrer inhaltlichen Formulierung.[166] Statt eines Beitrages zu einem hohen Gesundheitsschutzniveau wird die Gemeinschaft nun zur Gewährleistung und Sicherstellung des hohen Schutzniveaus verpflichtet. Die Union hat ihr Handeln nunmehr so auszurichten, dass ein hohes Gesundheitsschutzniveau auch wirklich erreicht wird. Kollidiert dabei der Gesundheitsschutz mit anderen Zielen, darf zum Zweck des Ausgleichs nun nicht mehr so abgewogen werden, dass ein hohes Gesundheitsschutzniveau unterschritten wird. Grund für diese Änderung war vor allem auch die 1996 aufgetretene BSE-Krise. Der aufgeschreckten Bevölkerung sollte dokumentiert werden, dass zukünftig das Thema Gesundheit innerhalb Europas einen sehr hohen Stellenwert einnehmen soll.[167] Diese Veränderung sollte dem Verbraucher das Vertrauen in einen europäischen Sicherheitsstandard zurückgeben.
Durch die Aufwertung der gemeinschaftlichen Gesundheitspolitik durch die Neufassung des UAbs. 1 wurden zwar die Belange des Gesundheitsschutzes auf europäischer Ebene gestärkt. Insbesondere eine Kompetenzerweiterung der Europäischen Union hin zu einer Harmonisierung der nationalen Gesundheitsversorgungssysteme besteht jedoch weiterhin nicht. Trotz inhaltlicher Ausweitung besteht durch Art. 152 I UAbs. 1 keine unmittelbare Möglichkeit der Einwirkung der Europäischen Union auf den Leistungsbereich der deutschen Vertragsärzte in der gesetzlichen Krankenversicherung.

---

165 Wichard, in: Calliess/Ruffert, Kommentar zu EUV und EGV, Art. 152, Rn 22.

166 Fischer, in: Lenz, Kommentar EG-Vertrag, Art. 152, Rn 5; Kienle, in: Bergmann/Lenz, Der Amsterdamer Vertrag, Kapitel 6, Rn 16; Schmidt am Busch, in: Grabitz/Hilf, Das Recht der Europäischen Union, Art. 152, Rn 44; Wichard, in: Callies/Ruffert, Kommentar zu EUV und EGV, Art. 152, Rn 1.

167 Hakenberg, in: MedR 02/2000, 55 ff (61); König, in: SF 11/1998, 282 ff (284); diese Ansicht wurde von einigen Mitgliedstaaten zu Recht in Frage gestellt. Tatsächlich hätte die BSE-Krise mit den damals geltenden Rechtsgrundlagen gelöst werden können. Grund für die späte Ergreifung von Maßnahmen waren wirtschaftlicher und wissenschaftlicher Natur, aus Schmidt am Busch, in: Grabitz/Hilf, Das Recht der Europäischen Union, Art. 152, Rn 4.

bb) Art. 152 I UAbs. 2 EGV

Auch innerhalb des 1. Abs. UAbs. 2 hat der Vertrag von Amsterdam die Regelungsmaterie des Art. 152 EGV ausgedehnt. Zum einen durch die Einbeziehung der „Verbesserung der Gesundheit der Bevölkerung“ und die „Beseitigung von Ursachen für die Gefährdung der menschlichen Gesundheit“ (1. Abs. UAbs. 2 Satz 1). Zum anderen durch den Einstieg in die „Bekämpfung der weitverbreiteten schweren Krankheiten“ (1. Abs. UAbs. 2 Satz 2). Die Definition der Krankheiten, die es zu bekämpfen gilt, ist dabei weit gefasst. Einer verstärkten Initiative der Union stünde demnach nichts entgegen.[168] Wiederum bleiben auch hier trotz Erweiterung der gemeinschaftlichen Kompetenzen die nationalen Gesundheitsversorgungssystem der Mitgliedstaaten unangetastet. Harmonisierungskompetenzen der Europäische Union auf den Leistungsbereich der Vertragsärzte oder der Krankenhäuser in der gesetzlichen Krankenversicherung wurden auch hier nicht geschaffen.

cc) Art. 152 I UAbs. 3 EGV

Ferner wurde dem Bereich der Drogenpolitik auf Gemeinschaftsebene ein erheblich höherer Stellenwert beigemessen. Nach dem alten Art. 129 EGV konnte die Europäische Gemeinschaft nur tätig werden, um die Drogenabhängigkeit zu verhüten.[169] Ansatzpunkt des Handelns im Drogenbereich sind nun auch Gesundheitsschäden, so dass jetzt auch der Bereich der Behandlung erfasst wird.[170] Zudem ergänzt die Gemeinschaft nun gemäß Art. 152 I UAbs. 3 EGV die Maßnahmen der Mitgliedstaaten zur Verringerung drogenkonsumbedingter Gesundheitsschäden einschließlich der Informations- und Vorbeugemaßnahmen.[171] Diese Formulierung schließt auch Maßnahmen zur Nachfragereduzierung mit ein.

---

[168] Tatsächlich gab es bereits umfangreiche Initiativen der Union, wie z.B. der Ratsentschließung zur „Antibiotika-Resistenz“ sowie eine Empfehlung des Rates zur „Exposition der Bevölkerung gegenüber elektro-magnetischen Feldern“ (der erste Rechtsakt, der auf der neuen Rechtsgrundlage des Art. 152 EGV verabschiedet wurde), aus Pressemitteilung Nr. 41 des Bundesgesundheitsministeriums, vom 08.06.1999, abgedruckt unter: http://www.bmgesundheit.de/presse/1999/presse99/41.htm, 1 f.

[169] Berg, Gesundheitsschutz als Aufgabe der EU, Kapitel 2, D., VII., 2., 2.3.

[170] Fischer, in: Lenz, Kommentar EG-Vertrag, Art. 152, Rn 7; Kienle, in: Bergmann/Lenz, Der Amsterdamer Vertrag, Kapitel 6, Rn 9.

[171] Hanika, in: MedR 05/1998, 193 ff (195); eine entsprechende Klarstellung war gefordert worden, weil die Drogenpolitik auch im Bereich der Rechts- und Innenpolitik eine Rolle spielt und deswegen Abgrenzungsprobleme befürchtet wurden, König, in: SF 11/1998, 282 ff (284).

dd) Art. 152 IV EGV

Absatz 4 führt die Betätigungsformen auf, derer sich die EU auf der Basis des neuen Art. 152 EGV bedienen kann. Die in a) und b) genannten Maßnahmen sind erst durch den Amsterdamer Vertrag eingefügt worden und eröffnen der EU abweichend von der Grundkonzeption des Art. 152 EGV eine autonome Rechtssetzungsbefugnis. Der Begriff „Maßnahme" ermächtigt zu einem Zugriff auf das gesamte Instrumentarium gemeinschaftlicher Handlungsformen einschließlich der in Art. 249 EGV aufgeführten Rechtsakte.[172] Im Unterschied dazu waren im alten Art. 129 EGV nur Fördermaßnahmen und Empfehlungen vorgesehen.

Trotz dieser erheblichen Erweiterung der zulässigen Handlungsformen der Europäischen Union auf dem Sektor der Gesundheitspolitik wird auch hier keine Harmonisierungskompetenz der nationalen Systeme der gesetzlichen Krankenversicherung geschaffen. Inhaltlich sind die Maßnahmen der europäischen Gesundheitspolitik auf die in Art. 152 EGV genannten Themenbereiche beschränkt.

b) Aufgabenverteilung zwischen der Europäischen Union und den Mitgliedstaaten nach dem Amsterdamer Vertrag

Art. 152 I UAbs. 2 EGV ermächtigt die EU dazu, die Politik der Mitgliedstaaten auf dem Gebiet des Gesundheitswesens zu ergänzen. In diesem Betätigungsfeld ist die EU somit inhaltlich auf die Ergänzung der mitgliedstaatlichen Politiken (1. Abs. UAbs. 2 und 3) und in organisatorischer Hinsicht auf die Förderung ihrer Zusammenarbeit beschränkt.

Eine weitere Grenze - und von besonderem Interesse für die Leistungserbringung in der gesetzlichen Krankenversicherung - für das Handeln der EU ergibt sich aus Abs. 5. Soweit die EU danach im Bereich der öffentlichen Gesundheit tätig wird, „wird die Verantwortung der Mitgliedstaaten für die Organisation des Gesundheitswesens und die medizinischen Versorgung in vollem Umfang gewahrt". Es kommt somit zu einer ausdrücklichen Ausklammerung von Versorgung und Organisation des Gesundheitswesens innerhalb des Art. 152 EGV. Dazu zählt auch die Finanzierung des Gesundheitswesens, so dass der EU jegliche Einflussnahme auf die sozialen Sicherungssysteme der Mitgliedstaaten verwehrt ist. Für eine Harmonisierung der unterschiedlichen nationalen Systeme der Gesundheitsversorgung der Mitgliedstaaten gibt es formal somit auch durch

---

[172] Fischer, in: Lenz, Kommentar EG-Vertrag Kommentar, Art. 152, Rn 12; Schmidt am Busch, in: Grabitz/Hilf, Das Recht der Europäischen Union, Art. 152, Rn 28; Wichard, in: Callies/Ruffert, Kommentar zu EUV und EGV, Art. 152, Rn 13.

den Amsterdamer Vertrag keine Rechtsgrundlage.[173] Die Unterschiedlichkeit der Systeme bleibt von der Rechtsgrundlage des Art. 152 EGV unberührt. Der Europäischen Union wird die Harmonisierung der nationalen Gesundheitsregelungen ausdrücklich verwehrt.
Nachdem somit in Abs. 1 der Anwendungsbereich des Art. 152 EGV gegenüber dem alten Art. 129 EGV deutlich erweitert wurde, folgt in Abs. 5 der eindeutige Hinweis, dass die nationalen Gesundheitsversorgungssysteme der Mitgliedstaaten völlig unangetastet bleiben.[174]

c) Exkurs: Aktionsprogramm der Kommission zur Datenerhebung über die Gesundheitssysteme der Mitgliedstaaten / EU-weite Krankenversicherungskarte

Ungeachtet der Kompetenzabgrenzung in Art. 152 V EGV hat die Kommission am 15.04.1998 jedoch den Vorschlag gemacht, zukünftig Daten über die verschiedenen Gesundheitsversorgungssysteme der Mitgliedstaaten zu erheben.[175] Diese Erhebung soll insbesondere über die Kosten und die Finanzierung der Gesundheitssysteme einschließlich der Rolle der gesetzlichen und privaten Krankenversicherung sowie über die Effizienz der verschiedenen Systeme erfolgen.

---

[173] Burger, in: BKK 01/1999, 5 ff (6); Hakenberg, in: MedR 02/2000, 55 ff (61); Hanika, in: MedR 05/1998, 193 ff (195); Hirsch, in: BKK 01/1999, 11 ff (13); Neumann-Duesberg, in: Barwig/Schulte (Hrsg.), Freizügigkeit und soziale Sicherheit, 89 ff (91); Schmidt am Busch, in: Grabitz/Hilf, Das Recht der Europäischen Union, Art. 152, Rn 17; Schweitzer/Hummer, Europarecht, Rn 1669.

[174] Diese Unterordnung der gemeinschaftlichen unter die mitgliedstaatlichen Gesundheitspolitiken ist eine spezielle Ausprägung des allgemeinen Subsidiaritätsprinzips (Art. 5 EGV), Berg, Gesundheitsschutz als Aufgabe der EU, 3. Kapitel, B., I., 2.; Wichard, in: Callies/Ruffert, Kommentar zu EUV und EGV, Art. 152, Rn 10. Padriag Flynn wird jedoch trotz dieser Subsidiaritätsbestimmung zitiert mit Aussagen wie: „Jeder Mitgliedstaat bleibt verantwortlich für die Finanzierung und für die Organisation. Offen bleibt jedoch, wer den Leistungskatalog verantwortet, wer inhaltliche Entscheidungen trifft sowie die Organisationsform vorschreibt." So bspw. Hanika, in: EuroAS 9-10/1998, 106 ff (109).

[175] Der Ausschuss der Regionen und der Wirtschafts- und Sozialausschuss haben in ihren Stellungnahmen Zweifel an der Zulässigkeit dieser Maßnahmen geäußert. Ihrer Ansicht nach ist mit dem Wortlaut des Abs. 5 eine so weitreichende Befassung mit den Gesundheitssystemen der Mitgliedstaaten im Rahmen von Art. 152 EGV nicht mehr vertretbar, aus: Stellungnahme vom 19.11.1998, Ziff. 4.2, CDR 156/98 fin (EN) H-HK/C/ue, abgedruckt in der Dokumentation der Potsdamer Konferenz vom 27.-29. Januar 1999; allenfalls denkbar erscheint hier allenfalls ein Austausch über solche Aspekte des Gesundheitssystems, die einen unmittelbaren Bezug zur Prävention aufzeigen, wie z.B. Gesundheitserziehung und Gesundheitsausbildung, so die Ansicht von Schmidt am Busch, in: Grabitz/Hilf, Das Recht der Europäischen Union, Art. 152, Rn 17.

Zu diesem Zweck wurde daraufhin ein MISSOC-Sekretäriat (Mutual Information System on Social Security) eingerichtet, welches vom Institut für Sozialforschung und Gesellschaftspolitik in Köln (ISG) wahrgenommen wird. MISSOC, das gemeinschaftliche Informationssystem zur sozialen Sicherheit, legt jährlich einen tabellarischen Bericht vor, der über den aktuellen Stand der Systeme der sozialen Sicherheit in den Mitgliedstaaten zu Beginn des jeweiligen Vorjahres sowie über die wichtigsten Maßnahmen im zurückliegenden Berichtszeitraum informiert.
MISSOC beruht auf einer Initiative der Europäischen Kommission, speziell der Generaldirektion V und soll den Diensten der Europäischen Kommission, den Behörden der Mitgliedstaaten, den Tarifpartnern und allen übrigen an der Entwicklung der sozialen Sicherheit interessierten und beteiligten Institutionen, Organisationen und Personen kurze, aktuelle und vergleichbare Informationen zur Verfügung stellen. Die jährliche Veröffentlichung beginnt dabei jeweils mit einer zusammenfassenden Analyse der Entwicklung der sozialen Sicherheit und Darstellung der wichtigsten Maßnahmen in diesem Bereich in den einzelnen Mitgliedstaaten. Dies geschieht in der Weise, dass von einem externen Experten ein Gesamtbericht gefasst wird, der auf nationalen Berichten beruht, die von den MISSOC-Vertretern aus den jeweiligen Mitgliedstaaten verantwortet und verfasst werden.
Den größten Teil der MISSOC-Veröffentlichung nimmt dabei die Darstellung der jeweiligen Leistungsbereiche der sozialen Sicherheit sowie ihre jeweilige Finanzierungsweise ein. Vorrangiger Zweck der Veröffentlichung ist es, die Grundzüge der unterschiedlichen Gesetzgebung der Mitgliedstaaten zur sozialen Sicherheit deutlich und einen schnellen Vergleich möglich zu machen. Die MISSOC-Publikationen erlauben einen ersten unmittelbaren Zugriff und verlässliche Informationen zu den Sozialschutzsystemen der 15 Mitgliedstaaten der Europäischen Union.[176]
Das Beachtliche an dieser Datenerhebung ist aber nicht nur die Tatsache, dass die Europäische Union erstmals innerhalb des ihr eigentlich verwehrten Kompetenzbereiches tätig wird. Vielmehr ist zu erwarten, dass aus der Datenerhebung bzw. ihrer Analyse dieser mittel- bis langfristig gleiche Antworten auf die verschiedenen Fragen der Mitgliedstaaten erwachsen werden. Durch den Vergleich der mitgliedstaatlichen Sozialschutzsysteme werden auch „Erfolgsmodelle" herausgearbeitet. Bei Anfragen der Mitgliedstaaten werden die Problemantworten des MISSOC dahingehend ausfallen, dass die am optimalst funktionierende Methode als Lösungsvorschlag favorisiert wird. Die Datenerhebung wird dadurch zwingend harmonisierende

---

[176] Informationen aus EuroAS 1-2/2000, 8 ff.

Effekte innerhalb der verschiedenen mitgliedstaatlichen Gesundheitsversorgungssysteme mit sich bringen.
Darüber hinaus will die Europäische Kommission mit Rückendeckung der nationalen Regierungen eine EU-weit gültige Krankenversicherungs-Chipkarte durchsetzen. Zum einen soll diese Verwaltungsaufwand ersparen und so zu einer Kostenersparnis von 20-30 % führen, zum anderen soll sie die berufliche Mobilität der Bürger der Union erhöhen. Auch wenn die Kommission dabei beteuert, dass mit der Einführung keine neuen Rechte entstehen, wird bereits spekuliert, dass die neue grenzüberschreitend gültige EU-Karte auch medizinische Regelversorgung gewährt werden soll und so das bisher in der gesetzlichen Krankenversicherung geltende Sachleistungsprinzip de facto vom Kostenerstattungsprinzip verdrängt würde.[177]

3. Zusammenfassung Art. 152 EGV

Wie aufgezeigt, gibt es in den letzten Jahrzehnten den eindeutigen Trend, die Kompetenz über die Gesundheitspolitik auf die Ebene der Europäischen Union zu verlagern. So wurden in der Vergangenheit mittelbare wie auch unmittelbare gesundheitspolitische Kompetenzen in die europäischen Vertragswerke eingefügt. Heute kann man bereits von einem unionspolitischen Gesundheitsmandat mit kompetenzrechtlichem „Unterbau“ sprechen.[178]
Durch die Ersetzung des alten Art. 129 EGV durch den Art. 152 EGV durch den Amsterdamer Vertrag wurde diese Entwicklung fortgesetzt. Wiederum wurde die gemeinschaftliche Gesundheitspolitik und somit die Kompetenz der EU durch ein neues Vertragswerk erheblich erweitert. Zudem sind bereits Stimmen laut geworden, diesen Prozess fortzusetzen. So forderten die europäischen Gesundheitsminister - und dies bereits kurz nach Inkrafttreten des Amsterdamer Vertrages - auf der Ratstagung am 08.06.1999 in Luxemburg[179] einhellig, dass die Gesundheitspolitik einen bedeutend höheren Stellenwert auf europäischer Ebene bekommen muss. Zudem hat die neue Kommission gleich zu Beginn ihrer Amtszeit dem Gesundheitsschutz oberste Priorität eingeräumt.[180] Zum ersten Mal in der Geschichte ist ein Gesundheitsressort geschaffen worden und eine neue Generaldirektion ist gleichzeitig für Gesundheits- und Verbraucherschutz zuständig.

---

[177] So Lahm, in ÄZ 45/2002, 3.
[178] So Pitchas, in: Ebsen, Europarechtliche Gestaltungsvorgaben für das deutsche Sozialrecht, 83 ff (91).
[179] Pressemitteilung des Bundesgesundheitsministeriums Nr. 41, vom 08.06.1999, abgedruckt unter http://www.bmgesundheit.de/presse/1999/presse99/41.htm, 1 f (1).
[180] So die Aussage von Byrne (Mitglied der Europäischen Kommission, zuständig für den Gesundheits- und Verbraucherschutz), in: KrV 03/2000, 67 ff (67).

Trotz dieser Entwicklung bleibt der Europäischen Union jedoch eine direkte Einflussnahme auf die Sozialversicherungssysteme der Mitgliedstaaten verwehrt. Ausdrücklich werden in Abs. 5 des Art. 152 EGV die nationalen Gesundheitsversorgungssysteme aus der Regelungskompetenz der Europäischen Union ausgenommen. Sie besitzt somit durch Art. 152 EGV - bei einer derartig dynamisch fortschreitenden Weiterentwicklung des europäischen Gesundheitswesens vielleicht auch nur vorerst - keine Harmonisierungskompetenz bzgl. des Leistungsbereiches der Vertragsärzte sowie der Krankenhäuser in der gesetzlichen Krankenversicherung der Bundesrepublik Deutschland. Eine unmittelbare Einflussnahme der Europäischen Union durch Primärrecht in Form des Art. 152 EGV ist somit zunächst nicht gegeben.

Die Integrationskraft des Art. 152 EGV sollte jedoch trotz seines dezentralen Charakters nicht unterschätzt werden.[181] Wenngleich wegen der nur komplementären Zuständigkeiten der Gemeinschaft keine direkten Eingriffe in die nationalen Gesundheitsversorgungssysteme zu erwarten sind, ist mittelfristig jedoch mit harmonisierenden Effekten über das präventionsorientierte Mandat der Gemeinschaft sowie seinem stetigen Informationsaustausch durch das MISSOC-Sekretäriat zu rechnen. Schon auf mittlere Sicht werden Kompetenzverdichtungen und –anreicherungen zu latenten, vereinheitlichenden Tendenzen führen.[182] Es wird sich ein dichtes Netz (administrativer) gesundheitspolitischer Steuerung innerhalb der Europäischen Union entwickeln. Das in Art. 152 EGV verankerte Subsidiaritätsprinzip wird sich in absehbarer Zeit als durchlässig erweisen und auch das Gesundheitssystem der Bundesrepublik Deutschland verändern.

Langfristig kann somit sogar die These aufgestellt werden, dass aufgrund der dynamischen Entwicklung in der Vergangenheit und des einhellig geäußerten Willens der mitgliedstaatlichen Gesundheitsminister, dies zukünftig noch weiter voranzutreiben, es zu einer primärrechtlichen Harmonisierungskompetenz[183] der mitgliedstaatlichen Gesundheitsversorgungssysteme kommen wird.

---

[181] So stellte Pitschas bereits mit der Einführung des Art. 129 a.F EGV die These auf, dass der Titel X des Maastrichter Vertrages ein neues und kompetenziell weiterführendes Mandat im offenen Prozess der differenzierten Herausbildung einer konvergenten Gesundheitspolitik mit entsprechenden Rechtsetzungskompetenzen der Gemeinschaft verkörpert, in: VSSR 02/1994, 85 ff (93).

[182] Ebenso die Einschätzung von Hanika, in: EuroAS 9-10/1998, 106 ff (109).

[183] Dies ist mit dem Abschluss des Vertrages von Nizza zunächst noch versäumt worden. Der Art. 152 in der Fassung des Amsterdamer Vertrages ist unverändert übernommen worden. Hintergrund dafür war, dass das vorrangige Ziel des Vertrages von Nizza war, die so

II. Einflussnahme durch primärrechtliche Kompetenzen in Form der Grundfreiheiten

Weitere Möglichkeit der Einflussnahme der Europäischen Union auf den Leistungsbereich der deutschen Vertragsärzte und Krankenhäuser könnte durch die im EGV verankerten Grundfreiheiten gegeben sein.

1. Die Grundfreiheiten

Zu den Grundfreiheiten gehören neben der Freiheit des Kapitalverkehrs (Art. 56 ff EGV) vor allem die Freiheit des Warenverkehrs (Art. 28 EGV), die Freiheit des Dienstleistungsverkehrs (Art. 49 EGV) und die beiden Personenverkehrsfreiheiten, die Arbeitnehmerfreizügigkeit (Art. 39 EGV) und die Niederlassungsfreiheit (Art. 43 EGV). Aufgrund der Relevanz für die Ausgangsfragestellung erfolgt in der nachfolgenden Ausführung eine Beschränkung auf die Freiheit des Warenverkehrs, die Dienstleistungs- und die Niederlassungsfreiheit.

a) Freiheit des Warenverkehrs

Der EG-Vertrag verbietet im Kapitel 2 des 1. Titels jegliche mengenmäßige Beschränkung bei Ein- (Art. 28) und Ausfuhr (Art. 29) von Waren zwischen den Mitgliedstaaten sowie alle Maßnahmen gleicher Wirkung. Unter Maßnahmen gleicher Wirkung[184] werden Vorschriften und darauf gestützte Akte einer Behörde eines Mitgliedstaates verstanden, die Einfuhren gegenüber dem Absatz inländischer Erzeugnisse erschweren, verteuern oder benachteiligen. [185] Für die Praxis fand diese Formulierung ihre gebotene Klarstellung durch die Judikatur des EuGH in den Rechtssachen Dassonville[186], Cassis de Dijon[187] und Keck[188]. Danach ist als Maßnahme gleicher Wirkung jede Handelsregung der Mitgliedstaaten zu verstehen, die den

---

genannten „Amsterdam-left-overs" zu lösen. Dadurch soll die Europäische Union vorbereitet bzw. befähigt werden, eine Erweiterung – um zehn oder mehr Staaten – durchführen zu können. Dazu Fischer, Der Vertrag von Nizza, Text und Kommentar, 13, 23; oder Poche/Schorkopf, in: NJW 19/2001, 1377 ff.

[184] Für den Bereich des EG-Vertrages ist die Abgrenzung der „mengenmäßigen Begrenzung" von der „Maßnahme gleicher Wirkung" seit Ablauf der Übergangszeit praktisch bedeutungslos.

[185] Dazu allgemein Becker, in: EuR 02/1994, 162 ff (168 f); Dauses, in: Dauses, Handbuch des EU-Wirtschaftsrechts, C. I, Rn 82.

[186] EuGH, Rs. 8/74, Dassonville, Slg. 1974, 837 ff (847).

[187] EuGH, Rs. 120/78, Cassis de Dijon, Slg.1979, 649 ff (652).

[188] EuGH, Rs. C-268/91 und C-267/91, Keck, Slg. 1993, I-6097 ff (I-6102).

innergemeinschaftlichen Handel unmittelbar oder mittelbar, tatsächlich oder potenziell zu behindern vermag.[189]
Maßnahmen gleicher Wirkung können jedoch durch die geschriebenen Rechtfertigungsgründe des Art. 30 EGV sowie durch ungeschriebene gerechtfertigt werden. Bei den ungeschriebenen Rechtfertigungsgründen handelt es sich um zwingende Erfordernisse[190], die vom EuGH herangezogen worden sind, um einen Ausgleich zur Weite des Anwendungsbereiches des Art. 28 EGV zu schaffen.[191] Die Rechtfertigungsgründe sind allerdings nur zu berücksichtigen, wenn und soweit die mitgliedstaatliche Maßnahme zur Erreichung des als legitim anerkannten Zieles erforderlich und angemessen ist.[192] Hinsichtlich dieser Tatsache besteht für die Mitgliedstaaten eine Nachweispflicht.[193]

b) Dienstleistungsfreiheit

Ebenso verbieten die Art. 49 ff EGV die Beschränkung der freien Dienstleistungsverkehrs. Nach Art. 50 sind Dienstleistungen[194] solche Leistungen, die in der Regel gegen Entgelt erbracht werden. Als Dienstleistungen gelten dabei insbesondere gewerbliche, kaufmännische, handwerkliche sowie freiberufliche Tätigkeiten. Die Dienstleistungsfreiheit sichert dem Erbringer das Recht auf grenzüberschreitende Tätigkeitsausübung, höchstpersönlich oder durch Mitarbeiter.[195] Diese Freiheit steht nicht nur dem

---

[189] So erstmals der EuGH in der Rs. 8/74 aaO.

[190] Sie lassen sich auch, in Übereinstimmung mit der bei anderen Grundfreiheiten üblichen Terminologie, als zwingende Interessen des Allgemeinwohls bezeichnen.

[191] Im Gegensatz zu den in Art. 30 EGV ausdrücklich genannten Rechtfertigungsgründen finden zwingende Erfordernisse nach st. Rspr. des EuGH lediglich Anwendung auf unterschiedslos anwendbare Maßnahmen gleicher Wirkung, d.h. auf Maßnahmen, die nicht zwischen in- und ausländischer Ware unterscheiden.

[192] Der Verhältnismäßigkeitsgrundsatz zählt mittlerweile zu den tragenden Grundsätzen des Gemeinschaftsrechts, der Bedeutung im Rahmen aller Grundfreiheiten entfaltet. Dazu näher und zur Entwicklung siehe Schwarze, Europäisches Verwaltungsrecht II, 661 ff.

[193] Schwarze, EU-Kommentar, Art. 30, Rn 75. Darin kommt ein allgemeiner Grundsatz zum Ausdruck, wonach die Nachweispflicht denjenigen trifft, der sich auf einen Ausnahmetatbestand beruft.

[194] Nach Art. 50 Satz 1 2. Hs. EGV ist die Dienstleistungsfreiheit subsidiär gegenüber den anderen Grundfreiheiten. Im Hinblick auf den Charakter der Dienstleistungsfreiheit als subsidiäre bzw. Auffangfreiheit geht die Rspr. und die Literatur davon aus, dass der Begriff der Dienstleistung extensiv auszulegen sei, aus Schwarze, EU-Kommentar, Art. 50, Rn 3.

[195] Borchardt, Die rechtlichen Grundlagen der Europäischen Union, S. 304 f; Hailbronner, in: Dauses, Handbuch des EU-Wirtschaftsrechts, D. I, Rn 2-16; Oppermann, Europarecht, Rn 1496 ff.

Erbringer, sondern in gleicher Weise auch dem Empfänger von Diensten zu, weshalb die aktive Dienstleistungsfreiheit– Erbringer der Dienstleistung begibt sich zum Empfänger - und die passive Dienstleistungsfreiheit – Empfänger der Dienstleistung begibt sich zum Erbringer - unterschieden werden.
Auch hier ist eine Rechtfertigung von Beschränkungen der Dienstleistungsfreiheit durch zwingende Gründe des Allgemeininteresses möglich. Darüber hinaus sind Beschränkungen der Dienstleistungsfreiheit, die in diskriminierender Weise angewandt werden, der Rechtfertigung nicht zugänglich. Die nicht diskriminierend angewandten Beschränkungen müssen wiederum dem Verhältnismäßigkeitsprinzip gerecht werden.[196]

c) Niederlassungsfreiheit
Art. 34 EGV verbietet die Beschränkungen der freien Niederlassung. Die aufgrund von Art. 50 Satz 1 2. Hs. Notwendige Abgrenzung der Niederlassungs- von der Dienstleistungsfreiheit lässt sich durch die Dauerhaftigkeit der Ansiedlung des Leistungserbringers in einem anderen Mitgliedstaat vornehmen. Die Niederlassungswillige integriert sich im Gegensatz zum Dienstleister auf Dauer in das Wirtschaftsleben des aufnehmenden Mitgliedsstaates. Ebenso wie bei der Dienstleistungsfreiheit ist bei der Niederlassungsfreiheit eine Rechtfertigung von Beschränkungen möglich.

2. Die europäischen Grundfreiheiten und der nationale Markt für Gesundheitsleistungen

Die entscheidende Frage ist nun, ob die europäischen Grundfreiheiten auch für den Markt von Gesundheitsleistungen gelten oder ob dieser Markt rechtlich durch die nationalen Regeln der sozialen Sicherungssystems abschließend determiniert ist. Zur Beantwortung dieser Frage bedarf es zunächst einer Klärung des Verhältnisses von EU-Recht und dem System der sozialen Sicherheit[197].
Wie bereits dargestellt, war die EG zunächst als Wirtschaftsgemeinschaft gegründet worden.[198] Dies erklärt auch die Tatsache, dass die soziale Seite der Europäischen Gemeinschaft relativ rudimentär ausgestaltet worden ist.

---

[196] Nach Ansicht von Schwarze muss auch bei der Dienstleistungsfreiheit eine umfassende Verhältnismäßigkeitsprüfung vorgenommen werden, aus ders., EU-Kommentar, Art. 49, Rn 95. Nach a.A. muss diese lediglich auf die Erforderlichkeit und Geeignetheit beschränkt werden.

[197] Entsprechend der Ausgangsfragestellung wird dieser Begriff hier im üblichen Sinne verstanden, er umfasst nicht die Privatversicherung.

[198] siehe dazu C., I., 1., a), aa) und bb) dieser Arbeit.

Zumindest anfänglich wurde insbesondere die Gesundheitspolitik nicht vergemeinschaftet. Wie aufgezeigt, änderte sich dies vor allem in den letzten Vertragswerken. Trotz erneuter Kompetenzerweiterung der EU durch den Amsterdamer Vertrag auf dem Gesundheitssektor sind die sozialen Sicherungssysteme der Mitgliedstaaten jedoch nach wie vor in der Kompetenz des nationalen Gesetzgeber verblieben, Art. 152 V EGV. Allein dieser bestimmt die Struktur und die Leistungshöhe der Sozialleistungen.
Dies zeigt sich insbesondere durch die Geltung des dargestellten Territorial- und Sachleistungsprinzips in der gesetzlichen Krankenversicherung der Bundesrepublik Deutschland. Insbesondere das Gesundheitswesen der Bundesrepublik ist ganz wesentlich durch das Sachleistungsprinzip mit seinem dichten vertraglichen Netzwerk zwischen Kostenträgern und Leistungserbringern geprägt. Es ist ein geschlossenes System, das davon ausgeht, dass die vertragsärztliche Versorgung durch Leistungserbringer im Inland gemäß des geltenden Territorialitätsprinzips sichergestellt wird. Dies wird auch durch das geschaffene Koordinierungssystem im Interesse der sozialen Sicherheit der Wanderarbeitnehmer - insbesondere die Verordnung (EWG) 1408/71 - nicht widerlegt, sondern bestätigt.[199] Zwar stellt das Koordinierungsrecht ein sehr umfassendes und die Einzelstaaten durchaus sozialpolitisch tangierendes Recht dar, es setzt aber gedanklich den Fortbestand nationaler Systeme sozialer Sicherheit voraus, denn nur dann ist eine Koordinierung notwendig.

a) Anwendbarkeit der EG-Grundfreiheiten auf die Systeme der sozialen Sicherheit

Zu fragen ist allerdings, ob aufgrund der Qualifizierung einer nationalen Regelung als eine aus dem Gesundheitsrecht schon bedeutet, dass eine Heranziehung der EG-Grundfreiheiten ausscheidet.
Diesbezüglich hat der EuGH in jüngster Vergangenheit mit Entscheidungen zur endgültigen Klärung beigetragen.[200] Am 28.04.1998 hat der EuGH mit Urteilen in den Rechtssachen „Decker"[201] und „Kohll"[202] sowie am 12. Juli 2001 in der

---

199 Schulte, in: Schulte (Hrsg.)/Barwig (Hrsg.), Freizügigkeit und soziale Sicherheit, 39 ff (58 ff).

200 Grundfreiheiten wird vor allem durch die Auslegung des EuGH eine zentrale Bedeutung beigelegt. Lesenswert dazu vor allem Haverkate/Huster, Europäisches Sozialrecht, Teil 3, C., V., Wettbewerbliche Öffnung der Sozialversicherung – Zulässigkeit und Grenzen richterlicher Rechtsfortbildung durch den EuGH.

201 Urteil in der Rechtssache C-120/96 (Nickolas Decker gegen Caisse maladie des employés privés), abgedruckt in EuZW 11/1998, 343 ff und unter http://www.curia.eu.int/de/jurisp/index.htm, Akz. C-120/95; dazugehörige von der Abteilung

Rechtssache „Geraets/Peerbooms“[203] lang erwartete Entscheidungen zum Verhältnis des nationalen Sozialrechts und des europäischen Gemeinschaftsrechts getroffen.

b) Der Fall „Decker“

aa) Ausgangsituation

In dem vom EuGH zu erörternden Fall ging es um einen Rechtsstreit zwischen dem Kläger Nicolas Decker, einem luxemburgischen Staatsangehörigen und der Caisses de maladie des employés privés, seiner zuständigen Krankenkasse. In der Sache ging es um einen Antrag auf Erstattung der Kosten für eine Brille mit Korrekturgläsern, die bei einem Optiker im belgischen Arlon auf Verschreibung eines Augenarztes aus Luxemburg erworben wurde. Mit Schreiben vom 14. September 1992 teilte die Krankenkasse dem Kläger mit, sie lehne die Kostenübernahme für diese Brille ab, da sie ohne vorherige Genehmigung im Ausland erworben worden sei. Der Kläger wandte sich gegen diesen Bescheid und berief sich in seinem Widerspruch dabei unter anderem auf die Bestimmungen des freien Warenverkehrs aus dem EG-Vertrag. Seine zuständige Krankenkasse hielt jedoch an ihrer Auffassung fest und wies den klägerischen Antrag ab. In dem daraufhin geführten Rechtsstreit hatte der zuständige Conseil arbitral des assurances sociales Zweifel an der Vereinbarkeit der einschlägigen Bestimmungen mit den Gemeinschaftsrecht und legte dem EuGH mit Urteil vom 05. April 1995 gemäß Art. 177 EGV (a.F.)[204] eine Frage nach der Auslegung des Art. 30 und Art. 36 EGV (a.F.) vor. Die konkrete Frage des Conseil arbitral des assurances sociales lautete dabei:[205]
„Ist Art. 60 des luxemburgischen Code de assurances sociales, nach dem ein Träger der sozialen Sicherheit eines Mitgliedstaates A einem Versicherten, der

---

Presse und Information des EuGH veröffentlichte Pressemitteilung Nr.26/98 unter http://www.curia.eu.int/de/cp/cp98/cp9826de.htm; Slg. 1998, I-1871 ff.

[202] Urteil in der Rechtssache C-158/96 (Raymond Kohll gegen Union des caisses de maladie), abgedruckt in EuZW 11/1998, 345 ff und unter http://www.curia.eu.int/de/jurisp/index.htm, Akz. C-158/96; dazugehörige Pressemitteilung Nr. 26/98 unter http://www.curia.eu.int/de/cp/cp98/cp9826de.htm; Slg. 1998, I-1935 ff.

[203] Urteil in der Rechtssache C-157/99 (Geraets gegen Stichting Ziekenfonds VGZ und die damit verbundene Rechtssache Peerbooms gegen Stichting CZ Groep Zorgverzekeringen), abgedruckt in NZS 09/2001, 478 ff oder unter http://www.curia. eu.int/de/jurisp/index.htm, Akz. C-157/99.

[204] Dem gemäß in der Fassung des Maastrichter Unionsvertrages, im Zusammenhang mit den Entscheidungen deshalb im folgenden mit der eigenen Anmerkung a.F. versehen.

[205] Aus http://www.curia.eu.int/de/jurisp/index.htm, Akz. C-120/95, Nr. 16 oder EuGH, Rs. C-120/95, Decker, Slg. 1998, I-1871 ff, Nr. 16 (I-1879).

Staatsangehöriger dieses Mitgliedsstaates A ist, die Erstattung der Kosten für eine Brille mit Brillengläsern zur Korrektur eines Sehfehlers, die von einem in diesem Mitgliedstaat niedergelassenen Arzt verordnet, aber bei einem in einem anderen Mitgliedstaat ansässigen Optiker gekauft wurde, mit der Begründung verweigern kann, dass eine medizinische Behandlung im Ausland zuvor von diesem Träger der sozialen Sicherheit genehmigt werden muss, mit den Art. 30 und 36 EGV (a.F.) vereinbar, soweit er allgemein die Einfuhr von Arzneimitteln oder, wie im vorliegenden Fall, von Brillen aus anderen Mitgliedstaaten durch Privatpersonen mit einem Nachteil belegt?"

bb) Entscheidungsfindung des EuGH

Sowohl der Kläger Decker, als auch die Kommission sind dazu der Auffassung gewesen, dass eine derart restriktive, nationale Genehmigungsregelung bezüglich des Zugangs zu Erzeugnissen, die im Inland erstattet worden wären, eine nicht gerechtfertigte Behinderung des freien Warenverkehrs darstellen würde.

Dagegen machte die luxemburgische, die belgische, die französische und die britische Regierung geltend, dass die angegriffene Regelung keinesfalls in den Bereich der Art. 30 und 36 EGV (a.F.) fielen, da sie den Bereich der sozialen Sicherheit betrifft. Hilfsweise wurde von den Vertretern der genannten Regierungen geltend gemacht, dass die Beibehaltung einer solchen Regelung nicht gegen die entsprechenden Bestimmungen verstoße.[206] Angesichts der abgegebenen Erklärungen waren vom EuGH zunächst die Anwendung des Grundsatzes des freien Verkehrs im Bereich der sozialen Sicherheit, dann die Auswirkungen der Verordnung (EWG) Nr. 1408/71 und schließlich die Anwendung der Bestimmungen über den freien Warenverkehr zu erörtern.

(1) Die Anwendung des elementaren Grundsatzes des freien Verkehrs im Bereich der sozialen Sicherheit

Der EuGH erkannte hier an, dass das Gemeinschaftsrecht nach ständiger Rspr.[207] die Zuständigkeit der Mitgliedstaaten zur Ausgestaltung ihrer Systeme der sozialen Sicherheit unberührt lässt. Mangels einer Harmonisierung der sozialen Sicherungssysteme in der Gemeinschaft bestimmt somit das Recht eines jeden Mitgliedstaates, unter welchen Voraussetzungen zum einen ein

---

[206] Diese Auffassung wurde zudem von der deutschen, der niederländischen und der spanischen Regierung geteilt.

[207] Urteile vom 07. Februar 1984 in der Rechtssache 238/82, Duphar BV u.a., Slg 1984, 523 ff, Nr. 16 (541) und vom 17. Juni 1997 in der Rechtssache C-70/95, Sodemare SA u.a., Slg. 1997, I-3395 ff, Nr. 27 (I-3409).

Recht auf Anschluss an ein System der sozialen Sicherheit oder eine Verpflichtung hierzu[208] und zum anderen ein Anspruch auf Leistung[209] besteht. Unabhängig hiervon müssen die Mitgliedstaaten bei der Ausübung ihrer Befugnisse jedoch das Gemeinschaftsrecht beachten.[210]
Danach unterliegen Maßnahmen der Mitgliedstaaten auf dem Gebiet der sozialen Sicherheit, die sich auf den Absatz medizinischer Erzeugnisse und mittelbar auf deren Einfuhrmöglichkeiten auswirken können, den Vorschriften des EG-Vertrages über den freien Warenverkehr.[211]
Fazit des EuGH war somit, dass allein die Tatsache, dass die strittige Regelung des luxemburgischen Sozialversicherungsrechts zum Bereich der sozialen Sicherheit gehört, nicht die Anwendung des Art. 30 EGV (a.F.) ausschließt.

(2) Die Auswirkung der Verordnung (EWG) Nr. 1408/71

Zudem setzte sich der EuGH mit der Frage nach der Auswirkungen der Verordnung Nr. 1408/71 auf den Rechtsstreit auseinander. Nach Auffassung einzelner Mitgliedstaaten stellt Art. 22 der Verordnung Nr. 1408/71 den Grundsatz auf, dass für jede Behandlung in einem anderen Mitgliedstaat eine vorherige Genehmigung der zuständigen Krankenkasse erforderlich sei.
Hierzu führte der EuGH aus, dass der Umstand, dass eine nationale Maßnahme möglicherweise einer Bestimmung des abgeleiteten Rechts - hier dem Art. 22 der Verordnung Nr. 1408/71 - entspricht, nicht zur Folge hat, dass sie nicht an den Bestimmungen des EG-Vertrages zu messen wäre. Zudem soll Art. 22 Absatz 1 der Verordnung Nr. 1408/71 dem Versicherten, der vom zuständigen Träger die Genehmigung erhalten hat, sich zur Behandlung in das Gebiet eines anderen Mitgliedstaates zu begeben, insbesondere dann erlauben, ohne zusätzliche Kosten Sachleistungen für Rechnung des zuständigen Trägers nach den Rechtsvorschriften des Staates zu erhalten, in dem die Leistungen erbracht werden, wenn dies wegen seines Gesundheitszustandes erforderlich ist. Bei zweckgerichteter Auslegung regelt Art. 22 der Verordnung Nr. 1408/71 hingegen nicht den Fall, dass die Kosten für eine in einem anderen Mitgliedstaat ohne vorherige Genehmigung erbrachte Behandlung zu den

---

[208] Urteile vom 24. April 1980 in der Rechtssache 110/79, Una Coonan, Slg. 1980, 1445 ff, Nr. 12 (1458) und vom 04. Oktober 1991 in der Rechtssache C-349/87, Elissavet Paraschi, Slg. 1991, I-4501 ff, Nr. 15 (I-4505 f).

[209] Urteil vom 30. Januar 1997 in den Rechtssachen C-4/95 und C-5/95 (verbundene Rechtssache), Stöber und Piosa Pereira, Slg. 1997, I-511 ff, Nr. 36 (I-524).

[210] Eine erschöpfende Erörterung der einschlägigen Rechtsprechung und ihrer Bedeutung findet sich in den Schlußanträgen des Generalanwalts Fenelly vom 06. Februar 1997 in der Rechtssache C-70/95 (Sodemare u.a., Slg. 1997, I-3395 ff, Nr. 23-30).

[211] So auch die Urteile Duphar BV u.a., Nr. 18 (542).

Sätzen erstattet werden, die im Versicherungsstaat gelten, und hindert die Mitgliedstaaten daher nicht an einer solchen Erstattung.
Auswirkungen auf den vorliegenden Rechtsstreit konnte die Verordnung Nr. 1408/71 somit nicht entfalten.

(3) Verstoß gegen die Bestimmungen über den freien Warenverkehr

Entscheidungserheblich war für den EuGH somit allein die Tatsache, ob die einschlägigen Regelungen mit den Bestimmungen des EG-Vertrages über den freien Warenverkehr vereinbar sind. Gemäß des Urteils „Dassonville"[212] aus dem Jahre 1974 galt somit zu prüfen, ob die entsprechenden nationalen Regelungen den innergemeinschaftlichen Handelsverkehr unmittelbar oder mittelbar, tatsächlich oder potentiell behindern können.
Nach Auffassung des Gerichts veranlasst die streitige Regelung die luxemburgischen Sozialversicherten dazu, ihre Brillen bei Optikern in Luxemburg und nicht in anderen Mitgliedstaaten zu erwerben und montieren zu lassen. Die umstrittene Regelung hindert die Versicherten zwar nicht daran, medizinische Erzeugnisse in einem anderen Mitgliedstaat zu erwerben. Andererseits macht sie aber die Erstattung von Kosten, die in diesem Mitgliedstaat angefallen sind, von einer vorangegangenen Genehmigung abhängig. Versicherten, die vorher keine Genehmigung eingeholt haben, wird die Erstattung von entsprechenden Kosten dagegen versagt.
Diese Regelung - so der EuGH - stellt ein Hindernis für den freien Warenverkehr dar, da sie die Sozialversicherten dazu veranlasst, medizinische Erzeugnisse ausschließlich im Versicherungsstaat und nicht in anderen Mitgliedstaaten zu erwerben. Sie ist daher geeignet, die Einfuhr montierter Brillen in diesen Staat zu hemmen.[213] Die luxemburgische Regierung trug hilfsweise zur Rechtfertigung vor, dass der freie Warenverkehr nicht absolut zu setzen sei und die streitige Regelung der Kontrolle der verbindlich zu erstattenden Gesundheitskosten dienen soll und aus diesem Grund gerechtfertigt sei.
Der Kläger hielt dem entgegen, dass bei Erstattung seiner Kosten das Budget der luxemburgischen Krankenkasse in gleicher Höhe belastet werde, da sie nur einen Pauschalbetrag erstatte. Dieser Pauschalbetrag sei unabhängig von den

---

[212] EuGH, Rs. 8/74, Dassonville, Slg. 1974, 837 ff.
[213] EuGH, Rs. C-120/95, Decker, Slg. 1998, I-1871 ff, Nr. 34 (I-1883) oder unter http://www.curia.eu.int/de/jurisp/index.htm, Akz. C-120/95, Nr. 34, in Anlehnung an das EuGH-Urteil vom 07. Mai 1985 in der Rechtssache 18/84, Kommission/Frankreich, Slg. 1985, 1339 ff, Nr. 16 (1348 f).

tatsächlichen Kosten festgesetzt. Daher habe die Krankenkasse keinen objektiven Grund, die Erstattung zu versagen, wenn der Kauf bei einem Optiker in einem anderen Mitgliedstaat erfolgt sei. Die streitige Regelung könne daher nicht mit der Begründung gerechtfertigt werden, die Gesundheitskosten müssten kontrolliert werden.[214]
Rein wirtschaftliche Gründe - so die Entgegnung des EuGH - können eine Beschränkung des elementaren Grundsatzes des freien Warenverkehrs nicht rechtfertigen. Jedoch kann eine erhebliche Gefährdung des finanziellen Gleichgewichts des Systems der sozialen Sicherheit einen zwingenden Grund des Allgemeininteresses darstellen, der eine solche Beschränkung rechtfertigen kann.
Wie die luxemburgische Regierung in Beantwortung einer Frage des Gerichtshofes anerkannt hat, hat die Pauschalerstattung für in anderen Mitgliedstaaten gekaufte Brillen und Korrekturgläser keine Auswirkung auf die Finanzierung oder das Gleichgewicht des Systems der sozialen Sicherheit.
Die belgische , die deutsche und die niederländische Regierung machten außerdem geltend, dass das Recht der Versicherten auf Zugang zu ordnungsgemäßer Behandlung die fragliche Regelung schon alleine aus Gründen des Gesundheitsschutzes nach Art. 36 EGV (a.F.) rechtfertige. Die belgische Regierung fügte hinzu, dass die Abgabe von Brillen Personen vorbehalten sei, die dazu rechtlich befugt seien. Würden die Leistungen in einem anderen Mitgliedstaat erbracht, werde die Kontrolle ihrer ordnungsgemäßen Ausführung erheblich beeinträchtigt, wenn nicht gar unmöglich.
Zu diesem wichtigen Argument sagte der EuGH:
„Die Bedingungen des Zugangs zu geregelten Berufen und ihrer Ausübung sind Gegenstand der Richtlinie 92/51/EWG des Rates vom 18. Juni 1992 über eine zweite allgemeine Regelung zur Anerkennung beruflicher Befähigungsnachweise in Ergänzung zur Richtlinie 89/48/EWG[215] und der Richtlinie 95/43/EG der Kommission vom 20. Juli 1995 zur Änderung der Anhänge C und D der Richtlinie 92/51[216]. Daher bietet der Kauf einer Brille bei einem Optiker in einem anderen Mitgliedstaat Garantien[217], die denen

---

[214] EuGH, Rs. C-120/95, Decker, Slg. 1998, I-1871 ff, Nr. 38 (I-1884) oder unter http://www.curia.eu.int/de/jurisp/index.htm, Akz. C-120/95, Nr. 38.
[215] ABl. L 209, S. 25.
[216] ABl. L 184, S. 21.
[217] Vgl. zum Kauf von Arzneimitteln in einem anderen Mitgliedstaat die Urteile vom 07. März 1989 in der Rechtssache 215/87, Schumacher, Slg. 1989, 617 ff, Nr. 20 (640) und vom 08. April 1992 in der Rechtssache C-62/90, Kommission/Deutschland, Slg. 1992, I-2575 ff, Nr. 18 (I-2598).

gleichwertig sind, die beim Kauf einer Brille bei einem Optiker im Inland gegeben sind."
Hinzu kommt - so das Gericht weiter - dass der Kauf der Brille im vorliegenden Fall aufgrund einer augenärztlichen Verschreibung erfolgte, was die Sicherung des Gesundheitsschutzes gewährleistet. Das Gericht kommt daher zu dem Ergebnis, dass die hier strittige Regelung, nicht unter Berufung auf Gründe des Gesundheitsschutzes damit gerechtfertigt werden kann, dass die Qualität der in anderen Mitgliedstaaten bezogenen medizinischen Erzeugnisse gewährleistet werden müsse.

(4) Entscheidung des EuGH

Abschließend fasst das Gericht seine Prüfung in folgendem Ergebnis zusammen:[218] „Eine nationale Regelung, aufgrund der ein Träger der sozialen Sicherheit eines Mitgliedstaates seinem Versicherten die pauschale Kostenerstattung für eine Brille mit Korrekturgläsern, die dieser bei einem Optiker in einem anderen Mitgliedstaat gekauft hat, mit der Begründung versagt, dass der Erwerb medizinischer Erzeugnisse im Ausland der vorherigen Genehmigung bedarf, verstößt gegen die Art. 30 und 36 EGV (a.F.)."

c) Der Fall „Kohll"

aa) Ausgangssituation

Ebenfalls am 28. April 1998 wurde vom EuGH eine Entscheidung im Rechtsstreit des luxemburgischen Klägers Raymond Kohll gegen seine Krankenkasse, der Union des caisses de maladie (UCM) getroffen. Auch in diesem Fall hatte zuvor ein luxemburgisches Gericht (Cour de Cassation) dem Gerichtshof zwei Fragen zur Auslegung der Art. 59 und 60 EGV (a.F.) nach Art. 177 EGV (a.F.) zur Vorabentscheidung vorgelegt. In dieser Sache ging es um den Antrag eines in Luxemburg niedergelassenen Arztes, der minderjährigen Tochter des Klägers eine Zahnregulierung bei einem Zahnarzt in Deutschland (Trier) zu genehmigen. Dieser Antrag wurde mit Bescheid vom 07. Februar 1994 im Anschluss an eine ablehnende Stellungnahme der ärztlichen Kontrollstelle der sozialen Sicherheit mit der Begründung abgelehnt, die Behandlung sei zum einen nicht dringend und könne zum anderen in Luxemburg erbracht werden.

---

[218] EuGH, Rs. C-120/95, Decker, Slg. 1998, I-1871 ff, Nr. 46 (I-1886) oder unter http://www.curia.eu.int/de/jurisp/index.htm, Akz. C-120/95, Nr. 46.

In dem darauffolgenden Rechtsstreit setzte der Cour de Cassation das Verfahren aus und legte dem Europäischen Gerichtshof zwei Fragen zur Vorabentscheidung vor:[219]
„1. Sind die Art. 59 und 60 EGV (a.F.) dahin auszulegen, dass sie einer Regelung entgegenstehen, die die Übernahme der Kosten für erstattungsfähige Leistungen von der Genehmigung durch eine Einrichtung der sozialen Sicherheit des Versicherten abhängig macht, wenn die Leistungen in einem anderen Mitgliedstaat als dem Wohnstaat der Versicherten erbracht werden?
2. Ändert es etwas an der Antwort auf die vorangegangene Frage, wenn die Regelung den Zweck hat, eine finanziell ausgewogene, allen offenstehende ärztliche und klinische Versorgung in einer bestimmten Region aufrechtzuerhalten?"

bb) Entscheidungsfindung des EuGH

Nach Ansicht des Klägers Kohll verstößt die umstrittene Regelung, nach der die Erstattung von Kosten für Zahnregulierungen durch einen Zahnarzt in einem anderen Mitgliedstaat nach den Tarifen des Versicherungsstaates von einer Genehmigung des Trägers der sozialen Sicherheit des Versicherten abhängig macht, gegen die Art. 59 und 60 EGV (a.F.).
Die UCM sowie einige Mitgliedstaaten[220] haben geltend gemacht, dass die genannten Artikel im vorliegenden Fall keine Anwendung finden bzw. der fraglichen Regelung nicht entgegenstehen.
Die Kommission brachte dagegen vor, dass die fragliche Regelung zwar den freien Dienstleistungsverkehr behindere. Sie könne aber unter bestimmten Umständen durch zwingende Gründe des Allgemeininteresses gerechtfertigt sein.
Vor diesem Hintergrund hat der EuGH - aufgrund der gleichartigen Argumentation wie im Fall Decker - zunächst die Anwendung des Grundsatzes des freien Verkehrs im Bereich der sozialen Sicherheit untersucht, dann die Auswirkungen der Verordnung Nr. 1408/71 und zuletzt die Anwendung der Bestimmungen über den freien Dienstleistungsverkehr.

---

[219] Aus http://www.curia.eu.int/de/jurisp/index.htm, Akz. 158/96, Nr. 10 oder EuGH Rechtssache 158/96, Kohll, Slg. 1998, I-1935 ff, Nr. 10 (I-1941).
[220] Die luxemburgische, die griechische sowie die Regierung Großbritanniens. Die deutsche, die französische und die österreichische Regierung teilten diese Auffassung.

(1) Die Anwendung des Grundsatzes des freien Verkehrs im Bereich der sozialen Sicherheit und die Auswirkungen der Verordnung (EWG) Nr. 1408/71

In Sachen Anwendung des elementaren Grundsatzes des freien Verkehrs im Bereich der sozialen Sicherheit sowie Auswirkungen der Verordnung (EWG) Nr. 1408/71 sei an dieser Stelle auf die Darstellung[221] im Urteil „Decker" verwiesen. Der EuGH hat in der Rechtssache C-158/96 („Kohll") fast (wortwörtlich) identisch argumentiert.

Zusammengefasst stellt das Gericht fest, dass auch die Besonderheiten bestimmter Dienstleistungen nicht dazu führen, dass sie nicht unter den elementaren Grundsatz des freien Verkehrs fielen. Durch die Verordnung (EWG) Nr. 1408/71 werden die Sozialversicherungsträger nicht daran gehindert, die Kosten für in Mitgliedstaaten erbrachte Leistungen zu erstatten. Um daher zu einem abschließenden Ergebnis zu kommen, musste noch geprüft werden, ob die umstrittene Regelung mit den Bestimmungen des EG-Vertrages über den freien Dienstleistungsverkehr vereinbar ist.

(2) Verstoß gegen die Bestimmungen des freien Dienstleistungsverkehrs

Der EuGH stellte hier eingangs fest, dass es sich bei der dem Fall zugrunde liegenden zahnärztlichen Behandlung in einem anderen Mitgliedstaat um eine entgeltliche Dienstleistung im Sinne des Art. 60 EGV (a.F.) - der die freiberuflichen Tätigkeiten ausdrücklich nennt - handelt. Fraglich war daher aus Sicht des Gerichtes, ob die umstrittene Regelung des luxemburgischen Krankenversicherungsrechts die Ausübung des freien Dienstleistungsverkehrs behindert oder alternativ, ob eine solche Behinderung gegebenfalls objektiv gerechtfertigt sein könnte.

Der Kläger und die Kommission waren der Auffassung, es stelle eine Beschränkung des freien Dienstleistungsverkehrs iSd Art. 59 und 60 EGV (a.F.) dar, dass die Übernahme erstattungsfähiger Krankheitskosten nach den Modalitäten des Rechts des Versicherungsstaates von der vorherigen Genehmigung des Trägers des Staates abhängig gemacht werde, wenn die Leistungen in einem anderen Mitgliedstaat erbracht würden.[222]

Die Mitgliedstaaten, die schriftliche Erklärungen abgegeben haben, sind hingegen der Auffassung, dass die streitige Regelung eine Beschränkung des

---

[221] Siehe dazu oben unter Kapitel 3., (B.), (II.), (2.), (a.), (bb.), (aaa.) und (bbb.).

[222] EuGH, Rs. C-158/96, Kohll, Slg. 1998, I-1935 ff, Nr. 31 (I-1945) oder unter http://www.curia.eu.int/de/jurisp/index.htm, Akz. C-158/96, Nr. 31.

freien Dienstleistungsverkehrs weder bezwecke noch bewirke, sondern nur die Bedingung für eine Erstattung von Krankheitskosten regele.[223]
Der EuGH wies in diesem Zusammenhang darauf hin, dass nach der Rechtsprechung des Gerichtshofs jede nationale Regelung gegen Art. 59 EGV (a.F.) verstößt, die die Leistung von Diensten im inneren eines Mitgliedstaates erschwert.[224] Zwar hindert - so die weitere Ausführung des EuGH - die streitige Regelung die Versicherten nicht daran, sich an einen Dienstleistungserbringer in einem anderen Mitgliedstaat zu wenden. Sie macht aber die Erstattung von Kosten, die in diesem Mitgliedstaat angefallen sind, von einer vorherigen Genehmigung abhängig. Kosten, die im Versicherungsstaat anfallen, unterliegen hingegen keiner solchen Genehmigung. Nach Ansicht des EuGH hält daher eine solche Regelung die Sozialversicherten davon ab, sich an ärztliche Dienstleistungserbringer in einem anderen Mitgliedstaat zu wenden, und stellt sowohl für diese wie für ihre Patienten eine Behinderung des freien Dienstleistungsverkehrs dar. Das Gericht stützt diese Auffassung auf diverse Urteile, die bereits zur Einschränkung des freien Dienstleistungsverkehrs ergangen sind.[225]
Entscheidend für das Urteil des EuGH war nunmehr die Frage, ob das umstrittene Genehmigungserfordernis aus Sicht des nationalen Rechts objektiv gerechtfertigt ist.
Die Befürworter der strittigen Genehmigungsvorbehaltsregelung trugen - wie auch im Fall Decker - dazu vor, dass der freie Dienstleistungsverkehr nicht absolut zu setzen sei. Dagegen spräche vor allem, dass Gründe der Kontrolle von Gesundheitskosten berücksichtigt werden müssten. Eine vorherige Genehmigung stelle das einzig wirksame und das am wenigsten beschränkende Mittel dar, um die Gesundheitskosten zu kontrollieren und das finanzielle Gleichgewicht des Systems der sozialen Sicherheit aufrechtzuerhalten. Nach Auffassung der UCM[226], der luxemburgischen Regierung und der Kommission stellt die Gefahr einer Störung des finanziellen Gleichgewichts des jeweiligen

[223] EuGH, Rs. C-158/96, Kohll, Slg. 1998, I-1935 ff, Nr. 32 (I-1946) oder unter http://www.curia.eu.int/de/jurisp/index.htm, Akz. C-158/96, Nr. 32.
[224] Urteil vom 5. Oktober 1994 in der Rechtssache C-381/93, Kommission/Frankreich, Slg. 1994, I-5161 ff, Nr. 17 (I-5169).
[225] Vgl. EuGHE vom 31. Januar 1984 in den Rechtssachen 286/82 und 26/83, Luisi und Carbone, Slg. 1984, 377 ff, Nr. 16 (403) und vom 28. Januar 1992 in der Rechtssache C-204/90, Bachmann, Slg. 1992, I-276 ff, Nr. 31 (I-284).
[226] Insbesondere die Gleichartigkeit der Argumentation in den Fällen „Kohll“ und „Decker“ seitens der luxemburgischen Sozialversicherungsträger verwundert nicht in anbetracht der Tatsache, dass die UCM und die Caisses de maladie des employés privés durch den selben Anwalt (Albert Rodesch) vertreten wurden.

Systems der sozialen Sicherheit einen zwingenden Grund des Allgemeininteresses dar, der Beschränkungen des freien Dienstleistungsverkehrs rechtfertigen könnte.[227] Die Kommission fügt allerdings hinzu, dass der Genehmigungsvorbehalt nur durch eine wirkliche Gefahr der Störung des finanziellen Gleichgewichts eines solchen Systems zu rechtfertigen sei.

Der Kläger Kohll brachte hierzu vor, die finanziellen Folgen für das Budget des luxemburgischen Trägers hingen nicht davon ab, ob er sich an einen luxemburgischen oder einen Zahnarzt in einem Mitgliedstaat wende, da er die Übernahme der Krankheitskosten zu dem in Luxemburg geltenden Tarif beantragt habe. Die streitige Regelung könne daher nicht damit begründet werden, die Krankheitskosten müssten kontrolliert werden.[228] Der EuGH stimmte dieser Argumentation weitgehend zu.[229]

Die luxemburgische Regierung machte allerdings noch ein weiteres Kriterium geltend. Ihrer Ansicht nach diene der Genehmigungsvorbehalt auch dem Schutz der öffentlichen Gesundheit. Er sei zum einen erforderlich, um die Qualität der ärztlichen Leistungen zu gewähren, zum anderen solle das luxemburgische Krankenversicherungssystem eine ausgewogene, allen Versicherten offenstehende ärztliche und klinische Versorgung sicherstellen. Die Qualität der ärztlichen Versorgung kann in diesem Zusammenhang nur zum Zeitpunkt der Genehmigung überprüft werden.[230]

Dazu merkte der Gerichtshof - in gleicher Argumentation wie im Fall „Decker" - an, dass die Mitgliedstaaten den freien Dienstleistungsverkehr nach den Art. 56 und 66 EGV (a.F.) zwar aus Gründen der öffentlichen Gesundheitsvorsorge beschränken können. Allerdings ist ihnen dabei nicht erlaubt, den Gesundheitssektor als Wirtschaftssektor von den elementaren Grundsätzen des freien Dienstleistungsverkehrs auszuschließen.[231] Die Bedingungen des Zugangs und der Ausübungen der Tätigkeiten des Arztes und des Zahnarztes

---

227 EuGH, Rs. C-158/96, Kohll, Slg. 1998, I-1935 ff, Nr. 37 (I-1947) oder unter http://www.curia.eu.int/de/jurisp/index.htm, Akz. 158/96, Nr. 37.

228 EuGH, Rs. C-158/96, Kohll, Slg. 1998, I-1935 ff, Nr. 40 (I-1947) oder unter http://www.curia.eu.int/de/jurisp/index.htm, Akz. 158/96, Nr. 40.

229 In Anlehnung an das Urteil vom 05. Juni 1997 in der Rechtssache C-398/95, Settg, Slg. 1997, I-3113 ff, Nr. 23 (I-3121).

230 EuGH, Rs. C-158/96, Kohll, Slg. 1998, I-1935 ff, Nr. 43 (I-1948) oder unter http://www.curia.eu.int/de/jurisp/index.htm, Akz. 158/96, Nr. 43.

231 EuGH, Rs. C-158/96, Kohll, Slg. 1998, I-1935 ff, Nr. 45 und 46 (I-1949) oder unter http://www.curia.eu.int/de/jurisp/index.htm, Akz. 158/96, Nr. 45 und 46, in Anlehnung an das EuGH-Urteil vom 07. Mai 1986 in der Rechtssache 131/85, Gül, Slg. 1986, 1573 ff, Nr. 17 (1589).

sind Gegenstände mehrerer Koordinierungs- oder Harmonisierungsrichtlinien.[232] Daraus folgt zugleich, dass in anderen Mitgliedstaaten niedergelassene Ärzte und Zahnärzte für die Zwecke des freien Dienstleistungsverkehrs als ebenso qualifiziert anerkannt werden müssen wie im Inland niedergelassene. Daher - so das Gericht - kann die umstrittene Regelung auch nicht unter Berufung auf Gründe des Gesundheitsschutzes damit gerechtfertigt werden, dass die Qualität von ärztlichen Leistungen in anderen Mitgliedstaaten gewährleistet werden müsse.

(3) Entscheidung des EuGH

Aus diesen Gründen hat der Gerichtshof auf die ihm von der luxemburgischen Cour de cassation vorgelegten Fragen entschieden, dass eine nationale Regelung, die die Erstattung von Kosten für eine Zahnbehandlung durch einen Zahnarzt in einem anderen Mitgliedstaat nach den Tarifen des Versicherungsstaates von der Genehmigung des Trägers der sozialen Sicherheit des Versicherten abhängig macht, gegen die Art. 59 und 60 EGV (a.F.) verstößt.[233]

d) Zusammenfassung

In beiden Fällen wurde klargestellt, dass der Anwendungsbereich der Grundfreiheiten des EG-Vertrages auch die Systeme der sozialen Sicherheit umfasst. Das Gericht wiederholt zwar in beiden Entscheidungen seine ständig vertretene Grundauffassung, dass das Gemeinschaftsrecht die Zuständigkeit der Mitgliedstaaten zur Ausgestaltung ihrer sozialen Sicherungssystem unberührt lässt. Keinesfalls bedeutet dies jedoch, dass der Bereich der sozialen Sicherheit deshalb ein „gemeinschaftsrechtsfreier Raum“ ist.

Vielmehr müssen die Mitgliedstaaten bei der Ausübung dieser Rechte das Gemeinschaftsrecht beachten. Der EuGH sieht den Sektor der Volksgesundheit als einen ökonomischen Sektor, daher fallen medizinische Erzeugnisse ebenso wie ärztliche Leistungen unter die gemeinsamen EG-Vorschriften über den freien Waren- und Dienstleistungsverkehr. Dies bedeutet, dass hinsichtlich der

---

[232] Siehe die Richtlinie 78/686/EWG des Rates vom 25. Juli 1978 für die gegenseitige Anerkennung der Diplome, Prüfungszeugnisse und sonstigen Befähigungsnachweise des Zahnarztes und für Maßnahmen zur Erleichterung der tatsächlichen Ausübung des Niederlassungsrechts und des Rechts auf freien Dienstleistungsverkehr, ABl. L 233, S. 1 ff; die Richtlinie 93/16/EWG des Rates vom 05. April 1993 zur Erleichterung der Freizügigkeit für Ärzte und zur gegenseitigen Anerkennung ihrer Diplome, Prüfungszeugnisse und sonstigen Befähigungsnachweise, ABl. L 165, S. 1 ff.

[233] EuGH, Rs. C-158/96, Kohll, Slg. 1998, I-1935 ff, Nr. 55 (I-1951) oder unter http://www.curia.eu.int/de/jurisp/index.htm, Akz. 158/96, Nr. 55.

Erbringung medizinischer Leistungen insbesondere der elementare Grundsatz der freien Waren- und Dienstleistungsverkehrs zu beachten ist und Genehmigungsvorbehalte im nationalen Krankenversicherungsrecht Beschränkungen dieses Anwendungsbereiches sind.

e) Übertragbarkeit der Urteilsgrundsätze: Zur Auswirkung der Urteile „Kohll“ und „Decker“ auf das deutsche System der gesetzlichen Krankenversicherung im ambulanten Sektor

Die Entscheidungen des Europäischen Gerichtshofes vom 28. April 1998 ergingen beide zu luxemburgischen Ausgangsverfahren. Zu untersuchen ist daher, wie sich die Verbindlichkeit[234] für das deutsche Leistungssystem der gesetzlichen Krankenversicherung darstellt.

aa) Verbindlichkeit der Entscheidungen

Die Verbindlichkeit der beiden EuGH-Urteile „Kohll“ und „Decker“ für die Leistungsverhältnisse in der gesetzlichen Krankenversicherung ist in Politik und Literatur umstritten. Das interessierte Fachpublikum, die Spitzenverbände der gesetzlichen Krankenversicherung, das Bundesministerium für Gesundheit (BMG) und das Bundesarbeitsministerium (BMA) haben die Konsequenzen der Richtersprüche höchst unterschiedlich und zum Teil gegensätzlich bewertet.

(1) E.A.: keine Verbindlichkeit für das deutsche System der gesetzlichen Krankersicherung

Insbesondere das Bundesgesundheitsministerium und das Bundesarbeitsministerium gingen zumindest anfänglich davon aus, dass die Urteilsgrundsätze nicht auf das deutsche Krankenversicherungssystem übertragen werden könnten.[235] Diese Einschätzung wird von Teilen der Literatur geteilt.[236]

---

[234] Gemeint ist hier die Verbindlichkeit im rechtstechnischen Sinne.

[235] Vgl. XII. Hauptgutachten der Monopolkommission 1996/1997, Marktöffnung umfassend verwirklichen, Tz. 581, S. 321 und Pressemitteilung Nr. 41 vom 05.06.1998 des Bundesgesundheitsministers, 1 ff (1, 5).

[236] Domscheit, in: KrV 09/1998, 246 ff (246), die diese Behauptung in ihrer Untersuchung eingangs feststellt, sie später jedoch auch kritisch hinterfragt; ebenso Berg, in: EuZW 19/1999, 587 ff (588), der paradoxer weise zwar die Verbindlichkeit verneint, in der Folge seiner Ausführungen dann jedoch die spezifischen Auswirkungen für das deutsche Gesundheitswesen behandelt; konsequenter dabei Langer, in: Igl (Hrsg.), Europäische Union und gesetzliche Krankenversicherung, 60 ff (65); ablehnend ebenso Neumann-Duesberg, in: GG 10/1998, 22 ff (24) und in: Barwig/Schulte (Hrsg.), Freizügigkeit und soziale Sicherheit, 89 ff, der dies mit einer von den Mitgliedstaaten nicht gewollten Kompetenzverschiebung begründet;

Begründet wird dies zum einen formaljurisitisch. Die Entscheidungen seien in concreto zum luxemburgischen Recht ergangen und wirkten deshalb - formal betrachtet - nur zwischen den am Verfahren Beteiligten Personen. Auswirkungen auf das deutsche Krankenversicherungsrecht seien aus diesem Grund bereits auszuschließen. Darüber hinaus wird darauf hingewiesen, dass gerade die gesetzliche Krankenversicherung in Deutschland- im Vergleich zu anderen europäischen Systemen und insbesondere im Gegensatz zum System der Krankenversicherung in Luxemburg - wesentlich vom Sachleistungsprinzip[237] geprägt werde.[238] Aufgrund des in Luxemburg grundsätzlich geltenden Kostenerstattungsprinzips seien die zugrunde liegenden Sachverhalte hinsichtlich ihrer Sach- und Rechtslage somit nicht vergleichbar. Auch aus diesem Grund könne die Rechtsprechung des EuGH zur Anwendung des Gemeinschaftsrechts im Hinblick auf die gesetzliche Krankenversicherung in Deutschland nicht berücksichtigt werden.[239]

Hinzu käme, dass die Berücksichtigung der in den Urteilen zum Ausdruck kommenden Rechtsaufassung dazu führen würde, dass die Steuerungsfähigkeit und damit das finanzielle Gleichgewicht dieses für die medizinische Versorgung der Bevölkerung eminent wichtigen sozialen Sicherungssystems erheblich gefährdet würde. Nach Ansicht der damaligen Bundesregierung sei es aus diesen Gründen ohnehin gerechtfertigt, den Anwendungsbereich der Waren- und Dienstleistungsfreiheit wegen der drohenden globalen Systemgefährdung insoweit zu beschränken.[240] Dieser Einwand der damaligen Bundesregierung fand beim deutschen Richter[241] am Europäischen Gerichtshof in Ansätzen Unterstützung. Dieser führte aus, dass bei einem auf dem Sachleistungsprinzip aufbauenden Kassensystem zumindest eine neue Prüfung

---

[237] Ausführlich zum Sachleistungsprinzip siehe II., 4., d), aa) dieser Arbeit.

[238] XII. Hauptgutachten der Monopolkommission 1996/1997, Marktöffnung umfassend verwirklichen, Tz. 581, S. 321; ebenso Langer, in: Igl (Hrsg.), Europäische Union und gesetzliche Krankenversicherung, 60 ff (65) oder Neumann-Duesberg, in: GG 10/1998, 22 ff (24), die die Auswirkungen der Urteile auf Krankenversicherungssysteme mit Sachleistungsprinzip in Frage stellt.

[239] In einer rechtlichen Bewertung der Urteile kam das Bundesgesundheitsministerium - mit Bundesgesundheitsminister Seehofer - unter der damaligen Bundesregierung zu dieser Einschätzung. Vgl. BMG-Pressemitteilung Nr. 41 vom 05.06.1998.

[240] Siehe dazu ebenfalls die BMG-Pressemitteilung Nr. 41 vom 05.06.1998; wobei Wismar völlig zu Recht im Zusammenhang mit dieser Reaktion auf die damals herannahende Bundestagswahl verweist, die sicherlich zu einer Überreaktion und unnötiger Polarisierung beigetragen hat, aus ders., in: GG 10/1998, 28 ff (29).

[241] Günter Hirsch

stattfinden würde, um eine eventuelle Rechtfertigung neu zu überprüfen.[242] Das Ergebnis hinge dann davon ab, ob nach dem spezifischen Versicherungssystem des betreffenden Mitgliedstaates das finanzielle Gleichgewicht des Systems bei einer „Grenzöffnung“ für die betreffenden Leistungen im erheblichen Maße gefährdet wäre.[243]
Nach Ansicht der Regierung sowie vereinzelter Stimmen in der Literatur ist somit einerseits eine Verbindlichkeit der EuGH-Urteile für das deutsche Krankenversicherungssystem nicht gegeben, andererseits würde i.E. eine Rechtfertigungsprüfung ohnehin zugunsten einer territorialen Beschränkung ausfallen. Für den Leistungsbereich der deutschen Vertragsärzte wären die EuGH-Urteile „Kohll“ und „Decker“ demnach ohne Folgen.

(2) A.A.: Verbindlichkeit für das deutsche System der gesetzlichen Krankenversicherung gegeben

Die Beurteilung der nachfolgenden Bundesregierung unterschied sich davon elementar. Nach ihrer Auffassung sind die Urteile auch für die Bundesrepublik Deutschland absolut verbindlich.[244] Auch diese Ansicht findet in Teilen der Literatur Unterstützung.[245] Nach Ansicht der neuen Bundesregierung – die sich zu dem formaljuristischen Argument sowie dem Argument bzgl. des Systemunterschieds gar nicht äußert, sondern nur auf die

---

[242] Wobei nicht ersichtlich ist, warum eine Rechtfertigungsprüfung des EuGH beim einwohnerstarken Mitgliedsland Deutschland anders ausfallen sollte als in dem sehr einwohnerschwachen Mitgliedsland Luxemburg, wo eine Öffnung der nationalen Krankenversicherung viel mehr ins Gewicht fällt als es relativ gesehen in Deutschland der Fall wäre.

[243] Hirsch, in: BKK 01/1999, 11 ff (15); ders., in: Recht und Politik im Gesundheitswesen 04/1998, 121 ff (121).

[244] Rothley, in: Süddeutsche Zeitung vom 16.06.1998, „EuGH-Gesundheitsurteil absolut verbindlich“; darüber hinaus hat sich der SPD Europaabgeordnete Willy Rothley im Zusammenhang mit den Kohll/Decker-Urteilen für eine Ausweitung der Kostenerstattung auf weitere Bereiche ausgesprochen, aus: Neumann-Duesberg, in: GG 10/1998, 22 ff (25).

[245] Wobei eine Begründung der Verbindlichkeit auch für das deutsche System der gesetzlichen Krankenversicherung in vielen Fällen der Literatur jedoch völlig ausbleibt. Zumeist folgt gleich eine Auseinandersetzung mit den Auswirkungen der Urteile. Die Verbindlichkeit wird dann ohne jegliche Diskussion vorausgesetzt. So bspw. Eichner, in: SF 09/1999, 232 f (232); Kötter, in: VSSR 04/1998, 233 ff (249); Leingärtner, in: Schulte/Barwig (Hrsg.), Freizügigkeit und soziale Sicherheit, 117 ff (118); Novak, in: EUZW 12/1998, 366 ff (369); aber auch Nachtigal, AOK-Bundesverband, unter http://www.aok.de/bv/bundesvb/presse/tba/gesund/1029.html, sogar überwiegende Einschätzung der Krankenkassen, vgl. XII. Hauptgutachten der Monopolkommission 1996/1997, Marktöffnung umfassend verwirklichen, Tz. 581, S. 321.

Rechtfertigungsgründe eingeht - könne der befürchtete finanzielle Zusammenbruch des deutschen Kassensystems gar nicht stattfinden. Zum einen deshalb, da alle Versicherten trotz etwaiger Inanspruchnahme von Auslandsleistungen weiterhin ihren Kassenbeitrag in Deutschland entrichten würden. Zum anderen müsste die deutsche Krankenkasse für Auslandsleistungen nur das in Deutschland übliche Honorar erstatten.[246]
Nach Ansicht der neuen Bundesregierung - wenn auch ohne schlüssige Argumentation - sind die EuGH-Urteile auch für den Leistungsbereich der deutschen Vertragsärzte verbindlich. Zudem seien keine Rechtfertigungsgründe aus deutscher Sicht für eine Beschränkung ersichtlich. Für das deutsche System der gesetzlichen Krankenversicherung wären die EuGH-Urteile „Kohll" und „Decker" somit verbindlich und die Urteilsgrundsätze auf den ambulanten Leistungsbereich der Vertragsärzte zu übertragen.

(3) H.M. in der Literatur: Abstellen auf die Vergleichbarkeit der Systeme
Nach der wohl h.M. in der Literatur ist bzgl. einer Übertragbarkeit der Urteilsgrundsätze auf die grundsätzliche Vergleichbarkeit der Systeme abzustellen.[247] Entscheidend hinsichtlich der Verbindlichkeit sei eine strukturelle Vergleichbarkeit der Sach- und Rechtslage des luxemburgischen Krankenversicherungssystems mit dem deutschen.
Hier wird darauf verwiesen, dass nicht davon ausgegangen werden dürfe, dass die Entscheidungen des EuGH grundsätzlich nur zwischen den beteiligten Prozessparteien bzw. in dem Mitgliedstaat, in dem die Rechtsstreitigkeit anhängig ist, bindende Wirkung entfalteten. Es sei zwar richtig, dass der EuGH

---

[246] Rothley aaO.; an dieser Stelle muss jedoch darauf hingewiesen werden, dass noch kein ganzheitliches Konzept zum Umgang mit der europäischen Herausforderung durch SPD und Bündnis 90/Die Grünen vorgelegt worden ist. Die zu erkennende Tendenz ergibt sich schwerpunktmäßig aus Äußerungen einzelner Abgeordneter (s.o.) und der Koalitionsvereinbarung, die sich zur europäischen Herausforderung latent positiv, aber sehr allgemein äußert (vgl. „Aufbruch und Erneuerung - Deutschlands Weg ins 21. Jahrhundert. Koalitionsvereinbarung SPD/Bündnis 90/Die Grünen" vom 20.10.1998, Abschn. XI, Europäische Einigung, internationale Partnerschaft, Sicherheit und Freiheit, unter http://www.spd.de). Zusammenfassend kann hier derzeit nur ganz allgemein davon ausgegangen werden, dass sich die neue Bundesregierung - nach den bisher vorliegenden Erkenntnissen - dem europäischen Integrationsprozess in Bezug auf die Gesundheitspolitik aufgeschlossener zeigt als die alte Bundesregierung.

[247] Siehe dazu Belter, in: Europablätter 01/1999, 3 ff (4); v. Maydell, in: VSSR 01/1999, 3 ff (12); Schulte, in: ZFSH/SGB 06/1999, 347 ff (358 f); ders., in: EuroAS 5-6/1999, 70 ff (72); Schulz-Weidner, in: KrV 09/1998, 241 ff (242); Steinmeyer, in: Igl (Hrsg.), Europäische Union und gesetzliche Krankenversicherung, 79 ff (84); ders., in: KrV 10/1999, 288 ff (290); Wille, in: KrV 10/1999, 292 ff (293); ähnlich auch Eichenhofer, in: SGb 02/1999, 57 ff (62).

seine Urteile im konkreten Bezug auf einen zu entscheidenden Einzelfall fällt. Eine rechtliche Verbindlichkeit der EuGH-Urteile für das deutsche System der gesetzlichen Krankenversicherung könne sich aber entfalten, wenn vergleichbare Sachverhalte zu beurteilen wären, bei denen sich die entscheidende Problematik in entsprechender Weise stellen würde.
Nach dieser Ansicht geht es daher einzig und allein um die Frage, ob sich die einschlägigen Strukturen des luxemburgischen Gesundheitssystems derart von den deutschen Strukturen unterscheiden, dass die Urteile auf das deutsche Sozialversicherungssystem „nicht passen“.[248] Anders ausgedrückt muss man sich nach der h.M. in der Literatur also die Frage stellen, ob die Urteile anders ausgefallen wären, wenn der EuGH über einen ähnlichen Fall innerhalb des deutschen System der gesetzlichen Krankenversicherung zu entscheiden gehabt hätte.
Nach Steinmeyer[249] und Schulze-Wilk[250] komme es sogar nicht auf die strukturelle Vergleichbarkeit der Systeme an, sondern nur auf die Freiberuflichkeit der Leistungserbringer an. Ihrer Ansicht nach müsse in Mitgliedsstaaten, in denen die Leistungserbringung durch selbständig tätige Ärzte erfolgt, für die Leistungserbringung die Dienstleistungsfreiheit gelten.[251] Dabei dürfe es keine Rolle spielen, ob es sich um ein Sozialversicherungssystem mit Sachleistungsprinzip oder um eines mit Kostenerstattungsprinzip handelt. Sogar für eine aus Steuermitteln finanzierten staatlichen Gesundheitsdienst könne nichts anderes gelten.
Hinsichtlich der Verbindlichkeit der EuGH-Urteile „Kohll“ und „Decker“ auch für das deutsche System der gesetzlichen Krankenversicherung sei somit nach h.M. in der Literatur auf eine grundsätzliche strukturelle Vergleichbarkeit von deutschem und luxemburgischem System - und nach der Ansicht von Steinmeyer und Schulze-Wilk dabei sogar lediglich auf die Freiberuflichkeit der Leistungserbringer - abzustellen.

---

[248] In dieser Deutlichkeit Schulz-Weidner, in: KrV 09/1998, 241 ff (242).

[249] Aus ders., in: Igl (Hrsg.), Europäische Union und gesetzliche Krankenversicherung, 79 ff (84) und ders., in: KrV 10/1999, 288 ff (290).

[250] Aus ders.,in: ZM 06/2000, 90 ff (92).

[251] Ähnlich argumentiert Eichenhofer, der dies jedoch mit der privatrechtlichen Ausgestaltung der Rechtsbeziehungen zwischen Leistungserbringer und Versicherten begründet, in: SGb 02/1999, 57 ff (62); a.A. Bieback, in: Fuchs, Kommentar zum Europäischen Sozialrecht, Art. 22, Rn 32 f, der den Anwendungsbereich der Dienstleistungsfreiheit beim Sachleistungsprinzip aufgrund fehlender Entgeltlichkeit der Leistung für nicht eröffnet hält.

(4) Streitentscheid

Die unterschiedlichen Ansichten von alter und neuer Bundesregierung sowie die Bewertung der h.M. in der Literatur führen zu sehr gegensätzlichen Ergebnissen bzgl. der Verbindlichkeit der beiden EuGH-Urteile „Kohll" und „Decker" auch für das deutsche System der gesetzlichen Krankenversicherung. Es bedarf somit einer Prüfung, welcher Ansicht der Vorzug zu geben ist.
Dabei lässt sich die formaljuristische Argumentation der alten Bundesregierung sowie der vereinzelter Stimmen in der Literatur nicht halten. Es darf nicht angenommen werden, die Entscheidungen des EuGH entfalteten grundsätzlich nur zwischen den beteiligten Prozessparteien bindende Wirkung. Nach Art. 164 EGV kommt dem EuGH die Aufgabe zu, „das Recht bei der Auslegung und Anwendung des EGV zu sichern". Dem gemäß entscheidet der Gerichtshof über sämtliche Streitigkeiten und Fragen, die mit der praktischen Anwendung bzw. Auslegung des Gemeinschaftsrechts in unmittelbaren Zusammenhang stehen.[252] Dessen Feststellungen hinsichtlich der Auslegung und Anwendung von Gemeinschaftsrecht sind dann für alle Mitgliedstaaten - insbesondere für deren Verwaltung und deren Gerichte - maßgeblich und tatsächlich bindend.[253] Der EuGH hat somit nicht die Aufgabe - wie dies jedoch die Vertreter der formaljuristischen Argumentation sehen - , nationale Rechtsstreitigkeiten rechtskräftig zu entscheiden. Dies ist Aufgabe der nationalen Gerichte, der EuGH judiziert nicht über das nationales Recht der Mitgliedstaaten. Der EuGH hat vielmehr letztverbindlich europäisches Gemeinschaftsrecht auszulegen, soweit hiervon der Ausgang eines nationalen Rechtsstreits abhängt.[254] Das formaljuristische Argument - die Urteile wirken nur zwischen den am Prozess

---

[252] Borchardt, in: Lenz, EG-Vertrag Kommentar, Art. 220, Rn 4; Dauses, in: Dauses, Handbuch des EU-Wirtschaftsrechts, A. II, Rn. 263; Krück, in: Groeben/Thiesing/Ehlermann, Kommentar zum EU-/EG-Vertrag, Art. 164, Rn 52; Pernice, in: Grabitz/Hilf, Kommentar zur Europäischen Union, Art. 164, Rn 20.

[253] Belter, in: Europablätter 01/1999, 3 ff (4); Dauses, in: Dauses, Handbuch des EU-Wirtschaftsrechts, A. II, Rn. 263; Ewert, Der Beitrag des EuGH zur Entwicklung eines Europäischen Sozialrechts, S. 14; Hirsch, in: Der soziale Dialog in Europa, 143 ff (146); Koenig/Haratsch, Europarecht, Rn 193; Krück, in: Groeben/Thiesing/Ehlermann, Kommentar zum EU-/EG-Vertrag, Art. 164, Rn 5; Oppermann, Europarecht, Rn 718; Schulz-Weidner, in: KrV 09/1998, 241 ff (242); Wismar, in: GG 10/1998, 28 ff (35).

[254] Siehe dazu Hirsch, in: Der soziale Dialog in Europa, 143 ff (146 f), wonach es ein übliches Phänomen internationaler Verträge ist, dass sie solange wirksam sind, wie die Vertragspartner sie gleich auslegen und anwenden, und dass sie nur noch auf dem Papier stehen, wenn die Auffassung über die Auslegung und Anwendung sich nicht mehr decken. Um dieser Gefahr entgegenzutreten und um die institutionelle Dauerhaftigkeit der Gemeinschaft zu sichern, wurde die Kompetenz, den Vertrag verbindlich auszulegen, von den Mitgliedstaaten aus ein Gemeinschaftsorgan – den EuGH – übertragen.

beteiligten Parteien - der alten Bundesregierung sowie der vereinzelter Stimmen in der Literatur vermag somit nicht zu überzeugen.
Des weiteren wird von ihnen vorgetragen, dass die zugrunde liegenden Sachverhalte hinsichtlich ihrer Sach- und Rechtslage nicht vergleichbar seien und somit auch aus diesem Grund die Rechtsprechung des EuGH nicht berücksichtigt werden brauche. Die Unterschiedlichkeit der zugrunde liegenden Sachverhalte wird dabei mit einem Verweis auf das in Luxemburg grundsätzlich geltenden Kostenerstattungsprinzip begründet. Auch diese Argumentation vermag jedoch nicht zu überzeugen. Zum einen wird dieses Argument bereits erheblich durch die Tatsache entkräftet, dass der deutsche Gesetzgeber die Geltung des Sachleistungsprinzips in den letzten Jahren immer weiter zurückgedrängt hat. So wurden vor allem in letzter Zeit im SGB V für die Versicherten vermehrt die Möglichkeiten eingeräumt, statt der grundsätzlich gewährten Sachleistung die Kostenerstattung zu wählen. Mit dem 2. GKV-NOG[255] wurde der Grundsatz des Sachleistungsprinzips sogar - wenn auch nur kurzzeitig - ganz abgeschafft. Dadurch hat der deutsche Gesetzgeber gezeigt, dass das Sachleistungsprinzip und das Kostenerstattungsprinzip durchaus miteinander vereinbar sind.
Des weiteren kann mit einem Verweis auf einen Systemunterschied keine Unterschiedlichkeit in der Sach- und Rechtslage begründet und somit eine Übertragbarkeit der luxemburgischen Urteilsgrundsätze ausgeschlossen werden. Vielmehr kann es hierbei nicht auf die gänzliche Übereinstimmung, sondern nur auf die grundsätzliche strukturelle Vergleichbarkeit der sich gegenüberstehenden Systeme ankommen. Ansonsten könnte die Rechtsprechung des EuGH von den Mitgliedstaaten immer mit einem Hinweis auf die - bei 15 Mitgliedstaaten naturgemäß sehr häufig vorliegende - Andersartigkeit der jeweiligen nationalen Systeme unterlaufen werden.
Hinzu kommt, dass durch diese Argumentation nicht nur die einheitliche Geltung des Europäischen Gemeinschaftsrechts, sondern auch der Gemeinsame Markt in Frage gestellt würde. Würde die Geltung der Grundfreiheiten auf die Gesundheitssysteme beschränkt, denen das Kostenerstattungsprinzip zugrunde liegt, so hinge die Frage der Zugehörigkeit des Gesundheitsmarktes der Mitgliedstaaten jeweils davon ab, ob sich der betreffende Mitgliedstaat für ein System mit Kostenerstattung - welches dann „EU-offen“ wäre - oder aber für

---

[255] BGBl. 1997, S. 1520, darin sah ein neugefasster § 13 II 1 SGB V vor, dass alle Versicherten der gesetzlichen Krankenversicherung die Möglichkeit zustand, Kostenerstattung für Leistungen zu wählen, die sie als Selbstzahler von den im 4. Kapitel des SGB V genannten Leistungserbringern in Anspruch nahmen; siehe dazu ausführlich II., 4., d), bb) dieser Arbeit; siehe dazu auch Münnich, in: Die BKK 01/1999, 17 ff (20).

ein - dann „EU-abgeschotteten" - System entscheidet, welches auf dem Sachleistungsprinzip oder dem Prinzip des Nationalen Dienstes beruht. Nach der Argumentation der alten Bundesregierung wäre den Mitgliedstaaten also die Möglichkeit an die Hand gegeben, sich durch eine bestimmte Systementscheidung der Geltung des Europäischen Gemeinschaftsrechts und den Regeln des Binnenmarktes partiell zu entziehen.[256]

Der Ansicht der damaligen Bundesregierung sowie Teilen der Literatur hinsichtlich der Verbindlichkeit der EuGH-Urteile „Kohll" und „Decker" kann somit nicht gefolgt werden. Ebenso vermögen die Äußerungen der darauffolgenden Bundesregierung nicht zu überzeugen. Diese setzen sich lediglich mit den von der alten Bundesregierung - hilfsweise vorgebrachten - Rechtfertigungsgründen auseinander. Aufgrund völlig ausbleibender Argumente zur Bejahung der Verbindlichkeit kann auch dieser Ansicht nicht gefolgt werden.[257]Somit ist der h.M. in der Literatur zu folgen und darauf abzustellen, ob sich die einschlägigen Strukturen - zuzüglich der Freiberuflichkeit der Leistungserbringer - des luxemburgischen Gesundheitssystem zum deutschen System der gesetzlichen Krankenversicherung vergleichbar darstellen.

(5) Untersuchung: Strukturelle Vergleichbarkeit der nationalen Krankenversicherungssysteme Luxemburgs und Deutschlands

Im Gegensatz zum deutschen System der gesetzlichen Krankenversicherung - in dem das Sachleistungsprinzip vorherrscht - liegt dem luxemburgischen System das Kostenerstattungsprinzip zugrunde.[258] Fraglich ist nun, ob sich dieser Unterschied zwischen den beiden Systemen als so gravierend darstellt, dass

---

[256] Fraglich erscheint, ob bei der erwähnten Änderung des § 13 II 1 SGB V durch das GKV-SolG und der damit verbundenen Abschaffung der Wahloption von Kostenerstattungs- oder Sachleistungsprinzip solche Überlegungen nicht eine Rolle gespielt haben.

[257] Nach genauerer Analyse der jeweiligen Textquellen wirken die Argumentationen von damaliger wie darauffolgender Bundesregierung jeweils sehr ergebnisorientiert. Die CDU/FDP Bundesregierung hat die möglichen Folgen einer Übertragung der luxemburgischen Urteilsgrundsätze negativ bewertet (siehe dazu insbesondere Seehofer, Wehret den Anfängen, in: Der Spiegel 19/1998, 36 f; ders., in: FAZ v. 30.04.1998, S.2, ders., in: Handelsblatt Nr. 82 v. 29.04.1998, S. 1 oder ders., „Wir müssen die Auszehrung unserer Gesetzlichen Krankenversicherung verhindern", in: KrV 07/1998, 212) und dementsprechend versucht, eine Verbindlichkeit zu verneinen. Die SPD/Grüne Bundesregierung hingegen wirkt eher uninformiert über mögliche Folgen, ist aber grundsätzlich ggü. dem europäischen Integrationsprozess positiv eingestellt. Dementsprechend versuchen sie, eine Verbindlichkeit zu bejahen.

[258] Siehe dazu insbesondere Weber/Leienbach, Die Systeme der sozialen Sicherung in der Europäischen Union, S. 76.

eine Ähnlichkeit des deutschen und luxemburgischen Krankenversicherungssystems ausscheidet. Dies soll anhand des grundsätzlichen Unterschieds der beiden Prinzipien und in der Folge an der konkreten Ausgestaltung im luxemburgischen Krankenversicherungssystem dargestellt werden

(a) Grundsätzlicher Unterschied zwischen Kostenerstattungs- und Sachleistungsprinzip[259]

Die hauptsächlichen Unterschiede zwischen Sachleistungs- und Kostenerstattungsprinzip liegen in der Art der Abrechnung, dem darin verankerten Schutzgedanken, der dem Sachleistungsprinzip immanenten Sicherstellungsauftrag und der Ausgestaltung der Rechtsbeziehungen zwischen den beteiligten Akteuren.

(aa) Art der Abrechnung

Bei dem Sachleistungsprinzip werden die erforderlichen Gesundheitsleistungen von den Krankenkassen bzw. ihren Verbänden organisiert oder verschafft. Diese werden dann den jeweiligen Mitgliedern der Krankenkasse bzw. den Versicherten „in Natur" zur Verfügung gestellt. Im Rahmen des Kostenerstattungsprinzips verschafft sich der Versicherte die Leistung selbst und kann sich die dadurch entstehenden Kosten von der Krankenkasse erstatten lassen.
Während der Versicherte also bei der Kostenerstattung in die finanzielle Abwicklung der Behandlung einbezogen ist, trifft dies im Fall der Sachleistung nicht zu. Diese andersartige Abrechnungsmodalität beider Prinzipien vermag jedoch noch keinen schwerwiegenden strukturellen Unterschied zu begründen.
Betrachtet man somit allein diesen Aspekt der jeweiligen Systeme, welcher die Frage des Geldflusses bei der Inanspruchnahme medizinischer Versorgung betrifft, könnte man im Ergebnis eine grundsätzliche strukturelle Vergleichbarkeit annehmen.[260]

(bb) Schutz des Versicherten vor finanzieller Belastung

Hinzu kommt jedoch noch der Aspekt der finanziellen Belastung des Versicherten. In der juristischen Literatur zum Sozial- und insbesondere zum Krankenversicherungsrecht wird im Zusammenhang mit dem Sachleistungsprinzip darauf hingewiesen, dass eine wesentliche Funktion

---

[259] Hier sei - ergänzend - auf die ausführliche Darstellung unter B., IV., 4., a) und b) dieser Arbeit verwiesen.

[260] So auch im Ergebnis Schulz-Weidner, in: KrV 09/1998, 241 ff (242) und Belter, in: Europablätter 01/1999, 3 ff (5).

dieses Prinzips im Schutz der Versicherten vor mangelnder ärztlicher Versorgung wegen zu hoher finanzieller Belastung zu sehen ist.[261]
Doch die zentrale Bedeutung dieses Schutzes der Versicherten vor der Notwendigkeit, bei Kostenerstattung hinsichtlich der medizinischen Dienstleistung in Vorlage treten zu müssen, wird vielfach mit Verweis auf die gängige Praxis im Bereich der privaten Krankenversicherung in Frage gestellt.[262] Vor allem bei aufwendigen und entsprechend teuren Leistungen kann in der privaten Krankenversicherung Kostenerstattung auch in der Form gewählt werden, dass der Versicherte zunächst die unbezahlte Rechnung bei seiner Krankenkasse einreicht und sie erst nach Eingang des Betrages begleicht oder mit dem Leistungserbringer von vornherein eine unmittelbare Abrechnung mit dem Krankenversicherungsträger vereinbart.
Dadurch wird deutlich, dass die mit dem Sachleistungsprinzip verbundene Schutzfunktion für den Versicherten auch im Falle einer Kostenerstattung gewährleistet werden kann. Der Unterschied, ob der Vertragsarzt direkt mit der Kasse (bzw. mit den Kassenärztlichen Vereinigungen) oder zunächst mit dem Patienten abrechnet, der sich dann seine Auslagen von der Krankenkasse erstatten lässt, ist demnach nicht erheblich. Auch hier liegt somit kein schwerwiegender struktureller Unterschied zwischen Sachleistungs- und Kostenerstattungsprinzip begründet.

(cc) Sicherstellungsauftrag

Darüber hinaus müssen aber im Vergleich zum Kostenerstattungsprinzip noch die wesentlichen Funktionen des Sachleistungsprinzips - die über die bloße Abrechnung von Leistung und der darin liegenden Schutzfunktion hinausgehen - berücksichtigt werden. Grundsätzliche Aufgabe des Sachleistungsprinzips ist vor allem auch die Sicherstellung eines ausreichenden und durch die Versicherten finanzierbaren Systems der medizinischen Leistungserbringung.[263] Die Verpflichtung der Krankenkassen und Leistungserbringer, eine bedarfsgerechte und gleichmäßige, dem allgemein anerkannten Standard der medizinischen Erkenntnisse entsprechende Versorgung der Versicherten zu gewährleisten, kommt in § 70 I SGB V zum Ausdruck. Darüber hinaus verpflichtet § 2 II 2 SGB V die Versicherungsträger konsequent zum Abschluss

---

[261] So das BSG in einer Entscheidung vom 09. September 1981, aber auch bspw. Schulin/Igl, Sozialrecht, Rn 271; Schulin, in: Schulin, Handbuch des Sozialversicherungsrechts, Band 1, § 6, Rn 110.
[262] Münnich, in: Die BKK 01/1999, 17 ff (20); Schulin, in: Schulin, Handbuch des Sozialversicherungsrechts, Band 1, § 6, Rn 110 mit weiteren Nachweisen in Fn. 150.
[263] Schulin, in: Schulin, Handbuch des Sozialversicherungsrechts, Band 1, § 6, Rn 111.

entsprechender Verträge mit den Leistungserbringern. Hierbei steht der durch den Sachleistungsgrundsatz geschaffene unmittelbare Einfluss der Krankenkassen auf eine wirtschaftliche Versorgung der Versicherten mit den erforderlichen Leistungen im Vordergrund.[264] Dem dient im Rahmen der ambulanten Behandlung auch der sog. Sicherstellungszweck, wie er in § 72 I SGB V zum Ausdruck kommt und der sich gleichermaßen an Vertragsärzte, Vertragszahnärzte und die gesetzlichen Krankenkassen richtet. Das Sachleistungsprinzip dient somit letztendlich auch als Instrument zur optimalen Erfüllung des Versichertenanspruchs auf Leistung zur Heilbehandlung sowie als Garant wirtschaftlicher Leistungserbringung.[265]
Insofern besteht hierin zwischen Kostenerstattungs- und Sachleistungsprinzip ein gewichtiger struktureller Systemunterschied.

(dd) Rechtsbeziehungen
Ein weiterer Unterschied zwischen dem Sachleistungs- und dem Kostenerstattungsprinzips liegt in der unterschiedlichen Ausgestaltung der Rechtsbeziehungen zwischen den beteiligten Akteuren.
Zwar wird zwischen den Leistungserbringern und den Versicherten in beiden Fällen ein privatrechtlicher Vertrag über die betreffende Leistung abgeschlossen.[266]
Im Falle des Sachleistungsprinzips wird die Leistungserbringung darüber hinaus aber noch durch weitere gesetzliche und sonstige Bestimmungen über die Verschaffung durch die Krankenkasse ausgestaltet, insbesondere durch die Gesamtverträge zwischen den Kassenärztlichen Vereinigungen und den Landesverbänden oder dem Bundesverband der Krankenkassen (vgl. §§ 77 ff , §§ 82 ff SGB V).[267] Vor allem werden die Vergütung der Leistungserbringer nicht privatrechtlich zwischen diesem und dem Versicherten, sondern in zumeist öffentlich-rechtlichen Verträgen zwischen den Leistungserbringern und den Krankenkassen bzw. den jeweiligen Verbänden geregelt und abgerechnet.
Im Unterschied dazu ist das Kostenerstattungsprinzip grundsätzlich dadurch gekennzeichnet, dass der Versicherte die erforderliche Leistung selbst beschafft und hierbei auch die Vergütung für die jeweilige Leistung bestimmt. Bei der Kostenerstattung findet dabei für sich betrachtet keine

---

[264] Schulin, in: Schulin, Handbuch des Krankenversicherungsrechts, Band 1, § 6, Rn. 114
[265] Schulin, in: Schulin, Handbuch des Krankenversicherungsrechts, Band 1, § 6, mit weiteren Nachweisen in Fn. 156.
[266] Für das Sachleistungsprinzip siehe B., IV., 4., a) dieser Arbeit.
[267] Zum Rechtsverhältnis von Kassenärztlicher Vereinigung und Krankenkassenverbänden siehe II., 6., d) dieser Arbeit.

Wirtschaftlichkeitsprüfung, keine Qualitätssicherung und keine Mengensteuerung durch der jeweiligen Leistungen durch die Krankenkasse statt.
Diese Elemente sind aber entsprechend den vorhergehenden Ausführungen konstituierend für das Sachleistungsprinzip. Wiederum ist hierin ein gewichtiger struktureller Systemunterschied zwischen Sachleistungs- und Kostenerstattungsprinzip zu sehen.

(ee) Zwischenergebnis

Bei einer abstrakten Betrachtung von Kostenerstattungs- und Sachleistungsprinzip lassen sich gewichtige strukturelle Unterschiede feststellen, aufgrund derer davon ausgegangen werden könnte, dass die Urteile des EuGH auf die bestehende Situation und Gestaltung des Gesundheitssystems in Deutschland nicht passen. Eine Übertragbarkeit der luxemburgischen Urteilgrundsätze auf das deutsche System der gesetzlichen Krankenversicherung könnte somit bei dieser Betrachtungsweise ausscheiden.

(b) Konkrete Ausgestaltung des luxemburgischen Kostenerstattungsprinzips

Bei der Frage nach der Übertragbarkeit der Urteile des EuGH auf das deutsche Krankenversicherungssystem bzw. nach der Vergleichbarkeit des luxemburgischen (als so genanntes reines Versicherungsmodell) und des deutschen (als so genanntes Mischmodell) Krankenversicherungssystems muss aber auch ein Blick auf die konkrete Ausgestaltung des Kostenerstattungsprinzips in Luxemburg geworfen werden. Hierbei lassen sich trotz der eingangs festgestellten grundsätzlichen strukturellen Unterschiede zwischen Kostenerstattung und Sachleistung entscheidende Parallelen beider nationaler Systeme erkennen.
Zum einen sind in Luxemburg die Beziehungen - ebenso wie in Deutschland - zwischen den jeweiligen gegliederten Krankenkassen[268] und den Ärzten als Leistungserbringer durch eine Vielzahl von Vertragswerken geprägt und detailliert geregelt. Danach existiert auch in Luxemburg eine Planung des Gesundheitssystems.[269] Dort müssen die Beziehungen der Krankenversicherung

[268] Ebenso wie in Deutschland gibt es in Luxemburg ein gegliedertes Krankenkassensystem, siehe dazu Europäische Kommission (Hrsg.), Der Gesundheitszustand in der Europäischen Gemeinschaft, S. 42 f. So existieren in Luxemburg acht verschiedene Kassen, aus Weber/Leienbach, Die Systeme der sozialen Sicherung in der Europäischen Union, S. 75.

[269] Siehe dazu auch Krauskopf, in: Wannagat/Gitter (Hrsg.), Jahrbuch des Sozialrechts 1993, 87 ff (90).

und der Anbieter von Gesundheitsleistungen aufgrund des Art. 382 der luxemburgischen Sozialversicherungsordnung vertragsmäßig geregelt werden. Dabei ist der Verband der Krankenkassen für die Verträge mit den Leistungserbringern zuständig. In diesen sind, ebenso wie im deutschen Gesundheitssystem, hinsichtlich Qualitätssicherung und Mengensteuerung detaillierte Regelungen getroffen worden.[270]
Zudem wird auch ein Verzeichnis der zu erbringenden Leistungen unter Angabe des Vergleichswertes gegenüber anderen Leistungen erstellt.[271] Ein Verhandlungssystem zwischen Kostenträgern und Ärzteorganisationen findet sich also auch im luxemburgischen Krankenversicherungssystem. Auch Wirtschaftlichkeitsprüfungen sind im luxemburgischen Krankenversicherungssystem vorgesehen.[272] Die dem Sicherstellungsauftrag dienenden Instrumente des deutschen Sachleistungsprinzips lassen sich somit auch im luxemburgischen Kostenerstattungsprinzip wiederfinden.
Insbesondere sind in beiden Ländern die zur Behandlung von Kassenpatienten zugelassenen Ärzte prinzipiell verpflichtet, die Patienten zu den zwischen den berufsständischen Vertretungen der Ärzte und den Krankenkassenverbänden ausgehandelten Sätzen zu behandeln. Die Höhe der erstattungsfähigen Kosten ist also in der Regel durch Gesetz festgelegt.[273] Daraus ergibt sich wie - im deutschen System – eine allgemeine zwingende und bindende Verpflichtung sämtlicher Ärzte, die mit dem Zentralvorstand der Krankenkassen und durch den luxemburgischen Minister für soziale Sicherheit in Kraft gesetzte Tarif- und Gebührenordnung einzuhalten. Dies stellt ein konstituierendes Element des Sachleistungsprinzips dar.
Des weiteren wird in beiden Ländern die Versorgung durch freiberuflich tätige Ärzte gewährleistet, die das wirtschaftliche Risiko ihrer Tätigkeit selbst

[270] Belter, in: Europablätter 01/1999, 3 ff (6); Knieps, in: GG 10/1998, 40 ff (46); Langer, in: NZS 11/1999, 537 ff (537); KOM (95) 357, S. 32 f; ausführlich hierzu siehe: Ministère de la sécurité sociale / Inspection générale de la sécurité sociale (Hrsg.), Apercu sur la legislation sur la sécurité sociale au Grand-duché de Luxembourg (1996), insbesondere Chapitre 4 (S. 39 ff); Thill, in: Kostenentwicklung und Kostendämpfung im Gesundheitswesen in sechs Ländern an Rhein und Maas, 57 ff (61); interessant aber auch Schneider, in: Häfner (Hrsg.), Gesundheit - unser höchstes Gut?, 205 ff.

[271] Steinmeyer, in: 8. Bonner Europa-Symposions „Die Krankenversicherung in der Europäischen Union", 1 ff (18).

[272] Knieps, in: GG 10/1998, 40 ff (46); Weber/Leienbach/Dohle, in: Soziale Sicherung in West-, Mittel- und Osteuropa, 11 ff (106).

[273] siehe dazu Europäische Kommission (Hrsg.), Ihre soziale Sicherheit bei Aufenthalt in anderen Mitgliedstaaten der Europäischen Union, S. 134.

tragen[274] und wie in Deutschland auch haben die luxemburgischen Patienten das Recht auf eine freie Arztwahl.[275] Zudem kann auch bei dem luxemburgischen reinen Versicherungssystem - ähnlich der gängigen Praxis in der deutschen privaten Krankenversicherung - bei einer kostenträchtigen Behandlung ausgehandelt werden, dass die Kosten nicht von dem Patienten vorfinanziert werden müssen, sondern in Höhe der zustehenden Sätze sofort von der Krankenversicherung übernommen werden. Somit wird auch dem Sachleistungsprinzip immanenten Schutzgedanken im luxemburgischen Kostenerstattungsprinzip Rechnung getragen.

(c) Ergebnis bzgl. der Vergleichbarkeit von deutschem und luxemburgischen Krankenversicherungssystem

Die bei der vorangegangenen isolierten Betrachtung von Kostenerstattung und Sachleistung festgestellten strukturellen Systemunterschiede werden bei genauerer Untersuchung der konkreten Ausgestaltung des Kostenerstattungsprinzips in Luxemburg entkräftet bzw. verwischt.

Die dargestellten, dem deutschen Sachleistungsprinzip immanenten Steuerungsmechanismen lassen sich ebenso im luxemburgischen Krankenversicherungssystem finden. Vor diesem Hintergrund reduzieren sich die Unterschiede im Vergleich zwischen dem in Deutschland herrschenden Sachleistungsprinzip und dem luxemburgischen Kostenerstattungsprinzip in

---

[274] Was somit der Ansicht von Steinmeyer bzgl. der Voraussetzungen für eine Übertragbarkeit gerecht wird, in: Igl (Hrsg.), Europäische Union und gesetzliche Krankenversicherung, 79 ff (84); hinsichtlich der deutschen Leistungsanbieter kann darauf verwiesen werden, dass selbst wenn das System die Kostenerstattung nur als Ausnahme und in der Regel Sachleistungen anbietet, sie theoretisch auch unter die Dienstleistungsfreiheit fallen. Für die Annahme der Entgeltlichkeit der Leistung ist es nämlich nicht notwendig, dass der Empfänger der Dienstleistung bezahlt, sondern es muss sich überhaupt um eine „geldwerte Leistung" handeln, aus Langer, in: NZS 11/1999, 537 ff (538) oder aber Zechel, Die territorial begrenzte Leistungserbringung der Krankenkassen im Lichte des EG-Vertrages, S. 30, wonach Art. 60 EGV a.F. nicht verlangt, dass eine Dienstleistung von demjenigen bezahlt werde, dem sie zugute kommt; im Ergebnis ebenso Becker, in: NZS 08/1998, 359 ff (362); a.A. Generalanwalt des EuGH Ruiz-Jarabo, nach dem ärztliche und klinische Versorgung im Rahmen eines in Sachleistungen bestehenden Systems der sozialen Sicherheit wegen des Fehlen eines Entgelts keine Dienstleistung darstellt und deshalb nicht in den Anwendungsbereich des EG-Vertrags fällt, aus Schlussanträge in der Rechtssache C-157/99, unter http://www.curia.eu.int/de/cp/aff/cp0038de.htm, 1 ff (1), abgedruckt auch in Gesundheitspolitischer Informationsdienst, in: NZB 07/2000, 490 ff.

[275] Weber/Leienbach/Dohle, in: Soziale Sicherung in West-, Mittel- und Osteuropa, 11 ff (107); Weber/Leienbach, Die Systeme der Sozialen Sicherung in der Europäischen Union, S. 76.

ihrer jeweiligen Ausgestaltung im Kern auf eine unterschiedliche Verfahrensweise in der Bezahlung von empfangenen Leistungen.[276] Wie dargestellt, reicht dieser Umstand jedoch nicht aus, einen grundlegenden und schwerwiegenden strukturellen Unterschied zwischen den beiden Systemen zu konstatieren.

Auch mit dem Sinn und Zweck dieser Verfahrensweise - Schutz des Versicherten vor zu hoher finanzieller Belastung - kann nicht argumentiert werden. Dieses Argument wird von der gängigen Praxis in der deutschen privaten Krankenversicherung sowie der im luxemburgischen so genannten reinen Versicherungsmodell entkräftet, wo trotz praktizierter Kostenerstattung diese Schutzfunktion erfüllt wird. Von einer grundsätzlichen strukturellen Vergleich-barkeit des deutschen mit dem luxemburgischen Krankenversicherungssystems muss also ausgegangen werden.

bb) Ergebnis bzgl. der Verbindlichkeit der Urteile für das deutsche System der gesetzlichen Krankenversicherung

Aufgrund der strukturellen Vergleichbarkeit des luxemburgischen mit dem deutschen Krankenversicherungssystem muss man somit zu dem Ergebnis kommen, dass die Urteilsgrundsätze des EuGH in den Entscheidungen „Kohll" und „Decker" auch für das deutsche System der gesetzlichen Krankenversicherung – und somit auch für den ambulanten Leistungsbereich der deutschen Vertragsärzte - gelten. Die jeweils in luxemburgischen Verfahren ergangenen Urteile wären nicht anders ausgefallen, wenn der EuGH zu deutschen Sachverhalten innerhalb des deutschen Systems der gesetzlichen Krankenversicherung zu entscheiden gehabt hätte. Somit stellen sich die Urteile des EuGH – denn das Gemeinschaftsrecht und somit auch ihre richterliche Fortbildung genießt Anwendungsvorrang vor dem nationalen Recht[277] - auch für den ambulanten Leistungsbereich der deutschen Vertragsärzte als verbindlich im rechtlichen[278] Sinne dar.

---

[276] Ebenso Belter, in: Europablätter 01/1999, 3 ff (6); Schulz-Weidner, in: KrV 09/1998, 241 ff (242).

[277] BVerfGE 75, 223 ff (244).

[278] Urteile des EuGH im Vorabentscheidungsverfahren binden normalerweise nur das vorlegende Gericht sowie alle mit dem Rechtsstreit befassten Instanzgerichte. Bei vergleichbaren Sachverhalten dürfen andere innerstaatliche Gerichte von der Auslegung, welche der EuGH zu einer bestimmten Gemeinschaftsrechtsnorm entwickelt hat, jedoch grundsätzlich nicht abweichen. Dies ist indes nicht zwingend, so dass nicht ausgeschlossen werden kann, dass nationale Gerichte das Gemeinschaftsrecht doch anders auslegen. Dann muss aber das letztinstanzlich entscheidende Gericht eine Vorabentscheidung nach Art. 234

f) Der Fall „Geraets/Peerbooms"

aa) Ausgangssituation

Am 12. Juli 2001 entschied der EuGH in dem verbundenen Rechtsstreit „Geraets/Peerbooms" gegen die niederländische Krankenkassen Stichting Ziekenfonds VGZ und Stichting CZ Groep Zorgverzekeringen. In der Sache ging es um Anträge zweier niederländischer Staatsangehöriger, die sich gezielt zum Zwecke einer stationären Behandlung in andere Mitgliedstaaten[279] begaben. Die darauffolgenden Anträge bei den zuständigen Krankenkassen auf Erstattung der Kosten der stationären Behandlung wurden abgelehnt. Im Rechtsstreit „Geraets" begründete die Stichting VGZ ihre Ablehnung damit, dass eine ausreichende und angemessene Behandlung der Versicherten verfügbar gewesen sei, die konkret durchgeführte klinische Behandlung keinen zusätzlichen Vorteil mit sich gebracht habe und dass daher keine medizinische Notwendigkeit für eine Behandlung in einer Klinik in einem anderen Mitgliedstaat bestanden habe. In der Rechtssache „Peerbooms" begründete die Stichting CZ ihren ablehnenden Bescheid damit, dass eine angemessene Behandlung bei einem niederländischen Leistungserbringer hätte vorgenommen werden können, mit der sie eine vertragliche Vereinbarung hat. In den sich anschließenden Rechtsstreiten setzte die Arrondissementsrechtbank Roermond die Verfahren aus und legte dem EuGH folgende Fragen zur Vorabentscheidung vor:
Sind die Art. 59 und 60 EG-Vertrag (a.F.) so auszulegen, dass damit eine nationale Regelung unvereinbar ist, soweit diese vorsieht, dass ein Versicherter in einem Krankheitskostenfonds von diesem eine vorherige Genehmigung benötigt, um sich an eine andere Person oder Einrichtung außerhalb der Niederlande zum Zwecke der Geltendmachung seines Anspruches auf Leistung wenden zu dürfen?
Sind, wenn das Genehmigungserfordernis eine Behinderung des in Art. 59 und 60 EG-Vertrag (a.F.) verankerten freien Dienstleistungsverkehrs darstellt, die von den Beklagten angeführten zwingenden Gründe des allgemeinen Interesses ausreichend, um eine Behinderung als gerechtfertigt zu erachten?[280]

EG einholen, sofern es die früher gegebene Auslegung des Gerichtshofs nicht übernehmen will.

[279] In der Rechtssache Geraets handelte es sich um die Elena-Klinik in Kassel, in der Rechtssache Peerbooms um das Universitätsklinikum Innsbruck.

[280] Verkürzte Darstellung. Zu dem kompletten Wortlaut der Fragen siehe unter http://www.curia.eu.int/de/jurisp/index.htm, Akz. C-157/99, Rn 43 oder NZS 09/2001, 478 ff (478).

bb) Entscheidungsfindung des EuGH

In dieser Rechtssache trugen die Kläger vor, dass die streitigen nationalen Regelungen gegen die europäische Dienstleistungsfreiheit verstoßen. Verschiedene Mitgliedstaaten vertraten jedoch die Ansicht, dass der Anwendungsbereich der Dienstleistungsfreiheit nicht eröffnet sei. Hilfsweise trugen die Beklagten und die Mitgliedstaaten weiter vor, dass eine Beschränkung der Dienstleistungsfreiheit jedenfalls aus zwingenden Gründen des Allgemeininteresses gerechtfertigt sei, namentlich der finanziellen Stabilität der sozialen Sicherungssysteme.

Wiederum bestätigte der EuGH, wie auch in den Rechtssachen „Kohll/Decker", seine ständige Rechtsprechung. Danach lässt das Gemeinschaftsrecht die Zuständigkeit der Mitgliedstaaten zur Ausgestaltung ihrer Systeme der sozialen Sicherheit unberührt. Unabhängig davon müssen die Mitgliedstaaten bei der Ausübung dieser Befugnis jedoch das Gemeinschaftsrecht beachten.[281] Die Mitgliedstaaten, die den Anwendungsbereich der Dienstleistungsfreiheit für nicht eröffnet hielten, trugen vor, dass Krankenhausleistungen keine wirtschaftliche Betätigung iSd Art. 60 EGV (a.F.) darstellen, wenn sie aufgrund des anwendbaren Krankenversicherungssystems kostenlos erbracht würden.[282] Auch fehle es am Merkmal der wirtschaftlichen Betätigung aufgrund der fehlenden Gewinnerzielungsabsicht beim Erbringer. Zudem läge kein Entgelt iSv Art. 60 EGV (a.F.) vor, wenn Patienten Versorgungen erhielten, ohne dass sie dafür bezahlen müssten.[283]

Der EuGH folgte diesem Argument mit Verweis auf seine ständige Rechtssprechung nicht. Art. 60 EGV (a.F.) verlangt nicht, dass die Dienstleistung von demjenigen bezahlt wird, dem sie zugute kommt. [284] Zudem stellte der EuGH fest, dass das Wesensmerkmal des Entgelts darin besteht, dass es die wirtschaftliche Gegenleistung für die betreffende Leistung darstellt. Auch die pauschalen Zahlungen der Krankenkasse im Rahmen des Sachleistungsprinzips stellen die wirtschaftliche Gegenleistung für die Leistung des Krankenhauses dar und weisen so zweifellos Entgeltcharakter auf. Der Anwendungsbereich der Dienstleistungsfreiheit ist somit eröffnet.

---

[281] Bemerkenswert hierzu, dass die Mitgliedstaaten erstmals nicht die Nichtanwendbarkeit der europäischen Grundfreiheiten in den Bereich der sozialen Sicherheit rügten.

[282] Dies wurde von einzelnen Mitgliedstaaten unter Berufung auf die EuGH-Urteile Rs. 283/86, Humbel, Slg. 1988, 5365, Rn 17 ff und Rs. C-159/90, Society for the Protection of Unborn Children Ireland, Slg. 1991, I-4685, Rn 18 vertreten.

[283] In den Niederlanden ist – wie in der Bundesrepublik Deutschland – das Sachleistungsprinzip vorherrschend in der gesetzlichen Krankenversicherung

[284] EuGH, Rs. 352/85, Bond van Adverteerders u.a., Slg. 1988, 2085, Rn 16 und Rs. C-191/97, Deliege, Slg. 2000, I-2549, Rn 56.

Weiter stellte der EuGH auch hier fest, dass das Genehmigungserfordernis für Krankenhausbehandlungen in einem anderen Mitgliedstaat die Dienstleistungsfreiheit beschränkt. Die streitige Regelung schreckt die Sozialversicherten ab bzw. hindert sie sogar daran, sich an medizinische Dienstleistungserbringer in anderen Mitgliedstaaten als der der Versicherungszugehörigkeit zu wenden.
Entscheidend ist somit, ob die streitige Regelung aus zwingenden Gründen des Allgemeininteresses gerechtfertigt ist.[285] Zum System eines vorherigen Genehmigungserfordernisses medizinischer Leistungen innerhalb einer Krankenanstalt führte der EuGH aus, dass dies im Generellen zulässig ist. Nur so können bei Krankenhäusern die Rentabilität der langfristigen Investitionen gesichert und die Vorhaltekosten amortisiert werden. Die Voraussetzungen für die Erteilung einer solchen Genehmigung müssen jedoch in Anbetracht der erwähnten zwingenden Gründe gerechtfertigt sein und den Erfordernissen der Verhältnismäßigkeit genügen. Die Genehmigungsvoraussetzungen der niederländischen Regelung sind die „Erforderlichkeit" der Behandlung sowie ihre „medizinische Üblichkeit". Bei der Voraussetzung der Erforderlichkeit machte der EuGH deutlich, dass diese nur darauf bezogen werden kann, dass eine Behandlung außerhalb des geplanten und vertraglich abgesicherten Versorgungssystems der Krankenhausbehandlung notwendig sein muss. Besteht ein solcher Behandlungsnotstand, so darf bei der Auswahl der Krankenhäuser, für die eine Behandlungsgenehmigung erteilt wird, nicht nach der Nationalität differenziert werden.[286] Der EuGH stellte somit einschränkend fest, die generelle Genehmigungsregelung des Mitgliedstaates der Dienstleistungsfreiheit nicht entgegensteht, wenn das spezielle Genehmigungserfordernis der medizinischen Notwendigkeit so ausgelegt wird, dass die Genehmigung nur zu versagen ist, wenn eine ebenso wirksame Behandlung rechtzeitig in einer Einrichtung erlangt werden kann, die eine vertragliche Vereinbarung mit der Krankenkasse geschlossen hat. Ebenso allgemein und nicht an die Nationalität anknüpfend ist die spezielle Genehmigungsvoraussetzung der medizinischen Üblichkeit auszulegen. Die

[285] Hier stellte der EuGH fest, dass ein Genehmigungserfordernis, wenngleich nicht an die Nationalität anknüpfend, ausländische Leistungsanbieter besonders trifft und deshalb zwar nicht unmittelbar, aber sehr wohl mittelbar diskriminierend ist. Mittelbare Diskriminierungen können nicht nur durch die in Art. 55 IvM Art. 46 EGV erwähnten Rechtsgüter, sondern durch alle zwingenden Gründe des Allgemeininteresses gerechtfertigt werden.

[286] Die niederländischen Krankenkassen schienen allerdings das Land der Niederlassung des vertraglich nicht eingebundenen Erbringers von Versorgungsleistungen als erheblichen Umstand zu betrachten, EuGH, Rs. Geraets/Peerbooms, Rn 102.

Behandlung muss in der internationalen Medizin hinreichend erprobt und anerkannt sein, rein niederländische Maßstäbe sind dabei nicht anzulegen.

g) Übertragbarkeit der Urteilsgrundsätze: Zur Auswirkung des Urteils „Geraets/Peerbooms" auf das deutsche System der gesetzlichen Krankenversicherung im stationären Sektor

Mangels bestehender Systemunterschiede des niederländischen zum deutschen System der Krankenhausbehandlung kann hier zweifellos von einer Übertragbarkeit der Urteilsgrundsätze ausgegangen werden.[287] Darüber hinaus hat das Urteil „Geraets/Peerbooms" alle Zweifel daran beseitigt[288], dass die Ablehnung des Genehmigungserfordernisses in den Rechtssachen „Kohll" und „Decker" auf das deutsche System der Sachleistung zu übertragen ist.

h) Ergebnis bzgl. der Einflussnahme der Europäischen Union auf den Leistungsbereich der Vertragsärzte und Krankenhäuser durch Primärrecht in Form der Grundfreiheiten

Trotz der eigentlich ausschließlichen Zuständigkeit der Mitgliedsstaaten für die Organisation und Ausgestaltung ihrer sozialen Sicherungssysteme (gem. Art. 152 V EGV) übt die Europäische Union großen Einfluss auf das System der gesetzlichen Krankenversicherung durch die Grundfreiheiten aus. Diese sind, so der EuGH, bei der konkreten Ausgestaltung der Gesundheitsversorgungssysteme von den Mitgliedstaaten zu beachten. Die nationale Ausgestaltung des Sozialschutzes darf die Grundfreiheiten nicht außer Kraft setzen. Der Europäische Gerichtshof hat dadurch die rechtliche Grundlage für einen Gesundheitsbinnenmarkt geschaffen[289], das Primat der nationalen Regelungskompetenz wird durch die Grundfreiheiten unterwandert. In diesem Zusammenhang wird vereinzelt in der Literatur auch von einem Prozess der „schleichenden Harmonisierung" gesprochen.[290] Zwar sind vergleichsweise lediglich Einzelheiten der nationalen Gesundheitssysteme an den Grundfreiheiten zu messen. Diese stellen aber Ausläufer gewichtiger Grundprinzipien dar. Somit besitzt die EU ein starkes Instrument, um - wenngleich auch nur mittelbar und durch die „Hintertür" - Einfluss auf die

---

[287] Gegenteilige Stimmen, die dies bezweifeln, sind nicht laut geworden.

[288] Siehe C., II., 2., e), aa), (1) dieser Arbeit.

[289] So auch die Einschätzung von Kastenbauer, Präsident der Bayrischen Landeszahnärztekammer, in: ZM 19/2000, 90; a.A. Neumann-Duesberg, in: Schulte/Barwig (Hrsg.), Freizügigkeit und soziale Sicherheit, 89 ff (92).

[290] So bspw. Gersching/Prchala, in: ZM 14/1998, 28 ff (30).

Ausgestaltung und Organisation der sozialen Sicherungssysteme der einzelnen Mitgliedstaaten zu nehmen.[291]

III. Einflussnahme durch die Euro-Einführung

Eine weitere Einflussnahme der Europäischen Union auf den Leistungsbereich der deutschen Vertragsärzte könnte durch die am 01.01.2002 erfolgte Einführung des Euro als verbindliches europäisches Zahlungsmittel erfolgen. Zwar könnte man annehmen, dass dieser technische Vorgang auf die primär national agierenden sozialen Sicherungssysteme[292] keinen Einfluss auszuüben vermag. Dennoch wird es einige indirekte Folgen der Währungsumstellung geben.[293]

1. Einfluss auf die Standortwahl der Unternehmen

Zum einen ergeben sich Folgen für die Einnahmen der gesetzlichen Krankenversicherer. Die im Binnenmarkt einheitliche Währung macht die nationalen Abgaben und als Teil dieser Abgaben auch die Krankenversicherungsbeiträge ohne Umrechnung direkt vergleichbar. Diese innerhalb der Mitgliedstaaten verschieden hohen Lohnstückkosten[294] können dann nicht mehr national durch Wechselkursanpassungen ausgeglichen werden.

---

[291] Vor diesem Hintergrund hat die Gesundheitsministerkonferenz der Länder (GMK) bereits zwei Monate nach den Urteilen „Kohll" und „Decker" eine Arbeitsgruppe eingerichtet, die die Auswirkungen einer europaweiten Inanspruchnahme von Gesundheitsleistungen auf die gesetzliche Krankenversicherung analysieren soll, aus: DÄBl 27/1998, 1707.

[292] Die Rechtsgrundlage hierfür wurde durch das „Gesetz zur Öffnung der Sozial- und Steuerverwaltung für den Euro" (Zweites Euro-Einführungsgesetz, BGBl. 1999 I, S. 385 ff) vom 24. März 1999 geschaffen.

[293] Ebenso: Bergmann, in: ZFSH/SGB 10/1999, 586 ff; sogar Bundeszahnärztekammer, in: ZM 02/2001, 18 ff (19); Dannheisig, in: BKK 02/1997, 96 ff; Frankfurter Institut (Hrsg.), Sozialunion für Europa?, S. 19 f; Friel, in: ZM 19/2000, 90; Gerritz, in: DZW 41/2000, 6; Klemz, in: BKK 06/2000, 256 ff (263); Knappe, in: BKK 01/1999, 8 ff (8); Kücking, in: Die Ersatzkasse 05/1998, 214 ff (216); Novak, in: EuZW 15/2001, 476 ff (477); Rürup, in: Europas Zukunft als Sozialstaat, 87 ff (88 f); Sesselmeier, in: SF 12/1997, 274 ff (275); Schulze-Wilk, in: ZM 05/2000, 92 f (92); Terwey, Veränderungen bei den Sozialversicherungsträgern, in: Igl (Hrsg.), Europäische Union und gesetzliche Krankenversicherung, 128 ff (130 f); Terwey/Danner, in: BKK 04/1998, 202 ff; Uleer, in: Auswirkungen der Politik der EU auf das Gesundheitswesen und die Gesundheitspolitik in der BRD, 215 ff (222 f); Urban, in: SF 11/1998, 265 ff (269).

[294] So hat Deutschland eine im innereuropäischen Vergleich mittlere Abgabenposition, infrastrukturell vergleichbare Länder, wie z.B. Großbritannien, sind aber deutlich unter der deutschen Abgabenposition zu finden. In der Folge könnte dies zu einem weiteren Abwandern von Arbeitsplätzen führen, das wiederum zu geringeren Einnahmen der einkommensabhängigenfinanzierten Sicherungssystem führt.

Damit wird im Binnenmarkt die Transparenz von Abgaben und Beiträgen hergestellt. Diese innereuropäische Abgabentransparenz bedingt unter anderem, dass es europaweit zu einem grenzübergreifenden Standortvergleich der Unternehmen kommen kann und somit höhere nationale Abgaben politisch erklärungspflichtig werden.
Zum anderen können sich die verschiedenartigen Finanzierungsstrukturen der Systeme erstmals unmittelbar auswirken. Hält bspw. ein Mitgliedstaat die sozialen Kosten seiner Unternehmen niedrig, indem er Sozialleistungen zu einem großen Teil aus dem Staatshaushalt finanziert („Beveridge-Modell"), so wirkt sich dies mittelbar als Beihilfe aus. Somit würden den jeweiligen Unternehmen - trotz gegebenenfalls hoher Sozialstandards - Wettbewerbsvorteile gegenüber Unternehmen mit erheblichen Arbeitgeberanteilen („Bismarck-Modell") entstehen. Diese Umstände sind dazu geeignet, die Wahl des Standortes für ein Unternehmen innerhalb der Mitgliedstaaten zu beeinflussen und so zumindest einen Konvergenzdruck im Bereich der Sozialschutzsysteme entstehen zu lassen.[295] Schon der Werner-Bericht aus dem Oktober 1970[296], der erstmals eine Europäische Währungsunion (EWU) vorbereiten sollte, ging deshalb in seinen Schlussfolgerungen von einer Wechselwirkung der Währungsunion mit einer Anpassung der Sozialschutzsysteme der Mitgliedstaaten aus. Diese Überlegung findet zunehmend Bestätigung in der Gegenwart. So äußerte die EZB in einer Stellungnahme an die britische Regierung, dass ein staatliches Gesundheitswesen nach dem Vorbild des NHS mit der europäischen Gemeinschaftswährung und den damit verbundenen Regeln nicht vereinbar ist.[297] Sollte Großbritannien dem Euro beitreten, so muss es wohl Abstand von dem System der staatlichen Gesundheitsfürsorge nehmen.

---

[295] Allerdings ist der tatsächliche „sozialrechtliche Standortvorteil" bisher nur schwer abschätzbar; die Kommission lässt derzeit die diesbezüglichen Auswirkungen auf die nationalen Wirtschaften untersuchen, KOM (97), 102; a.A.: Bergmann, in: ZFSH/SGB 10/1999, 586 ff (588), der in der Höhe der Sozialbeiträge nur einen von vielen Faktoren sieht, der die Standortwahl der Unternehmen beeinflusst.

[296] Sogenannter „Werner-Bericht", Bericht an Rat und Kommission über die stufenweise Verwirklichung der Wirtschafts- und Währungsunion in der Gemeinschaft, Luxemburg, den 08. Oktober 1970; abgedruckt in: Sonderbeilage zum Bulletin 11-1970 der Europäischen Gemeinschaft; benannt nach dem damaligen Vorsitzenden und gleichzeitigen Ministerpräsidenten und Finanzminister der luxemburgischen Regierung, Pierre Werner.

[297] Ärztezeitung vom 13. Mai 2003, „Staatsmedizin und Euro passen nicht zusammen".

2. Preistransparenz

Eine gemeinsame europäische Währung wird zudem die Transparenz über Preise und Verfügbarkeiten von Gütern und Dienstleistungen verbessern. Es ist zu erwarten, dass eine größere Transparenz den Preiswettbewerb anregt und dadurch auch den Reform- und Anpassungsdruck in den verschiedenen Sektoren erhöht. Dies wird auch für das Gesundheitswesen gelten, wenn durch die Einführung des Euro die Preise von Gesundheitsgütern und medizinischen Dienstleistungen direkter vergleichbar werden. Dies eröffnet vor allem Versicherten und Versicherungsträgern neue Chancen, wie etwa durch einen preiswerteren Einkauf von Leistungen.[298] Für die Leistungserbringer dürfte die Preistransparenz den Wettbewerb in allen Bereichen erhöhen. Zudem eröffnet die direkte Vergleichbarkeit aller Kosten die Beurteilung der Effizienz eines Gesundheitssystems unter den verschiedenen Mitgliedstaaten.

3. Zusammenfassung

Die Einführung des Euro allein vermag an der geltenden Rechtslage, die in der gesetzlichen Krankenversicherung die Erbringung von Leistungen nach dem Territorialitätsprinzip vorsieht, nichts zu ändern. Dennoch wird der bereits sehr fortgeschrittenen Prozess der europäischen Integration durch ihn erheblich gefördert und bereits bestehende Entwicklungen werden unterstützt.[299] Vor allem die direkte Vergleichbarkeit vieler Faktoren des Gesundheitswesens werden durch ihn innerhalb der zwölf an der Währungsunion teilnehmenden Mitgliedsländer ermöglicht. Insbesondere dann erscheint es mittelfristig zumindest erklärungspflichtig, dass der im SGB V verankerte Grundsatz der wirtschaftlichen Leistungserbringung an der nationalen Grenze halt machen muss. Der durch den Euro hervorgerufene bzw. ermöglichte Wettbewerb zwischen den einzelnen Gesundheitssystemen der Mitgliedstaaten, den Versicherungsträgern und den Leistungsanbietern kann somit zumindest einen gewissen Druck auf die Mitgliedstaaten ausüben, über Konvergenzkriterien nachzudenken.

---

[298] Auch macht es den Leistungserbringern und Versicherungsträgern in den Mitgliedstaatenzusätzlich deutlich, dass sie sich im Wettbewerb befinden. So Novak, in EuZW 15/2001, 476 ff (477).

[299] So gehen auch die Spitzenverbände der Krankenkassen von dieser Einschätzung aus; siehe dazu Erweiterte Arbeitsgruppe der SpiK, „Strategischer Umgang mit den EuGH-Urteilen Kohll/Decker vom 28. April 1998“, S. 16.

IV. Zusammenfassung der dargestellten Gestaltungsvorgaben der Europäischen Union auf das System der gesetzlichen Krankenversicherung in der Bundesrepublik Deutschland

Was die Bedeutung der Europäischen Union für die nationale Sozialpolitik angeht, so kann zwischen rechtlicher Kompetenz (iFd Art. 152 EGV) und faktischer Einflussnahme (iFd EuGH-Urteile bzw. der Grundfreiheiten und der Euroeinführung) getrennt werden. Zusammengenommen lässt sich feststellen, dass die Europäische Union zahlreiche Einflussmöglichkeiten auf den Leistungsbereich der Vertragsärzte in der gesetzlichen Krankenversicherung besitzt.

So ist im Primärrecht in Form des Art. 152 EGV eine sehr progressive Entwicklung hin zu einer Vergemeinschaftung der einzelnen nationalen Sozialpolitiken zu verzeichnen. Dies legt den Schluss nahe, dass es trotz gegenwärtiger expliziter Ausklammerung der mitgliedstaatlichen Gesundheitsversorgungssysteme aus dem Kompetenzbereich der Union in Abs. 5 durch die dynamische Fortentwicklung des Gemeinschaftsrechts, und dies insbesondere im Gesundheitsrecht, langfristig zu einer Schaffung einer Harmonisierungskompetenz dieses Politikbereiches kommen wird.

Ein Schritt in diese Richtung auf faktischer Ebene ist bereits durch die EuGH-Urteile „Kohll“ und „Decker“ auf dem ambulanten sowie durch das Urteil „Geraets/Peerbooms“ auf dem stationären Gesundheitssektor erfolgt. Hierbei entschied der EuGH, dass durch die Grundfreiheiten für die Krankenkassen die europarechtliche Verpflichtung besteht, Krankenversicherungsleistungen in anderen Mitgliedstaaten zu ermöglichen bzw. eingeschränkt zu ermöglichen. Die gesetzliche Krankenversicherung, vor allem auch das System der Leistungserbringung als Sachleistung, sieht sich somit verstärkt mit der Dienstleistungsfreiheit nach Art. 49 EGV sowie der Warenverkehrsfreiheit nach Art. 23 ff EGV konfrontiert. Die wirtschaftlichen Grundfreiheiten bewirken zudem einen Druck – bzw. eine Verpflichtung – in Richtung auf eine Aufhebung der territorialen Begrenzung der Leistungserbringung nach den §§ 16 und 18 SGB V hin zu einer Öffnung der Zulassungssysteme für die grenzüberschreitende Leistungsinanspruchnahme.

Die progressive Entwicklung im Primärrecht sowie die rechtliche Verpflichtung der Krankenkassen finden dabei noch eine Unterstützung in der erfolgten Einführung des Euro als verbindliches Zahlungsmittel. Durch ihn wird zusätzlich zu den anderen Einflüssen ein Konvergenzdruck auf die einzelnen Gesundheitsversorgungssysteme der Mitgliedstaaten entstehen.

In der Zusammenschau dieser untersuchten Faktoren lässt sich die eingangs aufgestellte These einer mittel- bis langfristigen Entwicklung hin zu einem einheitlichen europäischen Gesundheitsmarkt stützen. Die Europäische Union nimmt mit zunehmender Stärke Einfluss auf Grundprinzipien des Systems der gesetzlichen Krankenversicherung der Bundesrepublik Deutschland.

D. Konkreter Veränderungsbedarf im nationalen System der gesetzlichen Krankenversicherung

Nachdem Untersuchungsgegenstand des letzten Kapitels die vielgestaltigen Einflussmöglichkeiten der Europäischen Union auf das nationale System der gesetzlichen Krankenversicherung in der Bundesrepublik Deutschland waren, soll nun untersucht werden, welche konkreten Auswirkungen daraus resultieren und welche genauen legislativen Konsequenzen der deutsche Gesetzgeber im SGB V daraus ziehen muss.

I. Auswirkungen auf das Leistungs- und Leistungserbringungsrecht im SGB V

Fraglich ist, ob vor dem dargestellten Hintergrund das Sachleistungsprinzip, das Territorialitätsprinzip und die Zulassungsbeschränkung für Vertragsärzte einer europarechtlichen Überprüfung standhalten können.

1. Zulassungsbeschränkung für Vertragsärzte, § 103 SGB V

In der Vergangenheit war die Tätigkeit der Ärzte durch das nationale Berufsrecht auf den Staat begrenzt, in dem die Berufsausbildung erfolgt war. Diese berufsrechtlichen Schranken sind in den letzten Jahren durch Harmonisierungsvorgaben der Europäische Gemeinschaft weitgehend abgebaut worden. Somit können heutzutage in der Bundesrepublik gemäß der im EGV verankerten Niederlassungsfreiheit Ärzte aus allen Mitgliedstaaten an der vertragsärztlichen Versorgung teilnehmen.
Die - auch daraufhin[300] - in der Vergangenheit erfolgte Zunahme der Anzahl der Vertragsärzte soll jetzt durch eine Zulassungsbeschränkung begegnet werden, die deutsche wie mitgliedstaatliche Ärzte gleichermaßen trifft. Für

---

[300] Siehe Schnellbrief des Bundesministers für Arbeit und Sozialordnung an die Kassenzahnärztliche Bundesvereinigung und die Bundesverbände der Krankenkassen vom 23.09.1986, Geschäftszeichen Vb 5-44724.

Vertragsärzte hat der deutsche Gesetzgeber in den §§ 102, 103 SGB V ab dem 01.01.2003 eine Beschränkung der Kassenzulassung bei Überversorgung vorgesehen.[301] Die Zulassung zur vertragsärztlichen Versorgung erfolgt ab diesem Zeitpunkt aufgrund von Verhältniszahlen, die nach Maßgabe des Bedarfsplans für das jeweilige Versorgungsgebiet - seit dem 31.12.2001 - gesetzlich festgelegt werden. Ähnliche Versuche sind zwar in der Vergangenheit als verfassungswidrig erklärt worden[302], der deutsche Gesetzgeber hat sich jedoch infolge der steigenden Zahlen von Vertragsarztzulassungen als berechtigt angesehen, erneut eine Zulassungsbeschränkung zu erlassen.

Unabhängig von der Verfassungsmäßigkeit des § 103 SGB V[303] stellt sich hier die Frage, ob diese Zulassungsbeschränkung mit dem Europäischen Gemeinschaftsrecht vereinbar ist. Hier kommt vorrangig der Anwendungsbereich der in den Art. 43 ff EGV geregelten Niederlassungsfreiheit als Prüfungsmaßstab in Betracht.[304] Sie erfasst diejenigen selbständigen Erwerbstätigen, die mit einer Eingliederung in das Wirtschaftsleben eines anderen Mitgliedstaates verbunden sind. In Abgrenzung zum Anwendungsbereich der Dienstleistungsfreiheit ist diese Eingliederung mit einer dauerhaften Tätigkeit in dem anderen Mitgliedstaat verbunden. Da die ärztliche Tätigkeit regelmäßig eine Praxisgründung vor Ort voraussetzt und somit eine langfristige Eingliederung vorliegt, ist Art. 43 EGV die einschlägige Grundfreiheit.

Zu prüfen ist also, ob die Niederlassungsfreiheit des Art. 43 EGV die Beschränkung der Zulassung wegen angeblich fehlenden objektiven Bedarfs gemäß § 103 SGB V verbietet. Entscheidend dafür ist, welchen genauen Inhalt und Reichweite die Niederlassungsfreiheit hat. Fraglich ist, ob sie ein bloßes

[301] Siehe dazu bereits II., 5., b) dieser Arbeit; zur genauen Ermittlung der Bedarfs- und Verhältniszahlen siehe Hiddemann, in: BKK 08/1999, 381 ff (382 f); zur Entstehung des § 103 SGB V siehe v. Maydell/Pietzcker, Begrenzung der Kassenarztzulassung, S. 15 ff und Sodan, Freie Berufe als Leistungserbringer im Recht der gesetzlichen Krankenversicherung, S. 215 ff.

[302] Das BVerfG hat eine früher bestehende Bedarfsprüfung als verfassungswidrig erklärt, siehe dazu das so genannte Kassenarzturteil BVerfGE 11, 30 ff.

[303] Die sich im übrigen wiederum als höchst umstritten darstellt; siehe dazu bspw. Igl, in: MedR 04/2000, 157 ff (162 f); Pitschas, in: VSSR 02/1994, 85 ff (108); ders., in: Jahrbuch des Sozialrechts 1993, 285 ff (287 f); a.A. der Kassenarztsenat, siehe dazu Schneider, in: Jahrbuch des Sozialrechts 1998, 311 ff (321).

[304] Ein Verstoß gegen die Dienstleistungsfreiheit kommt hier nicht in Betracht, da ein in einem anderen Mitgliedstaat niedrgelassener Arzt, der in Deutschland einen Kassenpatienten behandelt hat, mit der deutschen Krankenkasse abrechnen kann, siehe § 98 II Nr. 14 SGB V, Art. 60 III EWG-Vertrag.

Verbot der Diskriminierung von mitgliedstaatlichen Erwerbstätigen enthält oder entnimmt man der Niederlassungsfreiheit ein generelles Verbot unverhältnismäßiger Beschränkungen. Zu der Schutzintensität der Niederlassungsfreiheit werden verschiedene Ansichten vertreten.

a) e.A.: Art. 43 EGV als bloßes Diskriminierungsverbot

Nach dieser Ansicht erschöpft sich die Bedeutung der im EGV verankerten Niederlassungsfreiheit in einem bloßen Verbot der Diskriminierung von Angehörigen anderer Mitgliedstaaten. Diese Ansicht stützt sich in erster Linie auf den Wortlaut des Art. 43 EGV a.E., wonach die „Niederlassungsfreiheit die Aufnahme und Ausübung ...nach den Bestimmungen des Aufnahmestaates für seine eigenen Angehörigen umfasst". Zudem wird es mit den negativen politischen Gesichtspunkten erklärt, die ein darüber hinaus gehender Schutz der Niederlassungsfreiheit mit sich bringen würde. Zum einen könne dadurch das System gemeinschaftlicher Kompetenzverteilung aus den Angeln gehoben werden, die Mitgliedstaaten müssten - eine nicht gewollte[305] - Souveränitätseinbuße hinnehmen. Ansatzpunkt wäre demnach, ob eine Ungleichbehandlung - in diesem Fall die Erteilung oder Versagung der Zulassung - in irgendeiner Weise an das Kriterium der Nationalität des Beantragenden anknüpft. Da in diesem Fall Ärzte aus anderen Mitgliedstaaten ebenso betroffen wären wie deutsche Ärzte, mithin keine Diskriminierung von EG-Ausländern vorliegt, kommt diese Ansicht zu dem Ergebnis, dass die Zulassungs-beschränkung des § 103 SGB V mit Art. 43 EGV vereinbar ist.

b) a.A.: Art. 43 EGV generelles Verbot unverhältnismäßiger Beschränkungen

Im Schrifttum wird jedoch zunehmend die Auffassung vertreten, dem Gehalt des Art. 43 EGV sei auch ein generelles Verbot unverhältnismäßiger Beschränkungen der Niederlassungsfreiheit zu entnehmen.[306] Die Niederlassungsfreiheit des Art. 43 EGV soll wie ein absolutes Grundrecht iSd

---

[305] Diese würde einen Verstoß gegen das so genannte Prinzip der fehlenden „Kompetenz-Kompetenz" der Europäischen Union darstellen.

[306] Behrens, in: EuR 02/1992, 145 ff (157 f, 148 f); Bleckmann, in: WiVerw 03/1987, 119 ff (126 f); Blumenwitz, in: NJW 10/1989, 621 ff (622 f); Fischer, Eurparecht, § 16, Rn 10; Jarass, in: EuR 03/1995, 202 ff (214 f); ders., in: RIW 01/1993, 1 ff (5 f); Knobbe-Keuk, in: DB 52/1990, 2573 ff (2576); Nachbaur, Niederlassungsfreiheit, S. 132 f; Pitschas, in: VSSR 02/1994, 85 ff (108 f); Reich, in: Igl (Hrsg.), Das Gesundheitswesen in der Wettbewerbsordnung, 173 ff (183); Ress, in: EuZW 17/1990, 521 f (521); Steindorff, in: EuR 01/1988, 19 ff (21); in diese Richtung Hänlein, in: VSSR 03/1993, 169 ff (191) und Kirchberger, in: Europäische Union und gesetzliche Krankenversicherung, 104 ff (117).

Art. 12 GG verstanden werden und Element einer europäischen Berufsfreiheitsgarantie sein. Dies ergebe sich zum einen aus einem Vergleich der Grundfreiheiten miteinander, insbesondere mit der Warenverkehrs- und Dienstleistungsfreiheit, bei denen sich die Entwicklung vom bloßen Diskriminierungsverbot zum echten Grundrecht bereits vollzogen habe. Auch diese progressivere Ansicht argumentiert mit dem Wortlaut des Art. 43 I und 44 EGV. Danach wende sich die Niederlassungsfreiheit gegen alle „Beschränkungen" der Niederlassungsfreiheit. Damit werde ein einfaches Diskriminierungsverbot, welches lediglich eine Ungleichbehandlung aufgrund der Staatsangehörigkeit umfasse, überschritten. Des weiteren würde der Gemeinsame Markt bei einem bloßen Diskriminierungsverbot der Niederlassungsfreiheit ein Nebeneinander selbständig geordneter nationaler Märkte bleiben, die den Angehörigen anderer Mitgliedstaaten Zutritt gewähren. Dies ließe sich zwar als „binnenmarktähnlich" beschreiben, und würde dem umfassenden Art. 14 EGV[307] nicht gerecht.
Für die vorliegende Frage würde dies bedeuten, dass sich Ärzte anderer Mitgliedstaaten bei einer Versagung der Zulassung zur kassenärztlichen Versorgung gegenüber der Bundesrepublik Deutschland auf den Art. 43 EGV berufen könnten, obwohl die Zulassungsbeschränkung des § 103 SGB V objektiver Natur ist und nicht an das Unterscheidungskriterium der Staatsangehörigkeit anknüpft.

c) Rechtsprechung des EuGH

In die Richtung der h.M. in der Literatur weist nach einigen früheren Entscheidungen[308] nun insbesondere auch ein Urteil des Europäischen Gerichtshofs vom 30. November 1995[309] zur Dienstleistungs- und Niederlassungsfreiheit von Rechtsanwälten. Darin heißt es, dass sich aus der ständigen Rechtsprechung des Gerichtshofes ergibt, dass nationale Maßnahmen, die die Ausübung der durch den Vertrag garantierten, grundlegenden Freiheit behindern oder weniger attraktiv machen können, vier Voraussetzungen zu ihrer Rechtfertigung erfüllen müssen: Sie müssen in nicht diskriminierender Weise angewandt werden, sie müssen aus zwingenden

---

[307] Durch das Inkrafttreten der EEA würde Art. 8a a.F. in den EWG-Vertrag eingefügt. Art. 8a a.F. begnügte sich nicht mit einem durch binnenmarktähnliche Verhältnisse charakterisierten gemeinsamen Markt, sondern verlangt die Herstellung eines Binnenmarktes ohne Grenzen.

[308] EuGH, Rs. 107/83, Klopp, Slg. 1984, 2971 ff, Nr. 18 (2989 f); Rs. 96/85, Kommission/Frankreich, Slg. 1986, 1475 ff, Nr. 13 (1486); Rs. C-340/89, Vlassopoulou, Slg. I-1991, 2357 ff, Nr. 15 (2383); Rs. C-19/92, Kraus, Slg. I-1993, 1663, Nr. 32 (1697); Rs. C-319/92, Haim, Slg. I-1994, 425, Nr. 26 (447 f).

[309] EuGH, Rs. C-55/94, Gebhard, abgedruckt in: NJW 03/1996, 579 ff (581).

Gründen des Allgemeininteresses gerechtfertigt sein, sie müssen geeignet sein, die Verwirklichung des mit ihnen verfolgten Zieles zu gewährleisten und sie dürfen nicht über das hinausgehen, was zur Erreichung dieses Zieles erforderlich ist.[310] Nach der Judikatur des EuGH ist demnach mit einer die Niederlassungsfreiheit beschränkenden nationalen Norm eine Verhältnismäßigkeitsprüfung vorzunehmen. Nach der Rechtsprechung des EuGH können sich somit nicht zur vertragsärztlichen Versorgung zugelassene Ärzte gegenüber der Bundesrepublik auf Art. 43 EGV berufen, obwohl die Regelung objektiver Natur ist und nicht an das Kriterium der Staatsangehörigkeit anknüpft.

d) Streitentscheid

Der Ansicht, wonach sich der Inhalt der Niederlassungsfreiheit in einem bloßen Diskriminierungsverbot erschöpft, kann nicht gefolgt werden. Für die Erweiterung der Schutzintensität des Art. 43 EGV spricht insbesondere die Ausrichtung der Europäischen Union auf das übergeordnete Ziel des Binnenmarktes seit der Einheitlichen Europäischen Akte vom 28.02.1986, die zur Aufnahme des Art. 8a EGV in den Vertrag führte. Mit dem Gedanken des Binnenmarktes ist es nicht vereinbar, wenn ein einzelner Mitgliedstaat über Marktbedürfnisse Entscheidungen trifft und einzelne Teilmärkten einer Bedarfskontrolle unterzieht.

Zudem muss man sich klarmachen, dass die eigentliche Ratio des Art. 43 EGV nicht allein den Schutz vor Diskriminierung umfasst, sondern auch dahin geht, ein europaweites Potential beruflicher Bewegungsfreiheit über die mitgliedstaatlichen Grenzen hinweg zu sichern. Vor diesem Hintergrund wird man dem Auslegungsansatz des EuGH und der h.M in der Literatur zustimmen müssen und in Art. 43 EGV mehr als das bloße Recht der Niederlassungsgleichheit sehen. Folglich ist die Zulassungsbegrenzung des § 103 SGB V trotz seines objektiven Charakters auch am Prüfungsmaßstab des generellen Verbotes unverhältnis-mäßiger Beschränkungen iSd Art. 43 EGV zu messen.

e) Vereinbarkeit der Zulassungsbeschränkung des § 103 SGB V mit der europäischen Niederlassungsfreiheit des Art. 43 EGV

Für die bedarfsbezogene Zulassungsbeschränkung bei den Vertragsärzten bedeutet diese Auffassung, dass bei einer richterlichen Überprüfung der Europäische Gerichtshof das Ziel, die Finanzierbarkeit der gesetzlichen

---

[310] Der EuGH hat die Grundsätze der „Cassis"-Rechtsprechung somit auch im Bereich der Niederlassungsfreiheit für maßgeblich erklärt.

Krankenversicherung in der Bundesrepublik Deutschland zu sichern, als zwingender Grund des Allgemeinwohls in Betracht käme. Sehr fraglich ist jedoch, ob er die Beschränkung als verhältnismäßig erachten würde, da an ihrer Erforderlichkeit erhebliche Zweifel bestehen.[311] So sind keine überwiegenden Interessen ersichtlich, die eine restriktive Handhabung der Niederlassung von Vertragsärzten in der Bundesrepublik zwingend erfordern, während man im übrigen Gemeinschaftsgebiet ohne eine entsprechende Regelung auskommt.[312] Über eine die Vertragsärzte betreffende Zulassungsregelung hat der EuGH in einem von der Kommission angestrengten Verfahren gegen Frankreich bereits 1986 entschieden.[313] Die in Rede stehende französische Norm wurde vom EuGH als unverhältnismäßig, da nicht erforderlich, erachtet.[314] Ungeachtet dieser gemeinschaftsrechtlichen Bedenken handelt es sich bei § 102 SGB V jedoch nur um eine gesetzliche Ankündigung, die Maßgebliche Regelung enthält sie noch nicht.[315] Dementsprechend stellt sich das Problem der Vereinbarkeit der §§ 102, 103 SGB V mit Art. 43 EGV als weniger schwerwiegend, da nicht akut, dar. Bei Umsetzung dieser geplanten Zulassungsbeschränkung der Vertragsärzte liegt jedoch eine Vorlage an den Europäischen Gerichtshof nahe, wenn ein EU-Bürger vom deutschen Gesundheitsmarkt ausgesperrt werden sollte.[316] Ferner sollte eine Anregung an die Kommission erwogen werden, ein Vertragsverletzungsverfahren

---

[311] Die Erforderlichkeit sogar völlig verneinend Hollmann/Schulz-Weidner, in: ZIAS 1998, 180 ff (196).

[312] Ebenso Hänlein, in: VSSR 03/1993, 169 ff (193); in diese Richtung Haverkate/Huster, Europäisches Sozialrecht, Rn 620; anzweifelnd Pitschas, in: VSSR 03/1999, 221 ff (233); von der „Notwendigkeit einer europabezogenen Nachbesserung" spricht Pitschas bereits 1993, in: Jahrbuch Sozialrecht 1993, 285 ff (320, 324); entsprechend hält Blumenwitz die objektive Zulassungsbeschränkungen in den Niederlanden für ein Verstoß gegen Art. 52 a.F EWGV, aus: NJW 10/1989, 621 ff (623); offengelassen Giesen, in: Schulte/Barwig, Freizügigkeit und soziale Sicherheit, 359 ff (370); a.A. bzgl. der deutschen Zulassungsbeschränkung v.Maydell/Pietzcker, Begrenzung der Kassenarztzulassung, S. 79 und Kötter, in: SF 02-03/2000, 27 ff (30); in diesem Zusammenhang erscheint des weiteren höchst zweifelhaft, ob die vom deutschen Gesetzgeber eingeführte Höchstaltersbeschränkung für die Kassenzulassung haltbar ist.

[313] EuGH, Rs. 96/85, Kommission/Frankreich, Slg. II-1986, 1475 ff, Entscheidungsgründe 1483 ff.

[314] EuGH, aaO, Rn 13.

[315] Siehe dazu die Ausführungen unter B., V., 2. dieser Arbeit.

[316] Dieser Aspekt gewinnt umso mehr an Bedeutung anhand der Tatsache, dass die Darlegungs- und Beweislast für die Rechtfertigungsvoraussetzungen bei dem liegen, der sich auf sie beruft; das heißt der den rechtfertigenden Ausnahmetatbestand ins Feld führende Mitgliedstaat.

einzuleiten. Einen partiellen mitgliedstaatlichen numerus clausus - wie in Deutschland die Vertragsarztzulassung - kann nicht mit der europäischen Berufsfreiheitsgarantie des Art. 43 EGV vereinbar sein. Urteil des EuGH und Ergebnis des Vertragsverletzungsverfahrens der Kommission kann dann nur die zwingende Aufforderung an den deutschen Gesetzgeber sein, die neuerlich eingeführte Zulassungsbeschränkung des § 103 SGB V abzuschaffen.

2. Territorialitätsprinzip im Leistungsrecht der Vertragsärzte

Des weiteren ist zu fragen, ob die bestehende territoriale Beschränkung im deutschen Leistungsrecht weiter Bestand haben kann bzw. ob es gegen europäische Grundfreiheiten verstößt und ob es gegebenenfalls Rechtfertigungsgründe für eine derartige nationale Beschränkung gibt.
Die territoriale Begrenzung des Leistungsrechts ist unter anderem auf nationales Recht (§§ 16 ff SGB V) zurückzuführen.[317] Wie bereits dargestellt, kann die Ruhensbestimmung des § 16 SGB V zwar von mehreren Ausnahmevorschriften durchbrochen werden.[318] Dennoch ermöglichen diese Regelungen grenzüber-schreitende Leistungsinanspruchnahme nur in wenigen Fällen.[319] Insbesondere eine gezielte und langfristige grenzüberschreitenden Behandlung von „normal" Erkrankten ermöglichen diese Vorschriften nicht.

a) Verstoß des Territorialitätsprinzips im Leistungsrecht der deutschen Vertragsärzte gegen die europäische Dienstleistungsfreiheit[320]

Wie im vorangegangenen Kapitel dargestellt, stellen sich die EuGH-Urteile auch für den Leistungsbereich der deutschen Vertragsärzte im System der gesetzlichen Krankenversicherung als verbindlich dar. Demnach trifft die deutschen Krankenkassen - trotz der Ruhensvorschrift des § 16 I Nr. 1 SGB V

[317] Zudem auf supranationales Recht (Art. 22 der Verordnung (EWG) 1408/71); aufgrund der Ausgangsfragestellung jedoch irrelevant.

[318] Siehe dazu B., VII, 1., b), aa), bb), cc) und dd) dieser Arbeit.

[319] Lediglich die Versicherten, die im Ausland arbeiten oder in einem anderen Mitgliedstaat wohnen, können grenzüberschreitende Leistungsansprüche ohne besondere Einschränkungen geltend machen; dieser Versichertenkreis ist jedoch sehr klein.

[320] Zwar fallen nicht alle Leistungen der Leistungserbringer in anderen Mitgliedstaaten in den Schutzbereich der Dienstleistungsfreiheit. So erbringen Apotheker sowie Optiker gemischte Leistungen, die schwerpunktmäßig den Vorschriften über den freien Warenverkehr zuzuordnen sind. Da die Art. 28 ff EGV jedoch etliche Gemeinsamkeiten mit den Art. 49 ff EGV aufweisen und im Zusammenhang mit dieser Ausgangsfragestellung zu keinem anderen Ergebnis führen würden, werden nachstehende Überlegungen ausschließlich im Rahmen der Dienstleistungsfreiheit angestellt. Vgl dazu vor allem die EuGH-Urteile „Kohll" und „Decker", in denen der EuGH teilweise sogar identische Ausführungen in seiner Urteilsbegründung machte.

bei Auslandsaufenthalten und des generellen Kostenerstattungsausschlusses des § 18 III 3 SGB V - eine Erstattungspflicht, wenn sich ein bei ihnen Versicherter zur Behandlung gezielt in einen anderen Mitgliedstaat begibt.
Durch die Ruhensvorschrift des § 16 I Nr. 1 SGB V können die Versicherten jedoch weder in anderen Mitgliedstaaten vertraglich gebundene Leistungserbringer in Anspruch nehmen noch eine Erstattung der angefallenen Kosten von ihrer Krankenkasse verlangen. Vielmehr bleibt den in Deutschland Versicherten nur die Möglichkeit, die Leistung selber zu finanzieren oder aber auf die grenzüberschreitende Leistungsinanspruchnahme zu verzichten. Hierbei erscheint die letztgenannte Alternative als wahrscheinlicher. Die §§ 16 ff SGB V verhindern bzw. beeinträchtigen deshalb eine Inanspruchnahme der Dienstleistungen der Leistungserbringer in anderen Mitgliedstaaten und beschränken demnach die Versicherten in ihrer passiven Dienstleistungsfreiheit aus Art. 49 EGV.[321]
Zudem könnte die Begrenzung des Leistungsrechts auch zu einer mittelbaren Beschränkung der Leistungserbringer führen.[322] Aufgrund der §§ 16 ff SGB V ist es den mitgliedstaatlichen Leistungserbringern in der Regel nicht möglich, Dienstleistungen zugunsten der deutschen Versicherten und Krankenkassen zu erbringen. Demnach beschränken diese Vorschriften auch die Leistungserbringer in anderen Mitgliedstaaten mittelbar in ihrer Dienstleistungsfreiheit.
Vor diesem Hintergrund ergibt sich somit - unabhängig einer möglichen Rechtfertigung - zunächst, dass die Ruhensvorschrift (§ 16 I Nr. 1 SGB V), der Sonderfall mit Genehmigungsvorbehalt für im Ausland zu erbringende Leistungen (§ 18 I SGB V) und die Ausnahme, wonach Leistungen im Ausland nur bei besonderer Dringlichkeit und Notwendigkeit übernommen werden dürfen (§ 18 III 1 SGB V), die europäische Dienstleistungsfreiheit

---

321 Seit der „Luisi und Carbone"-Entscheidung ist anerkannt, dass der freie Dienstleistungsverkehr die Freiheit der Leistungsempfänger mit einschließt, sich zur Inanspruchnahme einer Dienstleistung in einen anderen Mitgliedstaat zu begeben, ohne durch Beschränkungen daran gehindert zu werden (so genannte passive Dienstleistungsfreiheit), EuGH, verbundene Rechtssachen 286/82 und 26/83, Slg. 1984-I, 377 ff; auch zutreffend der Terminus Verbraucherfreiheit, so Behrens, in: EuR 02/1992, 145 ff (159); rein theoretisch könnten sich Dienstleistungserbringer und -empfänger sogar in einem anderen Mitgliedstaat treffen.

322 Der EuGH hat bereits am 26.02.1991 entschieden, dass eine einzige Regelung sowohl den Erbringer als auch den Empfänger einer Dienstleistung beschränken kann, so genannte „Reiseführerentscheidung", EuGH, Rs. C-154/89, Kommission/Französische Republik, Slg. 1991-2, I-659 (I-686).

beschränkt.[323] Auch der generelle Ausschluss einer Kostenübernahme der Krankenkassen für den Fall, dass sich der Versicherte zur Behandlung ins Ausland begibt (§ 18 III 3 SGB V), ist - vor allem eindeutig nach den Urteilen „Kohll" und „Decker" - eine Beschränkung der Grundfreiheiten. Das bestehende Territorialitätsprinzip im Leistungsrecht der deutschen Vertragsärzte stellt somit eine Beschränkung des Anwendungsbereiches der europäischen Dienstleistungsfreiheit gemäß Art. 49 EGV dar.

b) Rechtfertigung der nationalen Beschränkungen

Als Rechtfertigung für die durch die territoriale Begrenzung des Leistungsrechts verursachten Beschränkungen der Vertragsärzte und der Versicherten in ihren Grundfreiheiten kommen ausschließlich zwingende Gründe des Allgemeininteresses in Betracht.

Die territoriale Begrenzung muss jedoch nicht nur legitimen Allgemeininteressen dienen, sondern zudem auch sachlich geboten sein, mithin also dem Verhältnismäßigkeitsprinzip entsprechen.[324] Dies setzt zunächst voraus, dass das als legitim anerkannte Allgemeininteresse durch grenzüberschreitende Dienstleistungen beeinträchtigt werden kann. Ferner muss die territoriale Begrenzung des Leistungsrechts geeignet sein, dass mit ihr angestrebte Ziel zu verwirklichen. Außerdem dürfen keine weniger einschneidenden Regelungen in Betracht kommen, mit denen das gleiche Ergebnis erreichbar ist, es darf mithin also kein milderes Mittel geben.

Vor dieser Verhältnismäßigkeitsprüfung[325] bedarf es der Feststellung, welche Maßstäbe an diese zwingenden Gründe des Allgemeininteresses zu stellen sind.

aa) Maßstab für die zwingenden Gründe des Allgemeininteresses

Die ergangenen Urteile des EuGH „Kohll" und „Decker" enthalten in ihrer Urteilsbegründung keine unmittelbaren Hinweise, wo in bezug auf die

---

[323] § 17 SGB V bedarf hier keiner Beachtung, da diese Norm für den Bereich der Europäischen Union komplett durch die Art. 18 ff der Verordnung (EWG) 1408/71 verdrängt wird.

[324] Siehe dazu der EuGH in ständiger Rechtsprechung; bspw. EuGH, Rs. 205/84, Kommission/Bundesrepublik Deutschland, Slg.1986, 3755 ff, Nr. 27 (3803); EuGH, Rs. C-154/89, Kommission/Französische Republik, Slg. 1991, I-659 ff, Nr.14 (I-686); EuGH, Rs. C-180/89, Kommission/Italienische Republik, Slg. 1991, I-709 ff, Nr. 17 (I-722 f); EuGH, Rs. C-198/89, Kommission/Griechische Republik, Slg. 1991, I-727 ff, Nr. 19 (I-741); EuGH, Rs. C-76/90, Säger/Dennemeyer, Slg. 1991, I-4221 ff, Nr. 15 (4244).

[325] Zur Anwendung des Verhältnismäßigkeitsprinzips in der Rechtsprechung des EuGH siehe Schwarze, Europäisches Verwaltungsrecht - Entstehung und Entwicklung im Rahmen der Europäischen Gemeinschaft, S. 785 ff oder Kischel, in: EuR 03/2000, 380 ff.

jeweiligen Rechtfertigungsgründe die Interventionsschwelle für eine Einschränkung liegt.
Bemerkenswert ist jedoch, dass der Gerichtshof selbst in bezug auf ein relativ kleines Mitgliedsland wie Luxemburg mit rund 350.000 Einwohnern, das verhältnismäßig in sehr viel höherem Maße als große Mitgliedsstaaten sowohl allgemein als auch speziell in seinem Gesundheitswesen mit Auslandstatbeständen konfrontiert ist, keinen Anlass gesehen hat, im Falle einer Auslandsbehandlung die Voraussetzungen einer gerechtfertigten Beschränkung der Waren- bzw. Dienstleistungsfreiheit als gegeben anzusehen. Darüber hinaus wird es aufgrund der - bei kleinen Flächenstaaten naturgemäß - vorliegenden Grenznähe aller Bürger zu den benachbarten Mitgliedstaaten zu einer erhöhten Nutzung solcher Auslandsbehandlungen kommen. Bei der geringen Einwohnerzahl Luxemburgs werden sie auch sehr viel stärker ins Gewicht fallen[326] als dies im einwohnerreichsten Mitgliedsland Deutschland der Fall wäre. Daraus lässt sich entnehmen, dass der EuGH eine gerechtfertigte Beschränkung der Dienstleistungsfreiheit durch das deutsche Krankenversicherungsrecht nur dann annehmen wird, wenn die Leistungsinanspruchnahme im Ausland einen sehr großen quantitativen Umfang annehmen würde bzw. überhaupt einen zahlenmäßig relevanten Umfang einnimmt.
Dementsprechend fordert der EuGH in seiner ständigen Rechtsprechung bei einer Rechtfertigung der Beschränkung der Grundfreiheiten eine erhebliche Gefährdung der zwingenden Gründe des Allgemeininteresses. Dies muss er auch notwendigerweise, da je nach nationaler Gestaltungsform die Grundfreiheiten ansonsten - insbesondere im Krankenversicherungsrecht - Gefahr laufen würden, weitgehend leer zu laufen. Dem nationalen Gesetzgeber könnte es nicht verwehrt werden, zukünftige legislative Gestaltungen so vorzunehmen, dass die Anwendung der europäischen Grundfreiheiten zu einer erheblichen Gefährdung von zwingenden Gründen des Allgemeininteresses führen würde.[327] Bei einem engen Anwendungsbereich der

---

[326] So müssten in Deutschland - bei einer angenommen Einwohnerzahl von 82 Mio. - 468 Versicherte eine grenzüberschreitende Behandlung in Anspruch nehmen, damit es zu einer gleichen „Belastung" führt wie es für das luxemburgische System - bei einer angenommen Einwohnerzahl von 350.000 Einwohnern - durch die Fälle „Kohll" und „Decker" gekommen ist.

[327] Dies mag eine sehr theoretische Überlegung sein, da der nationale Gesetzgeber zumeist andere Intentionen bei der Gesetzgebung verfolgen wird als die Abwehr der europäischen Grundfreiheiten; ein Gegenbeispiel, in der die Gesetzgebung aufgrund dieser Absichten - wenngleich erfolglos - aktiv wurde, ist das deutsche Pflegeversicherungsrecht, aus

Rechtfertigungsmöglichkeiten bzw. hohen Anforderungen an die Gefährdung der Allgemeininteressen wäre eine solche Missbrauchsmöglichkeit weitgehend ausgeschlossen.

Auch in der Literatur[328] wird darauf hingewiesen, dass angesichts der wirtschaftlichen Bedeutung des Gesundheitsmarktes und aus Sicht des EG-Rechts berechtigten Anliegens, die einheitliche Geltung der Grundfreiheiten in allen Mitgliedstaaten prinzipiell unabhängig von gesundheitspolitischen Entscheidungen zu gewährleisten, hohe Anforderungen an die Ausnahmen von der Geltung der Grundfreiheiten auch im Gesundheitswesen der Mitgliedstaaten zu stellen seien. Auch bei gesundheitspolitischen Entscheidungen solle der Grundsatz „in dubio pro libertate" gelten.

Man kann also feststellen, dass an die zwingenden Gründe des Allgemeininteresses hohe Maßstäbe anzulegen sind, bis ihr Vorliegen bejaht werden kann und eine Beschränkung der europäischen Grundfreiheiten somit gerechtfertigt ist.

bb) Zwingende Gründe des Allgemeininteresses

Als zwingender Grund des Allgemeininteresses und somit als möglicher Rechtfertigungsgrund kommt das finanzielle Gleichgewicht der deutschen gesetzlichen Krankenversicherung in Betracht. Das finanzielle Gleichgewicht der nationalen Gesundheitssysteme ist vom EuGH bereits 1984 in der Entscheidung „Duphar"[329] als solcher anerkannt worden. Diese Auffassung hat der EuGH in den Entscheidungen „Kohll" und „Decker"[330] bestätigt.[331] Die Beschränkung der Grundfreiheiten kann durch diesen zwingenden Grund des Allgemeininteresses, welches im SGB V durch das Wirtschaftlichkeitsgebot (§ 2 I iVm § 12 SGB V) und insbesondere durch spezielle Mengensteuerungssysteme konkretisiert wird, gerechtfertigt werden. Eine Gefährdung der finanziellen Stabilität kann dabei durch eine Beeinträchtigung der Effizienz dieser Mengensteuerungssysteme, durch den Verlust von Finanzmitteln oder durch Ausgabensteigerungen für die Krankenkassen eintreten.

Steinmeyer, in: Igl (Hrsg.), Europäische Union und gesetzliche Krankenversicherung, 79 ff (86).

[328] Schulte, in: ZFSH/SGB 06/1999, 347 ff (361).

[329] EuGH, Rs. 238/82, Duphar, Slg.1984, 523 ff, Nr. 17 (541); in der Sache ging es um eine Negativliste erlaubter Medikamente, um die Entscheidung einzelner Mitgliedstaaten, bestimmte europaweit zugelassene Medikamente zwar nicht vom Markt, aber im Rahmen ihrer nationalen Systeme der Sozialen Sicherheit von der Erstattung auszuschließen.

[330] EuGH, Rs. C-120/96, Decker, Slg. 1998 I-1871 ff, Nr. 39.

[331] Und nicht erstmalig anerkannt, wie Kötter, in: VSSR 04/1998, 233 ff (247) annimmt.

(1) Systeme der Mengensteuerung

Das deutsche System der gesetzlichen Krankenversicherung sieht im SGB V vereinzelt Mengensteuerungen vor, die auf der Basis von Regelleistungen pro Vertragsarzt beruht. So sieht bspw. § 85 II SGB V Regelleistungsvolumina vor, die eine übermäßige Ausdehnung der Tätigkeit des Vertragsarztes verhüten sollen, mithin also dem Schutz der finanziellen Stabilität des Systems der sozialen Sicherheit dienen.[332] Bei den hier interessanten grenzüberschreitenden Sachverhalten stellt sich dann das Problem, wie die Auslandsbehandlungen der in Deutschland Versicherten in diesem System zu berücksichtigen sind.

Dies kann durch die konkrete Ausgestaltung des deutschen Systems nicht befriedigend erfolgen, da diese Mengenbegrenzung nur für die an der deutschen kassenärztlichen Versorgung teilnehmenden Ärzte gelten kann. Dieses Instrument der Mengensteuerung würde also bei einer generellen Zulassung der Auslandsbehandlung von Versicherten - und somit zwangsläufig bei nicht an der vertragsärztlichen Versorgung in Deutschland teilnehmenden Ärzten - geschwächt werden.

Allerdings rechtfertigt dies nicht schon per se die Beschränkung der Grundfreiheiten. Wie aufgezeigt, bedarf es vielmehr einer erheblichen Belastung solcher Steuerungsmechanismen, damit eine Einschränkung zulässig ist. Diese kann hier jedoch nicht angenommen werden.

Zum einen muss hier wieder auf die Verhältnisse in Luxemburg verwiesen werden. Auch dort existieren vergleichbare Mechanismen im System der gesetzlichen Krankenversicherung, die eine Mengensteuerung vorsehen.[333] Trotz der zahlenmäßig erhöhten Belastung für das luxemburgische Krankenversicherungssystem hat der EuGH eine Gefahr für die bzw. eine Schwächung der Finanzstabilität des dortigen Systems aber als nicht ausreichend erachtet und würde dies dem gemäß auch im deutschen Krankenversicherungssystem nicht.

Darüber hinaus würde es aufgrund der vergleichsweise größeren Entfernungen[334], bestehender Sprachbarrieren[335] und vielleicht sogar wegen der

---

[332] Wobei die Effektivität solcher Mechanismen bereits im Geltungsbereich des SGB V unterwandert werden kann. Durch Leistungsausweitung erhöhen die Vertragsärzte ihren Anteil an der Gesamtvergütung, so genannter „Hamsterradeffekt".

[333] Siehe dazu bereits C., II., 2., c), aa), (5), (b) dieser Arbeit.

[334] Naturgemäß reist ein kranker Mensch nicht gerne bzw. ist es ihm gar nicht möglich; Leingärtner weist in diesem Zusammenhang darauf hin, dass er die Annahme, bei Wegfall der territorialen Begrenzung setze ein ungezügelter Krankenbehandlungstourismus ein, für schlechthin abwegig halte. Vielmehr wird seines Erachtens nur der Kranke zur Behandlung ins Ausland fahren, der im Inland keine ausreichende medizinische Versorgung erhält, aus ders., in: Schulte/Barwig (Hrsg.), Freizügigkeit und soziale Sicherheit, 117 ff (121).

mangelnden Vertrautheit mit dem ausländischen Gesundheitssystem[336] für den in Deutschland Versicherten nur zu einer begrenzten Anzahl von grenzüberschreitenden Behandlungsfällen kommen. Zudem ist eine grenzüberschreitende Leistungsinanspruchnahme mit zusätzlichen, nicht erstattungsfähigen Aufwendungen für Reise, Unterkunft und Ähnlichem verbunden. Eine schwerwiegende Beeinträchtigung der Mengensteuerungen im deutschen System der gesetzlichen Krankenversicherung und somit eine erhebliche Gefährdung für die finanzielle Stabilität entfällt damit vor allem auch aufgrund mangelnder konkreter Auswirkungen.[337]
Letzteres kann aber insbesondere in Grenzregionen nicht ausgeschlossen werden. Dort ist aufgrund der kürzeren Distanzen zum Arzt, denkbar ist sogar eine kürzere Entfernung zum Arzt in dem angrenzenden Mitgliedsstaat, und der häufig vorkommenden Zweisprachigkeit der dort lebenden Bevölkerung die Wahrscheinlichkeit erhöht, dass eine erhebliche Bewegung über die mitgliedstaatlichen Grenzen hinweg einsetzen wird. Diese Tatsache vermag aber nicht eine Beschränkung des gesamten nationalen Systems der gesetzlichen Krankenversicherung zu rechtfertigen. Vielmehr muss der deutsche Gesetzgeber in solchen Fällen mit Sonderregelungen für Grenzregionen versuchen, einen Ausgleich zwischen den Grundfreiheiten des Binnenmarktes und dem finanziellen Gleichgewicht des Systems der sozialen Sicherheit innerhalb dieser Grenzregionen zu finden.[338]
Dieses Argument gewinnt umso mehr an Bedeutung, da es in der Vergangenheit bereits mehrere erfolgreiche grenzüberschreitende Projekte in den so genannten Euregios Maas-Rhein[339], Saar-Lothringen-Luxemburg[340] und

---

[335] In der Literatur wird in diesem Zusammenhang häufig auf das dadurch beeinträchtigte Vertrauensverhältnis Arzt-Patient hingewiesen; dies vermag jedoch nicht grundsätzlich zu überzeugen, da bei nicht allen Behandlungsformen die Kommunikation vordergründig bzw. von Bedeutung ist. Hinzu kommt, dass die bestehenden Sprachbarrieren in der heutigen Informationsgesellschaft und im Zuge der europäischen Integration zunehmend abgebaut werden.

[336] Diese Überlegung mag insbesondere bei der älteren Bevölkerung ins Gewicht fallen, die zudem relativ gesehen zu den häufigsten Nutzern von Gesundheitsdienstleistungen zählen

[337] so sind laut Schulte bei den deutschen Krankenkassen nach „Decker/Kohll" auch nur sehr wenige Aufträge oder Anfragen im Hinblick auf Kostenerstattung eingegangen, aus ders., in: ZFSH/SGB 05/1999, 269 ff (277).

[338] Ursprünglich eine vorsichtig formulierte Überlegung von Steinmeyer, in: Igl (Hrsg.), Europäische Union und gesetzliche Krankenversicherung, 79 ff (87), der jedoch völlig zugestimmt werden kann.

[339] Sie umfasst die Regionen Aachen, Belgisch-Limburg, Niederländisch-Limburg, die Provinz Liège und die deutschsprachige Gemeinschaft Belgiens. In der Euregio Maas-Rhein

Rhein- Waal[341] gegeben hat. Diese Gemeinschaftsinitiativen haben dabei überwiegend positive Erfahrungen mit sich gebracht.[342] In diesen Euregios zeigt sich somit, dass im Wege entsprechender grenzüberschreitender Vereinbarungen Maßnahmen der Qualitätssicherung und Wirtschaftlichkeitskontrolle auch auf Anbieter jenseits der nationalen Grenze ausgedehnt werden können.[343] Somit stellt sich auch die spezielle Problematik in den Grenzregionen als nicht so erheblich - da lösbar - dar, als das eine schwerwiegende Gefährdung der finanziellen Stabilität des Systems der sozialen Sicherheit innerhalb der Grenzregionen und des gesamten Bundesgebietes angenommen werden könnte, um somit eine Beschränkung der Grundfreiheiten zu rechtfertigen.

(2) Verlust von Finanzmitteln

Des weiteren wird vereinzelt in der Literatur auf den Verlust von Finanzmitteln hingewiesen.[344] Die Finanzmittel der Krankenkassen stammten aus Beiträgen, die im Inland erwirtschaftet und bezahlt worden seien, diese sollten auch im Inland verwandt werden. Insbesondere das Bundesgesundheitsministerium in der Zeit der CDU/FDP - Koalition warnte nach den Entscheidungen „Kohll" und „Decker" vor dem Verlust von Finanzmitteln.[345]

Das Abrechnungssystem zwischen Vertragsarzt und Krankenkasse stellt sich in Deutschland dabei folgendermaßen dar. Die Krankenkassen zahlen eine

---

leben ca. 3,7 Mio. Einwohner und es werden drei verschiedene Sprachen gesprochen, Holländisch/Flämisch, Deutsch und Französisch

340 Dazu siehe Bericht der gemeinsamen Arbeitsgruppe der Länder Brandenburg, Baden-Württemberg, Bayern, Nordrhein-Westfalen und des Saarlands, der Spitzenverbände der Krankenkassen und des BMG zu den Auswirkungen der Rspr. des EuGH zur Erstattung von Kosten für Medizinprodukte und Behandlungen im EU-Ausland durch nationale Krankenversicherungsträger, S. 17 f.

341 Dazu siehe Anlage 1 zum Positionspapier der erweiterten Europa-Arbeitsgruppe der SpiK „Strategischer Umgang der GKV mit den aktuellen europarechtlichen Entwicklungen – Herausforderung Europa annehmen und gestalten", S. 16; ausführlich auch Fn 305, S.15 f.

342 Siehe dazu Godry, in: Schulte/Barwig (Hrsg.), Freizügigkeit und soziale Sicherheit, 109 ff (110); ders., in: ZfSH/SGB 07/1997, 416 ff (417); Hofmann/Kochs, in: Die BKK 06/1998, 306 ff; Schulte, in: EuroAS 5-6/1999, 70 ff (72); Schulte, in: ZFSH/SGB 06/1999, 347 ff (355).

343 Für Wannagat ist die Existenz auch nur einer Region, in der Leistungen generell grenzüberschreitend erbracht werden, ein Beleg dafür, dass die europarechtlichen Probleme des deutschen Sozialrechts lösbar sind, aus ders., in: Sozialgesetzbuch, SGB V, § 16, Rn 22.

344 So bspw. Everling, in: Zentrum für Europäisches Wirtschaftsrecht (Hrsg.), Die Krankenversicherung in der Europäischen Union, 67 ff (100)

345 Pressemitteilung Nr. 41 des Bundesgesundheitsministeriums vom 28.04.1998.

Gesamtvergütung für die gesamte vertragsärztliche Versorgung mit befreiender Wirkung an die kassenärztlichen Vereinigungen (§ 85 i SGB V). Die Gesamtvergütung ist dabei das Ausgabenvolumen für die Gesamtheit der zu vergütenden vertragsärztlichen Leistungen (§ 85 II 2 SGB V). Die kassenärztlichen Vereinigungen verteilen diese Gesamtvergütung unter den Vertragsärzten (§ 85 IV SGB V), wobei die Verteilung grundsätzlich nach Art und Umfang der Leistungen erfolgt, die der Vertragsarzt erbracht hat.

Wenn die Krankenkassen nun auch Kosten für die ärztliche Behandlung in anderen EU-Mitgliedstaaten erstatten müssten, wäre ihnen die Möglichkeit genommen, sich auf die befreiende Wirkung ihrer Leistung an die kassenärztlichen Vereinigungen zu berufen. Mit jeder Behandlung außerhalb der eigenen Grenzen werde Geld aus der solidarischen Krankenversicherung abfließen, dass für die im Inland bestehenden Kapazitäten nicht mehr zur Verfügung stünde.[346] Es bestünde mithin die Gefahr, dass ein wesentlicher Teil der Gesamtvergütung durch Behandlungen in anderen Mitgliedstaaten aufgezehrt würde.[347]

Dieser Überlegung kann jedoch nicht zugestimmt werden. Zum einen widerspricht sie deutlich der Zielsetzung des Binnenmarktes. Zudem stehen - bei der hier erwarteten europaweiten Öffnung des Gesundheitsmarktes - spiegelbildlich die Finanzmittel der mitgliedstaatlichen Träger gegenüber, die bei einer Nutzung deutscher Vertragsärzte entrichtet würden. So haben die deutschen Zahnärzte nach Angabe des Freien Verbandes Deutscher Zahnärzte aufgrund der neu eingeführten Budgetierung freie Kapazitäten. In den Niederlanden dagegen herrsche jedoch ein Zahnärztemangel.[348]

Zudem kann gegen diese Überlegungen angeführt werden, dass es nach deutschem Recht bereits vorgesehen ist, generell die Ausgaben für die Kostenerstattung auf die Gesamtvergütung anzurechnen. Die Krankenkasse kann sich also auch bei einer Praxis der Kostenerstattung bei einer Leistungsinanspruchnahme in anderen Mitgliedstaaten der EU auf die befreiende Wirkung ihrer Leistung an die kassenärztliche Vereinigung berufen.

Eine schwerwiegende Gefährdung der finanziellen Stabilität der gesetzlichen Krankenversicherung und somit eine Rechtfertigung der Beschränkung der europäischen Grundfreiheiten kann durch den Verlust von Finanzmitteln nicht festgestellt werden.

---

[346] Everling, in: Zentrum für Europäisches Wirtschaftsrecht (Hrsg.), Die Krankenversicherung in der Europäischen Union, 67 ff (100).

[347] So Berg, in: EuZW 19/1999, 587 ff (591).

[348] So der Freie Verband Deutscher Zahnärzte, in: NZB 10/2000, 769.

(3) Ausgabensteigerung

Des weiteren könnte das finanzielle Gleichgewicht der gesetzlichen Krankenversicherung in Deutschland beeinträchtigt werden, wenn die Krankenkassen durch grenzüberschreitende Dienstleistungen erheblich mehr Mittel aufbringen müssten als für die auf das Gebiet der Bundesrepublik begrenzte Leistungserbringung.

Dies wäre dadurch denkbar, dass die von den Versicherten beanspruchten mitgliedstaatlichen Leistungserbringer höhere Vergütung für ihre Leistungen verlangen als die deutschen Vertragsärzte. Diese stehen in keiner Rechtsbeziehung zu den deutschen Krankenkassen und sind somit im Gegensatz zu den deutschen Vertragsärzten an keine Gebührenordnung für ihre Leistungen gebunden. Eine national unbeschränkte Leistungsinanspruchnahme könnte daher zu einer Steigerung der Ausgaben für die Leistungserbringung führen und könnte deshalb das finanzielle Gleichgewicht der gesetzlichen Krankenversicherung beeinflussen.[349]

Die Regelungen der §§ 16 ff SGB V müssten dann ein geeignetes Mittel darstellen, das finanzielle Gleichgewicht der Krankenversicherung zu sichern. Dies muss bejaht werden, da diese Normen grundsätzlich eine Leistungsinanspruchnahme mitgliedstaatlicher Leistungsanbieter verhindern und somit derartige Ausgabensteigerungen ausgeschlossen sind.

Eine Rechtfertigung der territorialen Begrenzung setzt ferner voraus, dass keine weniger einschränkende Regelungen als die der §§ 16 ff SGB V mit dem grundsätzliche Ruhen der Leistungsansprüche in Betracht kommen, um das finanzielle Gleichgewicht der gesetzlichen Krankenversicherung in gleichem Umfang zu gewährleisten.

Hierbei bestünde aber die Möglichkeit, den Versicherten die Kosten, die bei einer Leistungsinanspruchnahme in einem anderen Mitgliedstaat entstünden, nur bis zu der Höhe zu erstatten, den die Krankenkassen für eine vergleichbare Leistung im Inland aufbringen müssten. Die entstehenden Kosten, die dabei über den inländischen Sätzen lägen, müsste dann der Leistungsempfänger selber tragen. Dieses System der begrenzten Kostenerstattung kann ohne weiteres auch auf nicht vertraglich gebundene Leistungserbringer in den anderen Mitgliedstaaten ausgeweitet werden. Als Vorbild für dieses System der begrenzten Kosten-erstattung in anderen Mitgliedstaaten könnte dabei der § 17

---

349 Diesen Umstand trotz der Tatsache unterstellt, dass Deutschland im europäischen Vergleich zu dem Land gehört, das fast die teuersten Preise für Gesundheitsleistungen aufweist; siehe dazu unter vielen nur Gerritz, in: DZW 41/2000, 6 oder Münnich, in: BKK 01/1999, 17 ff (20); Schulte spricht in diesem Zusammenhang sogar vom „Hochpreisland Deutschland", aus ders., in: ZFSH/SGB 06/1999, 347 ff (357).

II SGB V sowie der § 18 III 2 1.HS SGB V dienen. Gemäß § 17 II SGB V haben die Krankenkassen dem Arbeitgeber die entstandenen Kosten, die durch eine Behandlung des Arbeitnehmers im Ausland angefallen sind, nur bis zu der Höhe zu erstatten, in der sie im Inland angefallen wären. Auch im Falle des § 18 III 2 1.HS SGB V haben die Krankenkassen die Kosten lediglich bis zu der Höhe zu erstatten, in der sie im Inland entstanden wären.
Diese Überlegung hat der EuGH in seinen Urteilen „Kohl"[350] und „Decker"[351] bereits umgesetzt, indem er eine Erstattungspflicht der luxemburgischen Leistungsanbieter an den belgischen bzw. deutschen Leistungserbringer nur in der Höhe der inländischen Sätze anerkannt hat. Eine Ausgabensteigerung für das deutsche Krankenversicherungssystem wäre bei der Umsetzung dieser begrenzten Kostenerstattung bei Behandlungen von mitgliedstaatlichen Leistungserbringern ausgeschlossen (während Einsparungen durchaus möglich sind, wenn die entsprechende Leistung in einem anderen Mitgliedstaat kostengünstiger erbracht wird).
Gegen dieses System der begrenzten Kostenerstattung sind jedoch einzelne Bedenken anzumelden.
Problematisch ist zum einen, dass sich die Versicherten durch die Verpflichtung, die anfallenden Kosten zunächst selber begleichen zu müssen, von einer grenzüberschreitenden Leistungsinanspruchnahme abschrecken lassen könnten. Die Einführung einer begrenzten Kostenerstattung könnte deshalb wiederum auf eine Diskriminierung der Leistungserbringer in den anderen Mitgliedstaaten hinauslaufen. Zudem bestünde bei mitgliedstaatlichen Leistungserbringern, zu denen die deutschen Krankenkassen keine Rechtsbeziehungen haben und sie dem entsprechend auch nicht den inländischen Sätzen unterfielen, diesmal für die Versicherten die Gefahr, dass sie für ihre Leistung mehr verlangen als inländische Leistungserbringer.[352] In diesem Fall wäre der Versicherte verpflichtet, einen Teil seiner Kosten selber zu tragen, wenn eine Ausgabensteigerung für die Krankenkassen verhindert werden soll. Diese dadurch auf die Versicherten zukommende Eigenbelastung könnte aber mit dem Sozialstaatsprinzip kollidieren, welches ebenfalls Ausdruck eines legitimen Allgemeininteresses ist.[353]

---

[350] Siehe dazu Nr. 40.
[351] Siehe dazu Nr. 38.
[352] So auch die Bedenken der Arbeitsgemeinschaft der Spitzenverbände der gesetzlichen Krankenkassen, in: dies., Strategischer Umgang der GKV mit den aktuellen europarechtlichen Entwicklungen, S. 11.
[353] So Zechel, Die territorial begrenzte Leistungserbringung der Krankenkassen im Lichte des EG-Vertrages, S. 69.

Bei genauerer Untersuchung dieser Bedenken lässt sich jedoch feststellen, dass sie sich als nicht so erheblich darstellen. Die kurzzeitige finanzielle Belastung der Versicherten durch die Vorstreckung der durch die grenzüberschreitende Leistungsinanspruchnahme entstehenden Kosten kann wiederum deutlich durch die gängige Praxis in der privaten Krankenversicherung entschärft werden.[354] Hierbei ist es - trotz der ansonsten grundsätzlichen Geltung des Kostenerstattungsprinzips - möglich, dass der Versicherte bei einer kostenträchtigen Behandlung die Rechnung zuerst bei seiner privaten Versicherung einreicht und es erst daraufhin zu einer Begleichung der Kosten mit dem beanspruchten Leistungserbringer kommt. Dabei kommt es also lediglich zu einer Verschiebung der zeitlichen Abläufe der ohnehin erfolgenden Zahlungsabläufe. Dieses System aus der privaten Krankenversicherung könnte ebenso bei dieser beschränkten Kostenerstattung praktiziert werden und so ein kurzzeitige erhebliche finanzielle Belastung der Versicherten verhindern. Bei weniger kostenträchtigen Behandlungen vermag der Aspekt der finanziellen Belastung keinen abschreckenden Effekt auf die in Deutschland Versicherten haben, so dass er nicht ins Gewicht fällt. Einer Diskriminierung der mitgliedstaatlichen Leistungserbringer kann somit durch eine zeitliche Verschiebung innerhalb der Zahlungsströme entgangen werden[355], so dass die begrenzte Kostenerstattung - dass sich dann zwar bei kostenträchtigen Behandlungen in einer faktischen Kombination mit dem Sachleistungsprinzip sieht - weiterhin das weniger einschränkende Mittel ist.
Dies vermag auch nicht die vorangegangene Überlegung zu ändern, dass eventuell höhere Kosten bei mitgliedstaatlichen Behandlungsleistungen für die Versicherten entstehen könnten und somit ein Verstoß gegen das nationale Sozialstaatsprinzip bestehen könnte. Zum einen wird dieser Umstand durch die Tatsache entkräftet, dass Deutschland mit seinen Kosten für gesundheitliche

---

[354] Siehe dazu bereits C., II., 2., c), aa), (5), (a), (bb) dieser Arbeit.

[355] Dagegen ließe sich zwar einwenden, dass dies sowie generell auch die Einführung der begrenzten Kostenerstattung für Behandlungen in anderen Mitgliedstaaten eine Erhöhung des bürokratischen Aufwandes bedinge; siehe dazu Stachl, in: Schulte/Barwig, Freizügigkeit und soziale Sicherheit, 123 ff (123), der den zu erwartenden bürokratischen Aufwand bei einem ähnlichen Modell als immens ansieht; diesem Einwand steht jedoch entgegen, dass der EuGH wiederholt entschieden hat, dass Erwägungen administrativer Art Abweichungen von den Vorschriften des Gemeinschaftsrechts nicht rechtfertigen, so bspw. in EuGH, Rs. 29/82, van Luipen, Slg. 1983, 151 ff, Nr. 12 (163) oder EuGH, Rs. 205/84, Kommission/Bundesrepublik Deutschland, Slg. 1986, 3755 ff, Nr. 54 (3810); diese gilt erst recht, wenn eine derartige Abweichung darauf hinausläuft, die Ausübung einer der vom Vertrag garantierten Grundfreiheit auszuschließen.

Dienstleistungen im europäischen Vergleich an der Spitze liegt.[356] Dadurch wird es für die in Deutschland Versicherten selten zu dem Fall kommen, dass eine Leistungsinanspruchnahme in einem anderen Mitgliedsland teurer sein wird als dies bei einem deutschen Vertragsarzt der Fall gewesen wäre. Ferner lässt sich aus dem deutschen Sozialstaatsprinzip lediglich ableiten, dass der Gesetzgeber ein menschenwürdiges Existenzminimum zu garantieren hat. Der Gesetzgeber wird jedoch nicht dazu verpflichtet, jegliche finanzielle Belastung der Versicherten auszuschließen.[357] Zudem steht dem Versicherten nach wie vor die Möglichkeit zu, statt der Auslands- eine Inlandsbehandlung zu wählen, um somit einer Kostenbeteiligung zu entgehen. Ein Verstoß gegen das deutsche Sozialstaatsprinzip läge in einer solchen begrenzten Kostenerstattung nicht vor. Schließlich könnte sich in der späteren grenzüberschreitenden Praxis dieser begrenzten Kostenerstattung folgende Überlegung durchsetzen. Die deutschen Krankenkassen könnten zu den mitgliedstaatlichen Leistungserbringern privatrechtlich-verbindliche Rechtsbeziehungen insofern anstreben, als auch für sie das deutsche Vergütungssystem mit seinen fest vereinbarten Preisen für die Gesundheitsdienstleistungen gelten. Dem einzelnen mitgliedstaatlichen Leistungsanbieter stünde es frei, diese privatrechtlichen Rechtsbeziehungen einzugehen und so in das Gesamtsystem eingebunden zu werden oder sich für den unmittelbaren Vergütungsanspruch gegen den Versicherten zu entscheiden. Zöge es der Leistungserbringer dann vor, keine Rechtsbeziehungen zu den deutschen Leistungsanbietern einzugehen, könnte er zwar von den in Deutschland Versicherten mehr verlangen als im Landesdurchschnitt üblich.[358] Entscheidet er sich jedoch für Rechtsbeziehungen zu den deutschen Leistungsanbietern, könnten die Krankenkassen als Gegenleistung für die vertraglich festgesetzten Preise dann „Werbung" in Form einer Aufklärung der Versicherten über die vertraglich gebundenen Leistungserbringer in den anderen Mitgliedstaaten machen. Um den Versicherten eine freie Wahl zu ermöglichen, könnten die Krankenkassen für jeden Mitgliedstaat Listen mit den Adressen der vertraglich gebundenen Leistungserbringer zusammenstellen und diese den Versicherten vor Antritt einer Auslandsreise aushändigen bzw. per Internet den unkomplizierten Zugriff auf solche Listen ermöglichen. Auch könnte der mitgliedstaatliche Leistungsanbieter auf seinem Praxisschild „Unsere Rechnungen werden von deutschen Krankenkassen anerkannt"

---

[356] aaO

[357] Im übrigen ist auch im bestehenden Krankenversicherungsrecht eine Eigenbeteiligung der Versicherten bekannt, vgl. 29 ff SGB V.

[358] Was hinsichtlich des erwähnten hohen Preisniveaus der Gesundheitsleistungen in Deutschland zumeist nicht der Fall sein wird.

vermerken. Die deutschen Krankenkassen haben so die Möglichkeit, ein Anreizsystem für die mitgliedstaatlichen Ärzte zu schaffen, mit ihnen privatrechtlich-verbindliche Rechtsbeziehungen einzugehen. Zumindest langfristig dürfte ein Leistungserbringer, der in einem typischen Touristenort niedergelassen ist, sich dadurch besser stellen als ein im gleichen Ort ansässiger Kollege, der von den versicherten u.U. Barzahlung, höhere Preise oder sogar beides verlangt. Diese Überlegung gilt natürlich und insbesondere auch für Leistungsanbieter in den Grenzregionen.
Zudem könnte in diesen privatrechtlichen Rechtsbeziehungen zwischen der deutschen Krankenkasse und dem mitgliedstaatlichen Leistungsanbieter sogar das regionale Lohnniveau berücksichtigt werden. Dadurch würden sich sogar Einsparpotentiale für die Krankenversicherungsträger ergeben.
Sollten die deutschen Krankenkassen diese sich ihnen bietende Möglichkeit nutzen, könnten zum einen die Steuerungsmechanismen in der gesetzlichen Krankenversicherung nach einer autonomen Entscheidung der mitgliedstaatlichen Leistungserbringer ausgeweitet und das bestehende Preissystem auch auf sie übertragen werden. Die für die deutschen Krankenkassen in anderen Mitgliedstaaten unzulässigen hoheitlichen Prüfungen der Leistungserbringer könnte so ermöglicht werden. Dadurch würde einerseits die drohende Ausgabensteigerung für das Krankenversicherungssystem sowie die finanzielle Belastung für die Versicherten verhindert.
Demnach lässt sich feststellen, dass die §§ 16 ff SGB V zwar zwingenden Gründen des Allgemeininteresses dienen. Die finanzielle Stabilität des Systems der gesetzlichen Krankenversicherung kann aber durch ein weitaus milderes Mittel - in Form einer begrenzten Kostenerstattung - gewahrt werde. Somit kann der festgestellte Verstoß gegen die Dienstleistungsfreiheit nicht gerechtfertigt werden.

cc) Zwischenergebnis

Insgesamt lässt sich also feststellen, dass das strikt geltende Territorialitätsprinzip im Leistungsrecht des deutschen Krankenversicherungsrechts gegen die Dienstleistungsfreiheit des Art. 49 EGV verstößt. Als Rechtfertigungsgründe und somit zwingender Grund des Allgemeininteresses kam insbesondere das finanzielle Gleichgewicht der deutschen gesetzlichen Krankenversicherung in Form von beschränkt funktionierenden Mengensteuerungen und möglichen höheren Ausgaben in Betracht. Die Regelungen der §§ 16 ff SGB V sind zwar dazu geeignet, das finanzielle Gleichgewicht der Krankenversicherung zu sichern. Jedoch existiert zur Erreichung dieses Zieles ein weitaus milderes Mittel in Form der begrenzten Kostenerstattung, welches ebenso dem hier maßgeblichen Allgemeininteresse dient.

Die Bundesrepublik Deutschland ist somit gehalten, die Ruhensvorschrift des § 16 I Nr. 1 SGB V, den Genehmigungsvorbehalt für im Ausland zu erbringende Leistungen im § 18 I SGB V, das Dringlichkeitserfordernis für Auslandsbehandlungen des § 18 III 1 SGB V sowie den generelle Ausschluss der Kostenerstattung des § 18 III 3 SGB V europarechtsverträglich umzugestalten.[359]

Dies ist möglich durch das oben vorgestellte Modell der begrenzten Kostenerstattung.[360] Leistungserbringung in anderen Mitgliedstaaten erfolgt dann ohne jegliche Beschränkung des Versicherten in der Auswahl seines Arztes sowie der späteren finanziellen Erstattung. In diesem Zusammenhang haben die deutschen Krankenkassen zudem die Möglichkeit, für die mitgliedstaatlichen Leistungserbringer einen Anreiz zu schaffen, mit ihnen privatrechtlich-verbindliche Rechtsbeziehungen einzugehen. So wäre es möglich, den insbesondere in den Grenzregionen oder typischen Urlaubsgebieten quantitativ bedeutenden Anteil der Leistungsinanspruchnahme in anderen Mitgliedstaaten zu steuern. Somit wäre auch die Befürchtung entkräftet, dass nationale Steuerungsinstrumente umgangen und so die finanzielle Stabilität gefährdet würde.

Wegen der unmittelbaren Geltung der europäischen Grundfreiheiten reduziert sich der Geltungsgehalt dieser nationalen Territorialitätsvorschriften auf den Ausschluss einer Behandlung außerhalb der EU. Die oben aufgeführten

---

359 Zudem sind die gesetzlichen Beschränkungen der Leistungsansprüche bei Hilfs- und Arzneimitteln auf die in Deutschland zugelassenen und dementsprechend zugelassenen Lieferanten (§ 126 SGB V) ebenso europarechtswidrig, wie die im Gesetz vorgesehene Art und Weise der Ausgestaltung von Mitwirkungs- und Vertragsbeziehungen nach §§ 127 und 129 SGB V nicht mit dem Gemeinschaftsrecht zu vereinbaren ist; siehe dazu Pitschas, in: VSSR 03/1999, 221 ff (227); Reich, in: Igl (Hrsg.), Das Gesundheitswesen in der Wettbewerbsordnung, 173 ff (183); Schulte, in: EuroAS 5-6/1999, 70 ff (74).

360 Zudem wäre dem Versicherten durch das Kostenerstattungsprinzip ein Anreiz für eine sparsame Inanspruchnahme der Leistung gegeben. Ein Versicherter, der infolge des Sachleistungsprinzips nicht am Abrechnungsvorgang beteiligt ist, weiß in der Regel überhaupt nicht, welche Kosten er durch die ihm erbrachten Leistungen seiner Krankenkasse verursacht. Dies fördert die Bereitschaft der Versicherten zu der aus ihrer Sicht optimalen Nutzung der – vielfach hohen – Krankenversicherungsbeiträge. Diese Informationslücke könnte partiell durch die begrenzte Kostenerstattung bei grenzüberschreitender Leistungsinanspruchnahme geschlossen werden. Ein vielleicht so gewichtiges Argument für die Kostenerstattung, dass die deutsche Politik dieses Prinzip auch auf nationaler Ebene überdenkt.

Normen bzgl. einer Auslandsbehandlungen bedürfen dann jeweils nur dem Zusatz, dass unter Ausland nicht eines der fünfzehn Mitgliedstaaten zu verstehen sei. So können sie weiter Bestand haben und weiterhin für Nichtmitgliedsländer der Europäischen Union gelten.

3. Territorialitätsprinzip im Leistungserbringungsrecht der Vertragsärzte

Zu prüfen ist nun, ob sich die territorialen Beschränkungen im Leistungserbringungsrecht auch als unvereinbar mit der europäischen Dienstleistungsfreiheit aus Art. 49 EGV darstellen.

a) Verstoß des Territorialitätsprinzips im Leistungserbringungsrecht gegen die europäische Dienstleistungsfreiheit[361]

Die Leistungserbringer in anderen Mitgliedstaaten könnten durch die territoriale Begrenzung des Leistungserbringungsrechts darin beschränkt werden, Dienstleistungen gegenüber den Versicherten und den Krankenkassen in Deutschland zu erbringen.

Nach dem EuGH[362] und der h.M.[363] liegt eine diskriminierende Beschränkung der Leistungserbringer aus anderen Mitgliedstaaten vor, wenn sie aufgrund ihrer Nationalität oder ihrer Ansässigkeit von der Leistungserbringung in Deutschland ausgenommen würden.

Die territoriale Begrenzung des Leistungserbringungsrechts hat zur Folge, dass es allen im Ausland niedergelassenen Leistungserbringern unabhängig von ihrer Staatsangehörigkeit verwehrt ist, an der vertragsärztlichen Versorgung in Deutschland teilzunehmen. Somit beschränkt die territoriale Begrenzung des Leistungserbringungsrechts nicht nur die Leistungserbringer fremder Nationalität, sondern auch deutsche Leistungserbringer, die in anderen Mitgliedstaaten ansässig sind. Eine unmittelbare Diskriminierung aufgrund der Staatsangehörigkeit ist deshalb nicht gegeben.

Jedoch könnte die territoriale Begrenzung des Leistungserbringungsrechts die Leistungserbringer aufgrund ihrer Ansässigkeit in einem anderen Mitgliedstaat diskriminieren. Alle Leistungserbringer sind darauf angewiesen, ihre Dienstleistungen höchstpersönlich zu erbringen. Mitgliedstaatlichen

---

[361] Auch hier erfolgen die nachstehenden Überlegungen ausschließlich im Rahmen der Dienstleistungsfreiheit.

[362] Siehe dazu EuGH Rs. 325/85, Bond van Adverteerders, Slg. 1988, 2085 ff, Nr. 26 (2133); EuGH Rs. C-260/89, ERT gegen DEP, Slg. 1996-6, I-2925, Nr. 19 (I-2959).

[363] Die einschlägige Literatur ist dieser Ansicht fast einhellig beigetreten; a.A. neuerdings Weber, in: EWS 09/1995, 292 ff (294 ff).

Leistungserbringern ist es also in der Regel nicht möglich[364], in der Bundesrepublik tätig zu werden, ohne ihren alten Niederlassungsort aufzugeben. Sie werden deshalb vor die Wahl gestellt, sich entweder in Deutschland niederzulassen, Rechtsbeziehungen mit den deutschen Leistungsanbietern einzugehen und so an der vertragsärztlichen Versorgung teilzunehmen oder aber ihren alten Niederlassungsort beizubehalten und auf die Teilnahme zu verzichten.[365] Bleibt der mitgliedstaatliche Leistungsanbieter jedoch in seinem Mitgliedsland, könnte er also weder Dienstleistungen zugunsten der Versicherten noch zugunsten der Krankenkasse in Deutschland erbringen. Angesichts dieser Konsequenzen enthält das Modell der territorialen Beschränkung der Leistungserbringung faktisch ein Niederlassungserfordernis für die mitgliedstaatlichen Leistungserbringer, obwohl in keiner Vorschrift eine Niederlassung in der Bundesrepublik explizit verlangt wird. Dieses faktische Niederlassungserfordernis der mitgliedstaatlichen Leistungserbringer erschwert somit nicht nur die Ausübung der Dienstleistungsfreiheit, sondern verhindert sie sogar.[366]

Zudem könnte die territoriale Begrenzung des Leistungserbringungsrechts zu einer mittelbaren Beschränkung der Versicherten führen. Aufgrund dieser Begrenzung ist es den deutschen Leistungsanbietern nicht möglich, Rechtsbeziehungen mit Leistungserbringern in anderen Mitgliedstaaten einzugehen. Dadurch können den Versicherten von den Krankenkassen keine Behandlungsmöglichkeiten in den anderen Mitgliedstaaten zur Verfügung gestellt werden. Die territoriale Begrenzung des Leistungserbringungsrechts beinhaltet daher des weiteren eine mittelbare[367] nicht-diskriminierende[368] Beschränkung der Dienstleistungsfreiheit der Versicherten.

---

364 Ausnahme hier auch wiederum die Grenzregionen, in denen eine solche Situation aufgrund der kurzen Distanzen denkbar wäre.

365 Daran ändert auch die Vorschrift des § 98 II Nr. 14 SGB V iVm Art. 60 EWG-Vertrag nichts. Die Dienstleistungserbringung durch EG-angehörige Ärzte in der Bundesrepublik ist nämlich nur zulässig, wenn die vorher der zuständigen staatlichen Gesundheitsbehördc gegenüber angezeigt worden ist und eine Ermächtigung durch die KÄV ausgesprochen wurde, § 10 V BÄO iVm § 17 BMV-Ä; § 106 BMV-Z.

366 Im Ergebnis ebenso Everling, in: Zentrum für Europäisches Wirtschaftsrecht (Hrsg.), Die Krankenversicherung in der Europäischen Union, 67 ff (96); Zechel, Die territorial begrenzte Leistungserbringung der Krankenkassen im Lichte des EG-Vertrages, S. 48.

367 Die §§ 69 ff SGB V beziehen sich lediglich auf das Rechtsverhältnis zwischen den Leistungserbringern und den Krankenkassen bzw. Kassenärztlichen Vereinigungen; deshalb scheidet eine unmittelbare Beschränkung der Versicherten aus.

368 Da nicht an das Kriterium der Staatsangehörigkeit anknüpfend.

Das Territorialitätsprinzip im Leistungserbringungsrecht stellt somit - unabhängig einer möglichen Rechtfertigung - einen zweifachen Eingriff[369] gegen die Dienstleistungsfreiheit aus Art. 49 ff EGV dar.

b) Rechtfertigung der nationalen Beschränkungen

Die territoriale Begrenzung des Leistungserbringungsrechts verhindert also, dass im Rahmen des Vertrags- und Sachleistungsprinzips grenzüberschreitende Leistungen erbracht bzw. in Anspruch genommen werden können. Wie bereits im Leistungsrecht kommen als Rechtfertigung für die territoriale Beschränkung des Leistungserbringungsrechts zwingende Gründe des Allgemeininteresses in Betracht. Auch kommt hier als solcher wieder das finanzielle Gleichgewicht der gesetzlichen Krankenversicherung in Betracht. Zudem könnte hier der Gesundheitsschutz durch die Qualitätssicherung medizinischer Standards einen zwingenden Grund des Allgemeininteresses darstellen.

aa) Gesundheitsschutz durch Qualitätssicherung

Diesbezüglich ist die entscheidende Frage, ob und inwieweit die in Deutschland geltenden Qualitätsstandards der medizinischen Versorgung als Begründung dafür ausreichen, mitgliedstaatliche Leistungsanbieter von einem Zugang zur Behandlung deutscher Kassenpatienten auszuschließen. Hierzu hat der EuGH in der Rechtssache „Kohll" festgestellt, dass eine Regelung der streitigen Art „nicht unter Berufung auf Gründe des Gesundheitsschutzes damit gerechtfertigt werden könne, dass die Qualität in anderen Mitgliedstaaten erbrachter ärztlicher Leistungen gewährleistet werden müsse". Begründet wurde dies vom EuGH mit einem Verweis auf die Richtlinie 93/16/EWG. Aus dieser Richtlinie folge, dass „in anderen Mitgliedstaaten niedergelassene Ärzte und Zahnärzte für die Zwecke des freien Dienstleistungsverkehrs als ebenso qualifiziert anerkannt werden müssen wie im Inland zugelassene". Dieser Argumentation kann noch zugestimmt werden.[370]

---

[369] Hierbei sei erneut auf die so genannte „Reiseführerentscheidung" des EuGH hingewiesen, in der anerkannt wurde, dass eine einzige Regelung sowohl den Erbringer als auch den Empfänger einer Dienstleistung beschränken kann, Rs. C-154/89, Kommission/Französische Republik, Slg. 1991-2, I-659 (I-686).

[370] Dies erscheint jedoch äußerst kritikwürdig, da durch sie lediglich eine rechtliche Gleichheit konstruiert wird, die tatsächlich nicht unbedingt vorliegt (vgl. dazu nur die unterschiedliche Vorbereitungszeiten für Fachärzte in den Mitgliedstaaten); so kann auf Dauer von der Bundesregierung nicht akzeptiert werden, dass deutschen Ärzte und Zahnärzte derzeitig eine 18-monatige bzw. 24-monatige Vorbereitungszeit ableisten, ehe sie sich als Vertragsarzt niederlassen können, während es von den Leistungserbringern in anderen Mitgliedstaaten nicht verlangt wird (Problem der sogenannten „Inländerdiskriminierung").

Der mit der Vorbereitung der Urteile in den Rechtssachen „Decker" und „Kohll" beauftragte Generalanwalt Tesauro hat vor diesem Hintergrund der europäischen Ärzterichtlinie die Feststellung getroffen, nun sei Sorge dafür getragen, dass Patienten in allen Mitgliedstaaten gleichermaßen versorgt würden und dass auch dann eine ausreichende gesundheitliche Versorgung des Einzelnen gewährleistet wäre, wenn die Behandlung im Ausland stattfände.[371] Diesem Schluss von einer gemeinschaftsweiten etwa gleichen Ausbildungsbasis hin zu der Sicherstellung einer einheitlichen Mindestqualität an Versorgung in Europa kann jedoch nicht zugestimmt werden.[372] Hierbei wird übersehen, dass persönliche Zugangsvoraussetzungen und allgemeine Berufsausübungsregeln zwei verschiedene Dinge sind. Ein in einem anderen Mitgliedstaat niedergelassener Arzt muss sich - unabhängig davon, wo er seine Berufszulassung erworben hat - an die in diesem Mitgliedstaat geltenden Berufsausübungsregeln halten. So bspw. ein deutscher Vertragsarzt an die in den Gesamtverträgen enthaltenen Vorgaben. Der Generalanwalt Tesauro hat in seinem Schlussantrag somit die Fiktion der Gleichwertigkeit der Ausbildungsgänge verlängert zu einer Fiktion der medizinischen Gleichwertigkeit der gesundheitlichen Versorgung in allen Mitgliedstaaten der EU. Dieser Fiktion widerspricht auch eine von der Gesellschaft für Versicherungswissenschaft und -gestaltung in Auftrag gegebene Studie. In dieser heißt es, dass die Richtlinien vorrangig rechtliche Zugangsvoraussetzungen regeln, diese jedoch keine Rückschlüsse auf die Qualität der vor Ort geleisteten medizinischen Versorgung zulassen.[373]
Der Auffassung des Generalanwalts hat der EuGH jedoch nicht widersprochen. Somit wird dieser mögliche Rechtfertigungsgrund für die Mitgliedstaaten in Zukunft ohne Wirkung bleiben.

bb) Finanzielles Gleichgewicht des Systems der gesetzlichen Krankenversicherung

Das finanzielle Gleichgewicht der gesetzlichen Krankenversicherung wäre beeinträchtigt, wenn den Krankenkassen durch grenzüberschreitende Dienstleistungen wesentlich mehr Kosten entstünden als für die national begrenzte Leistungserbringung. Dies wäre durch eine Leistungsausweitung

---

[371] Siehe dazu Schlussantrag vom Generalanwalt M. Guiseppe Tresauro.
[372] Ebenso Schulz-Weidner, in: Schulte/Barwig (Hrsg.), Freizügigkeit und soziale Sicherheit, 269 ff (336), der von einem eigenartigen Schluss vom Sollen auf das Sein spricht.
[373] Bergmann-Pohl, in: Gesellschaft für Versicherungswissenschaft und -gestaltung e.V. (Hrsg.), Einfluss der EU-Politiken auf das deutsche Gesundheitswesen, 27 ff (31).

sowie durch Missbrauch in Form von Abrechnungen nicht erbrachter Leistungen denkbar.

1) Ausgabensteigerung durch Leistungsausweitung

Wie sich aus der Rechtsprechung des EuGH in den Fällen „Kohll" und „Decker" zeigt, muss die Bundesrepublik als Verursacher der territorialen Beschränkungen im Leistungserbringungsrecht belegen, dass grenzüberschreitende Gesundheitsleistungen eine ernsthafte Gefahr für das finanzielle Gleichgewicht des Krankenversicherungssystems der Bundesrepublik darstellen. Eine Gefährdung der Stabilität könnte durch Ausgabensteigerungen der Krankenkassen erfolgen.

Grund für eine Kostensteigerung der Leistungsanbieter könnte die Ausweitung des Kreises von Leistungserbringern sein. Dadurch könnte die Nachfrage der Versicherten nach Leistungen verstärkt werden und somit die Ausgaben der Krankenkassen erhöht werden. Dies erscheint hier jedoch wenig wahrscheinlich.[374] Zwar lässt sich im Gesundheitswesen empirisch belegen, dass ein größeres Angebot an Leistungen auch eine größere Inanspruchnahme der Versicherten zur Folge hat, die Nachfrage der Patienten also auch durch das Angebot an zur Verfügung stehenden Ärzten bestimmt werden kann.[375] Allerdings ist dies bei grenzüberschreitenden Sachverhalten aus den bereits angesprochenen Gründen der Sprachbarriere und vor allem der Distanzen zu mitgliedstaatlichen Leistungsanbietern wenig wahrscheinlich.[376] Vielmehr wird der deutsche „Normalpatient"[377] unter diesen Umständen grenzüberschreitende Behandlungsleistungen nur in Anspruch nehmen, wenn es sich für ihn gesundheitlich als unausweichlich darstellt und es somit auch zu einer Leistungsinanspruchnahme bei einem deutschen Vertragsarzt gekommen wäre. Eine erhöhte Leistungsinanspruchnahme wird bei diesen grenzüberschreitenden

---

374 A.A. Neumann-Duesberg, in: Barwig/Schulte (Hrsg.), Freizügigkeit und soziale Sicherheit, 89 ff (94 f).

375 Das Phänomen im Gesundheitssektor, dass die Nachfrage vom Angebot bestimmt werden kann; so wird argumentiert, dass mehr Leistungserbringer mehr erbrachte Leistungen bedingen, ein künstlicher Bedarf erzeugt wird (so genannte angebotsinduzierte Nachfrage); siehe dazu Sachverständigenrat für konzertierte Aktionen im Gesundheitswesen, Sondergutachten 1995, S. 40 oder Stackelberg, in VSSR 03/1999, 207 ff (209).

376 So auch eine Einschätzung der Spitzenverbände der Krankenkassen, in: Erweiterte Arbeitsgruppe der SpiK, „Strategischer Umgang mit den EuGH-Urteilen Kohll/Decker vom 28. April 1998", S. 9.

377 Normalpatient hier verstanden als der deutsche Normalbürger, der nicht in Grenzregionen lebt, nicht alle Sprachen der Mitgliedsländer beherrscht und nicht Mittel und Zeit besitzt, auch für jeden nicht dringlichen Arztbesuch einen Leistungsanbieter in einem anderen Mitgliedsland aufzusuchen.

Fällen aufgrund des gleichzeitig damit verbundenen Aufwandes für die Versicherten nicht erfolgen.
Eine erhebliche Ausgabensteigerung im deutschen Gesundheitswesen für die Krankenkassen durch eine Ausweitung des Kreises der Leistungserbringer wird sich nicht einstellen. Eine erhebliche Gefährdung der finanziellen Stabilität des gesetzlichen Krankenversicherungssystems der Bundesrepublik liegt nicht vor.

2) Ausgabensteigerung durch Missbrauchsmöglichkeiten

Schließlich könnte die finanzielle Stabilität der gesetzlichen Krankenversicherung dadurch beeinträchtigt werden, dass Abrechnungskontrollen und Wirtschaftlichkeitsprüfungen in anderen Mitgliedstaaten nicht oder nur eingeschränkt durchführbar sind und somit die Gefahr von Missbrauchstatbeständen bestehen.
Die Wirtschaftlichkeitsprüfung im Vertragsarztrecht kommt zwar ohne hoheitliche Maßnahmen[378] - im Gegensatz zum Krankenhaussektor - aus und beschränkt sich lediglich auf eine Datenübermittlung (siehe § 106 SGB V). Folglich läge darin keine Kollision mit dem Territorialitätsprinzip.
Die deutschen Leistungsanbieter hätten allerdings keine Gewähr, dass die übermittelten Daten nicht manipuliert würden. Abrechnungskontrollen der deutschen Krankenkassen wären in anderen Mitgliedstaaten ohne Wirkung. Insofern wäre nicht auszuschließen, dass Leistungserbringer in anderen Mitgliedstaaten Behandlungsleistungen abrechnen, die sie an deutschen Versicherten nicht erbracht haben.[379] Dadurch würde zweifelsohne eine Ausgabensteigerung innerhalb des deutschen Gesundheitswesens verursacht werden, bei der zudem nicht ausgeschlossen werden könnte, dass sie einen erheblichen Umfang annimmt. Eine erhebliche Gefährdung des finanziellen Gleichgewichts des deutschen Systems der sozialen Sicherheit wäre durch diese Umstände möglich.
Zudem muss sich die nationale Begrenzung als verhältnismäßig erweisen.
Dafür muss sich die Regelung zunächst als geeignet darstellen. Die territoriale Begrenzung des Leistungserbringungsrechts wäre geeignet das finanzielle Gleichgewicht der gesetzlichen Krankenversicherung zu sichern, wenn durch diese Regelung die Gefahr einer erheblichen Ausgabensteigerung vermieden werden könnte. Durch diese Begrenzung werden Rechtsbeziehungen zwischen

---

[378] Everling, in: Zentrum für Europäisches Wirtschaftsrecht (Hrsg.), Die Krankenversicherung in der Europäischen Union, 67 ff (77).
[379] Diesen Fall mal unterstellt; aufgrund der Erfahrungen mit unkorrekten Abrechnungen auch innerhalb der deutschen Vertragsärzte jedoch nicht völlig abwegig; siehe dazu bspw. Tagesspiegel vom 18.11.00, Nr. 17236, S. 15, „Disziplinarverfahren gegen 31 Kassenärzte".

Leistungserbringern in anderen Mitgliedstaaten und deutschen Leistungsanbietern verhindert. Eine Steigerung der Ausgaben der Krankenkassen durch diese Missbrauchstatbestände wäre demnach ausgeschlossen Die Regelung ist daher geeignet, das mit ihr angestrebte Ziel zu sichern.

Damit die Beschränkung der Dienstleistungsfreiheit durch die nationale Begrenzung des Leistungserbringungsrechts gerechtfertigt ist, dürfen ferner keine weniger einschränkenden Maßnahmen in Betracht kommen, die das finanzielle Gleichgewicht der gesetzlichen Krankenversicherung in gleichem Umfang gewährleisten.

Denkbar ist hier jedoch, dass von den deutschen Krankenkassen die Träger in anderen Mitgliedstaaten eingeschaltet werden, um die dort niedergelassenen Leistungserbringer effektiv zu kontrollieren und so Missbrauchsmöglichkeiten zu verringern. Eine Amtshilfe zwischen den Krankenversicherungsträgern verschiedener Mitgliedstaaten ist bereits in der Durchführungsverordnung der Verordnung (EWG) 1408/71, der Verordnung (EWG) 574/72 vorgesehen. Gemäß einzelner Vorschriften dieser Verordnung bestehen im Bereich der gesetzlichen Krankenversicherung zwischen den einzelnen Trägern sowohl Unterrichtungs-[380] als auch Übermittlungspflichten[381]. Dieses Modell, welches sich bisher lediglich auf die Leistungsfälle der Art. 18 ff der Verordnung (EWG) 1408/71 bezieht, könnte auf grenzüberschreitende Abrechnungskontrollen übertragen werden. Die Bundesrepublik könnte mit anderen Mitgliedstaaten Vereinbarungen treffen, wonach die dortigen zuständigen Leistungsanbieter[382] grenzüberschreitend erbrachte Leistungen im Auftrag der deutschen Krankenkassen überprüfen.

Zwar sind die Behörden eines Mitgliedstaates nicht zur Zusammenarbeit verpflichtet, wenn der Durchführung und Ermittlung oder der Beschaffung von Auskünften durch die zuständigen Behörden gesetzliche Vorschriften oder ihre Verwaltungspraxis entgegenstünden.[383] Ein mitgliedstaatlicher Träger könnte somit nicht zur Zusammenarbeit verpflichtet werden. Vielmehr bedürfte es

---

380 Vgl. dazu Art. 17 VI, VII, Art. 18 IV, VIII und Art. 20 II, III der Verordnung (EWG) 574/72.

381 Vgl. dazu Art. 18 III der Verordnung (EWG) 574/72.

382 In einem Mitgliedstaat mit dem System des Nationalen Gesundheitsdienstes könnte dies der Staat übernehmen. Damit wäre für den jeweiligen Mitgliedstaat zwar ein erhöhter verwaltungstechnischer Aufwand mit der Einrichtung entsprechender Stellen verbunden. Administrative Erwägungen können zur Einschränkung von Grundfreiheiten jedoch bekanntlicher weise nicht herangezogen werden.

383 So ausdrücklich der EuGH in Rs. C-204/90, Bachmann, Slg. 1992, I-249 ff, Nr. 20 (I-282); EuGH, Rs. C-300/90, Kommission/Königreich Belgien, Slg. 1992, I-305 ff, Nr. 13 (I-319).

einer Umsetzung in innerstaatliches Recht. Nach den EuGH-Urteilen „Kohll" und „Decker" trifft die mitgliedstaatlichen Leistungsanbieter jedoch ausnahmslos eine Erstattungspflicht bei grenzüberschreitenden ambulanten Behandlungsleistungen. Die Entscheidungen des EuGH werden den einzelnen Mitgliedstaaten somit gezeigt haben, dass sie zumindest langfristig eine solche Vereinbarung zu treffen haben, wenn sie in ihrem Interesse die Effizienz ihrer jeweiligen Abrechnungskontrollen erhalten und dadurch Missbrauchstatbestände verhindern wollen. Auf diese Weise würde gewährleistet, dass den mitgliedstaatlichen Krankenkassen bzw. beim Nationalen Gesundheitsdienst dem Staat keine höheren Leistungsausgaben entstehen würden.

Es ist jedoch noch eine weitere Lösung denkbar.

Die deutschen Krankenkassen könnten den Leistungserbringern in anderen Mitgliedstaaten auferlegen, dass sie die Daten für die Abrechnungskontrolle von dem im Niederlassungsstaat zuständigen Träger beglaubigen und übermitteln lassen. Eine derartige Verpflichtung für den Leistungserbringer könnte bspw. in einem Zulassungsbescheid oder einem Vertrag aufgenommen werden. Dies könnte zudem in Verbindung mit einer Quittierung des Patienten erfolgen.[384] Der Versicherte quittiert dem behandelnden mitgliedstaatlichen Arzt die erbrachte Behandlung per Unterschrift.[385] Bei Nichteinhaltung dieser Vereinbarungen würde dann der Anspruch des Arztes von der Krankenkasse nicht berücksichtigt werden. Auch so würde garantiert, dass keine höheren Leistungsausgaben drohen.

Aufgrund des Umstandes, dass bei der zweiten Alternative die rechtliche Sicherheit bestünde, dass es zu einer amtlichen Beglaubigung der benötigten Daten kommen würde, während bei der ersten Alternative - aufgrund der fehlenden rechtlichen Verpflichtung - an die Vernunft und Einsicht der Mitgliedstaaten appelliert würde, ist hier dem letzteren Lösungsvorschlag der Vorzug zu geben.

Dennoch haben beide Vorschläge gezeigt, dass es durchaus weniger einschränkende Mittel existieren, die geeignet sind, das finanzielle Gleichgewicht des deutschen Krankenversicherungssystems gleichermaßen zu

[384] So ein Pilotprojekt der KZV Bayern, die dabei in Zusammenarbeit mit 8000 bayrischen Kassenärzten für mehr Transparenz und Kostenbewusstsein im Gesundheitswesen sorgen wollen, siehe dazu ZM 01/2001, 82; kritisch dazu jedoch KZBV, in: NZB 11/2000, 807, da dies einen unlösbaren bürokratischen Aufwand bedeute.

[385] Zwar lässt sich durch eine Unterschrift des Patienten unter ein Behandlungsprotokoll bei dem Wissensvorsprung des Arztes - insbesondere auch bei einem möglicherweise hinzukommenden Sprachproblems - der Missbrauch nicht gänzlich ausschließen. Dennoch vermag es sicherlich, die Hemmschwelle für einen Abrechnungsbetrug heraufzusetzen.

sichern. Die territoriale Beschränkung der Leistungserbringung stellt sich damit trotz geeigneten Schutzes der finanziellen Stabilität des deutschen Systems der gesetzlichen Krankenversicherung durch Verhinderung von Ausgabensteigerungen als unverhältnismäßig - da nicht angemessen - dar.

c) Zwischenergebnis

Die territoriale Begrenzung des Leistungserbringungsrechts der Vertragsärzte ist aus diesen Gründen mit den Rechten der Leistungserbringer und der Versicherten aus Art. 49 EGV unvereinbar. Den Leistungserbringern in anderen Mitgliedstaaten muss es ermöglicht werden, Rechtsbeziehungen mit den Krankenkassen derart einzugehen, dass die Krankenkassen den Versicherten auch grenzüberschreitende Leistungserbringer zur Verfügung stellen.

Auch hier kann auf das bereits diskutierte Modell der begrenzten Kostenerstattung verwiesen werden. Wie auch dort zur Schaffung eines Anreizsystems muss der deutsche Gesetzgeber eine Rechtsgrundlage schaffen, die es erlaubt, privatrechtlich-verbindliche Rechtsbeziehungen mit mitgliedstaatlichen Leistungserbringern abzuschließen.

4. Territorialitätsprinzip im Leistungsrecht der Krankenhäuser

Ebenso erscheint die Begrenzung der Kostenerstattung für Krankenhausbehandlungen für gesetzlich Versicherte auf das Inland, §§ 16, 18, 27 I 2 Nr. 5, 39 I iVm §§ 107 ff SGB V, aus europarechtlicher Sicht sehr bedenklich.

a) Verstoß des Territorialitätsprinzips im Leistungsrecht der Krankenhäuser gegen die europäische Dienstleistungsfreiheit

Nach den §§ 16 ff, 27 I 2 Nr. 5, 39 I SGB V wird eine Kostenübernahme für eine stationäre Krankenhausbehandlung im Ausland durch die Krankenkasse für den Versicherten unter enge Voraussetzungen gestellt. Begibt sich der Versicherte gezielt zur Behandlung ins Ausland, wird eine Übernahme der Kosten durch seine zuständige Krankenkasse sogar gänzlich ausgeschlossen.

Nach st. Rspr. des EuGH verstößt jede nationale Regelung gegen Art. 49 EGV, die die Leistung von Diensten zwischen Mitgliedstaaten im Ergebnis gegenüber der Leistung von Diensten im Inneren eines Mitgliedstaates erschwert.[386] Die §§ 16 ff SGB V schränken zweifellos die passive Dienstleistungsfreiheit der

---

[386] EuGH, Rs. C-158/96, Kohll, Slg. 1998, I-1935, Rn 33; Rs. C-381/93, Kommission/Frankreich, Slg. 1994, I-5145, Rn 17.

Versicherten[387] ein, da sie Auslandsbehandlungen im Gegensatz zu Inlandsbehandlungen einem Genehmigungserfordernis mit engen Genehmigungsvoraussetzungen unterstellen bzw. eine Kostenübernahme bei einer gezielt in Anspruch genommenen Auslandsbehandlung völlig ausgeschlossen wird. Im Fall des § 18 I 1 und § 18 III 1 SGB V setzt sich der Versicherte bei einer grenzüberschreitenden Leistungsinanspruchnahme einer stationären Einrichtung der Gefahr aus, dass er die – bei einer stationären Behandlung teilweise immensen - Kosten selber zu tragen hat. Im Vergleich dazu wird die Versorgung in Krankenanstalten im Inland jedenfalls übernommen. Diese Regelungen schrecken die Versicherten somit davon ab, sich an medizinische Dienstleistungsrebringer in anderen Mitgliedstaaten als den Staat der Versicherungszugehörigkeit zu wenden. Im Falle des § 18 III 3 SGB V werden die Versicherten sogar völlig an einer grenzüberschreitenden Leistungsinanspruchnahme von Krankenhäusern gehindert.

b)Rechtfertigung der nationalen Beschränkung

Es gilt also zu prüfen, ob diese Vorschriften durch zwingende Gründe des Allgemeinwohls gerechtfertigt werden können. Entsprechend der EuGH-Entscheidung „Geraets/Peerbooms" kommt als Rechtfertigungsgrund für die Beschränkung der Dienstleistungsfreiheit auf dem stationären Behandlungssektor insbesondere die finanzielle Stabilität der deutschen gesetzlichen Krankenversicherung in Betracht. Dazu hat der EuGH festgestellt, dass eine generelles vorheriges Genehmigungserfordernis für in einem anderen Mitgliedsstaat gewährte Krankenhausversorgung notwendig als auch angemessen ist.[388] Die Zahl der Krankenanstalten, ihre geographische Verteilung, ihr Ausbau und ihre Einrichtung, über die sie verfügen, oder auch die Art der medizinischen Leistungen, die sie anbieten können, müssen planbar sein. So bezweckt ein genereller Genehmigungsvorbehalt, dass das Angebot qualitativ hochwertiger Krankenhausversorgung ständig ausreichend zugänglich ist und die Kosten beherrschbar bleiben. Auf dem europarechtlichen Prüfstand stehen jedoch die konkreten Voraussetzungen für die Erteilung einer derartigen Genehmigung. Diese Voraussetzungen müssen in Anbetracht des zwingenden Grundes des Allgemeinwohls gerechtfertigt sein und dem Erfordernis der Verhältnismäßigkeit genügen.

---

[387] Hinsichtlich der aktiven Dienstleistungsfreiheit der deutschen Krankenhäuser bedürfte es einer Überprüfung der jeweiligen nationalen Vorschriften der anderen 14 Mitgliedstaaten , welche hier unterbleibt. Bezüglich der beschränkenden Wirkung der niederländischen Vorschriften kann jedoch auf das EuGH-Urteil „Geraets/Peerbooms" verwiesen werden (s.o.).

[388] EuGH, Rs.Geraets/Peerbooms, Rn 80.

aa) §§ 16 I Nr. 1, 18 I 1, 27 I 2 Nr. 5, 39 I SGB V

Nach diesen Vorschriften ruht der Anspruch auf eine Krankenhausbehandlung des Versicherten, wenn sich dieser im Ausland aufhält. Eine Kostenübernahme kann jedoch ausnahmsweise von der Krankenkasse erfolgen, wenn die Behandlung einer Krankheit nur im Ausland möglich ist[389] und diese dem allgemein anerkannten Stand der medizinischen Erkenntnisse entspricht. In der Praxis werden als Maßstäbe für den allgemein anerkannten Stand der medizinischen Erkenntnisse § 2 I 3 SGB V sowie die Richtlinien nach § 92 SGB V herangezogen.[390] Die Tatbestandsvoraussetzungen müssen kumulativ vorliegen und sind, damit dem § 18 als Ausnahmevorschrift genüge getan wird, eng auszulegen.[391] Der Gesetzgeber hat zudem die Entscheidung über die Behandlung im Ausland in das Ermessen der Krankenkasse („kann") gestellt. Grundsätzlich ist die Vorschrift des § 18 I 1 SGB V mit seinen eng auszulegenden Tatbestandsvoraussetzungen geeignet, die Finanzierbarkeit der stationären Krankenhausbehandlung zu sichern, indem im Rahmen des dualen Finanzierungssystems die Kapazitäten planbar und auch ausgelastet bleiben.[392] Versicherten bleibt der Zugang zu stationären mitgliedstaatlichen Leistungsanbietern verwehrt bzw. ist erheblich erschwert und dadurch bleibt die Anzahl der zu versorgenden Patienten minimal und somit jedenfalls für die Länder und Krankenhäuser berechenbar. Aus diesem Grund ist die Regelung zur Sicherung der Finanzstabilität der sozialen Sicherungssysteme auch erforderlich. Abzulehnen ist jedoch die Angemessenheit der Regelung. Denkbar ist hier ein milderes Mittel. Der § 18 I 1 SGB V sieht vor, dass bei kumulativen Vorliegen der Tatbestandsvoraussetzungen die Krankenkasse die Kosten der erforderlichen Behandlung „ganz oder teilweise übernehmen kann". Nachdem der § 18 I 1 SGB V durch enge Voraussetzungen die Kostenübernahme als Ausnahmefall qualifiziert, erfährt diese Regelung eine weitere Einschränkung

---

389 Warum diese Behandlung in Deutschland nicht durchgeführt werden kann und ob dafür qualitative oder quantitative Aspekte maßgeblich sind, ist unerheblich. Dies kann ortsgebundene klimatische Gründe haben, so bspw. BSGE, SozR 3-2500, § 18, Nr. 1, S. 1, Badekuren im Toten Meer bei Neurodermitis, wie auch fehlende Kapazitäten im Inland.

390 Mrozynski, in: Wannagat, Sozialgesetzbuch-Kommentar, § 18, Rn 6.

391 So ausdrücklich der Gesetzgeber in: BT-Drucks. 11/2237, S. 166. Der Vorrang der Inlandsmedizin gilt auch dann, wenn das Leistungsangebot im Ausland wegen einer besonders modernen technischen Ausstattung eines Krankenhauses eine überdurchschnittliche Qualität aufweist. Eine solche Spitzenmedizin bildet nicht den Maßstab für die Leistung der gesetzlichen Krankenversicherung; BSGE, SozR 3-2500, § 18, Nr. 4, S. 15.

392 Die Investitionsgelder der Länder können dadurch effektiv eingesetzt und so amortisiert werden.

auf der Rechtsfolgenseite. Zwar hat die Krankenkasse bei der Ermessensausübung die Grenzen des § 39 I SGB I zu beachten. Eine Kostenübernahme im Notfall in das Ermessen der Krankenkasse zu stellen ist jedoch übermäßig. Die Ausübung des Ermessens könnte die Durchsetzbarkeit des Gemeinschaftsrechts[393] praktisch vereiteln und somit gegen den Grundsatz des „effet utile" verstoßen. Für die Ermessensausübung in § 18 I 1 SGB V existieren lediglich höchst vage Maßstäbe.[394] Ermessensrelevante Gesichtspunkte sind nur schwer zu erkennen.[395] Zudem wäre die Krankenkasse nicht einmal an ein Prüfungsergebnis des MDK gebunden. Grenzen, die eine missbräuchliche Ausübung des Ermessens der nationalen Krankenkassen verhindern bzw. deren Ermessensausübung für den Versicherten vorhersehbar und damit planbar machen, sind also kaum vorhanden.
Der § 18 I 1 SGB V geht zudem durch seine Möglichkeit der Ermessensausübung über das hinaus, was zur Sicherung des finanziellen Stabilität der gesetzlichen Krankenversicherung angemessen ist. Um die Planbarkeit der stationären Leistungsinanspruchnahme im Bundesgebiet zu erhalten, reichen die Beschränkungen auf der Tatbestandsseite aus. Bei der Leistungsfähigkeit des deutschen Gesundheitssystems[396] ist der Fall, dass eine Behandlung aus qualitativen Gesichtspunkten „nur im Ausland" möglich ist, sehr selten.[397] Somit ist es zur Sicherung der Finanzstabilität ausreichend, wenn die Beschränkung der Dienstleistungsfreiheit soweit geht, dass bei Vorliegen der Tatbestandsvoraussetzungen des § 18 I 1 SGB V die Krankenkasse zur vollen Kostenübernahme verpflichtet wird.

bb) §§ 16 I Nr. 1, 18 III 1 , 27 I Nr. 5, 39 I SGB V

An der Europarechtskonformität der Notfallregelung des § 18 III 1 SGB V bestehen keine Bedenken.[398]

---

[393] Hier sogar das einer Grundfreiheit.

[394] Mrozynski, in: Wannagat, Sozialgesetzbuch-Kommentar, § 18, Rn 6.

[395] Peters, in: Kasseler Kommentar, Sozialversicherungsrecht, § 18 SGB V, Rn 6.

[396] Zumindest im europäischen Vergleich kann man von einem hohen Standart des deutschen Gesundheitsversorgungssystems ausgehen. Ebenso Hess, Hauptgeschäftsführer der KBV, in: ÄZ vom 08. März 2002, Nr. 45, S. 3.

[397] Dies wird sich zumeist auf die bereits erwähnten ortsgebundenen klimatischen Umstände beziehen (Totes Meer).

[398] Mit der Regelung des Abs. 3 Satz 1 hat der Gesetzgeber einer Reihe von Petitionen von chronisch Kranken (Dialysepatienten, Blutern) entsprochen, BT-Drucks. 12/3608, S. 77.

cc) §§ 16 I Nr. 1, 18 III 3, 27 I 2 Nr. 5, 39 I SGB V

Nach diesen Vorschriften ist eine Kostenübernahme der Krankenkasse unzulässig, wenn sich der Versicherte (gezielt) zur Krankenhausbehandlung ins Ausland begibt. Auch diese Regelung stellt sich als geeignet dar, die Finanzstabilität der gesetzlichen Krankenversicherung zu erhalten. Der generelle Ausschluss der Kostenerstattung bei einer gezielten Inanspruchnahme ausländischer Einrichtungen dient der Auslastung inländischer Einrichtungen und somit des wirtschaftlichen Betriebes wie auch der wirtschaftlichen Planbarkeit der Krankenhäuser.

Jedoch erscheint auch hier die Angemessenheit der Regelung bedenklich. Der § 18 III 3 SGB V schließt die Kostenübernahme bei einer gezielten Leistungsinanspruchnahme auch in anderen Mitgliedstaaten völlig aus. Ausnahmen sowie ein Ermessen der Krankenkasse sind nicht vorgesehen. Die Einräumung von Ausnahmetatbestände würde jedoch ein milderes Mittel darstellen.

Diese wären in der Weise denkbar, dass die mitgliedstaatlichen Krankenkassen untereinander ein Austauschmodell ihrer Versicherten entwickeln. Es bestünde die Möglichkeit, Versicherte aus anderen Mitgliedstaaten stationär in deutschen Krankenhäusern zu behandeln. Die in Anspruch genommenen Krankenhäuser könnten dann Informationen über die Behandlung der in anderen Mitgliedstaaten Versicherten wie Leistungsdauer, Leistungsart sowie Leistungskosten an die jeweiligen Landesverbände der Krankenkassen weitergeben. Diese Daten könnten dann in einer einzurichtenden Statistik aufgenommen und so ein Austauschkontingent ermittelt werden.[399] Dann bestünde die Möglichkeit für die Krankenkasse, die nach Art und Dauer vergleichbaren Behandlungen in Krankenhäusern anderer Mitgliedstaaten zu gestatten und die Kosten zu übernehmen. Dadurch würde verhindert, dass Finanzmittel für stationäre Behandlungen aus der gesetzlichen Krankenversicherung abfließen. Zudem wäre sichergestellt, dass die Kapazitäten der Krankenhäuser im Inland planbar und ausgelastet blieben. Die Aufnahme von Versicherten aus anderen Mitgliedstaaten in deutsche Krankenhäuser wird in der Praxis bereist durchgeführt[400], eine sofortige Umsetzung dieses Austauschmodells wäre also machbar.

---

[399] Dies würde auch ohne großen verwaltungstechnischen Aufwand realisierbar sein. Durch bereits existierende Rechnungsgrößen wie bspw. Honorarverteilungsmaßstäbe und Punktwerte wären erbrachte Leistungen kategorisierbar und somit vergleichbar.

[400] Ärztezeitung vom 06. März 2002 , „Niedersachsen erwartet englische Patienten“. Bereits im März werden 20 Patienten im Krankenhaus Henriettenstift in Hannover aufgenommen. Bereist in der Vergangenheit wurden in Nordrhein-Westfalen Patienten aus Großbritannien behandelt.

c) Zusammenfassung
Es lässt sich also feststellen, dass die Regelungen des § 18 I 1 SGB V und des § 18 III 3 SGB V gegen die europäische Dienstleistungsfreiheit verstoßen und nicht durch zwingende Gründe des Allgemeinwohls zu rechtfertigen sind, da ein milderes und was den Schutz der Finanzstabilität der gesetzlichen Krankenversicherung betrifft gleich effektives Mittel in Betracht kommt.

5. Sachleistungsprinzip
Es bleibt noch die für die deutsche Krankenversicherung elementare Frage nach den Konsequenzen der Urteile des EuGH in den Rechtssachen „Kohl" und „Decker" für das vorherrschende und systemprägende Sachleistungsprinzip. Trotz vereinzelter Kritik in der Literatur kann man die Ausführungen in der Rechtssache „Kohll" als eine Gestaltungsvorgabe des EuGH[401] an die Mitgliedstaaten werten, in grenzüberschreitenden Sachverhalten im Interesse einer Optimierung der Dienstleistungsfreiheit das Sachleistungs- durch das Kostenerstattungsprinzip zu ersetzen. Denn der Tenor der Entscheidung lautet: „Eine nationale Regelung, die die Erstattung für Zahnbehandlung ... nach den Tarifen des Versicherungsstaates von der Genehmigung des Trägers der sozialen Sicherheit geltend macht, verstößt gegen die Art. 59 und 60 EG-Vertrag". Zwar sei der Begriff „Erstattung" neutral und lasse offen, ob sie sich auf den Zahlungsfluss zwischen Patient und Krankenkasse bezieht oder auf die Beziehung zwischen Arzt und Krankenkasse.[402] Zum anderen sei auch zu berücksichtigen, dass der EuGH über ein nationales Gesundheitssystem zu entscheiden hatte, welches von der grundsätzlichen Geltung des Kostenerstattungsprinzips ausgeht. Jedoch wurde im Verlauf der Untersuchung in dieser Arbeit dargestellt, dass sich die EuGH-Urteile in den Rechtssachen „Kohll" und „Decker" als verbindlich auch für das deutsche System der gesetzlichen Krankenversicherung darstellen[403] und der EuGH den Anwendungsbereich der Dienstleistungsfreiheit letztgültig auch beim Sachleistungsprinzip für eröffnet[404] erklärt hat. Zudem stellt die Abkehr vom Sachleistungsprinzip hin zum Kostenerstattungsprinzip bei grenzüberschreitender Leistungsinanspruchnahme mitgliedstaatlicher Ärzte im

[401] Wie rechtlich verbindlich sich diese „Gestaltungsvorgabe" darstellt, wird Thema des folgenden Kapitels 5. sein.
[402] So eine Überlegung von Schulz-Weidner, in: Schulte/Barwig, Freizügigkeit und soziale Sicherheit, 269 ff (342).
[403] Siehe dazu C., II. 2., e), (5), (c) dieser Arbeit.
[404] EuGH, Rs. C-157/99, Geraets/Peerbooms, Rn 53.

Hinblick auf die Sicherung der Stabilität der Finanzstabilität der deutschen Krankenversicherung ein wesentlich milderes Mittel dar als die strikte Einhaltung der territorialen Abschottung. Auch auf einem Europäischen Experten-Forum für freie Zahnmedizin am 21. November 2000 wurde die Ansicht vertreten, dass kein Zweifel daran bestünde, dass nationalstaatliche gesundheitspolitische Insellösungen wie das deutsche Sachleistungssystem im Hinblick auf die europäischen Grundfreiheiten auf Dauer keinen Bestand haben werden.[405] Ziel müsse es sein, die nationalen Gesundheitsversorgungssysteme auch im Hinblick auf die EU-Osterweiterung europakompatibel zu machen.[406] Sollten die deutschen Leistungsanbieter und - aus der Warte der Zuständigkeit gesehen - die Legislative jedoch nicht versuchen, das Sachleistungsprinzip an die europarechtlichen Vorgaben anzupassen, so wird man im Falle einer Inanspruchnahme einer Leistung in einem anderen Mitgliedstaat § 13 III SGB V anwenden müssen. Das für den dort geregelten Kostenerstattungsanspruch vorausgesetzte Systemversagen läge darin, dass eine Anpassung an das Recht der EU und die Rechtsprechung des EuGH unterlassen wurde. Somit kann insbesondere nach den EuGH-Urteilen in den Rechtssachen „Kohll" und „Decker" und hinsichtlich weiterführenden Überlegungen bzgl. der Vereinbarkeit des Territorialitätsprinzips mit der Dienstleistungsfreiheit festgestellt werden, dass es in der Praxis der grenzüberschreitenden Leistungserbringung der Vertragsärzte zu einer Geltung des Kostenerstattungsprinzips kommen wird.[407]

In diesem Zusammenhang ist darauf hinzuweisen, dass der deutsche Gesetzgeber nicht nur in bestimmten Ausnahmetatbeständen das Sachleistungsprinzip selbst wiederholt zugunsten des Kostenerstattungsprinzips durchbrochen hat. Mit der früher in § 13 II SGB V a.F.[408] generell für die Versicherten eingeräumten Möglichkeit, anstatt der Sachleistung die Kostenerstattung zu wählen, hat er gezeigt, dass Sachleistungsprinzip und die alternative Möglichkeit der Kostenerstattung durchaus miteinander vereinbar sind. Eine Forderung der Kassenzahnärztlichen Bundesvereinigung auf einer Vertreterversammlung am 10. November 2000 geht dabei noch weiter. In einem Eckpunktepapier fordert sie sogar, dass das Sachleistungsprinzip grundsätzlich

---

405 So insbesondere die Ansicht von Patrick Santer, luxemburgischer Abgeordneter, und Meinhard Heinze, siehe dazu FVDZ, Europa-Forum in Brüssel, in: ZM 01/2001, 7; DFZ 12/2000, 18.

406 Schlussstatement des Europa-Forums in Brüssel von Beckmann, in: DFZ 12/2000, 18.

407 Vereinzelte Stimmen in der Literatur sprechen sogar plakativ davon, dass das Sachleistungssystem bereits vor dem Kollaps stünde. So bspw. Maibach-Nagel, in: ZM 01/2001, 20 ff (20).

408 Siehe dazu die Erläuterungen in B., IV., 4., b) dieser Arbeit.

durch die Einführung des Kostenerstattungssystems abgelöst werden sollte.[409] Eine ähnliche Forderung ist vom Freien Verband Deutscher Zahnärzte geäußert worden, und ist dabei argumentativ mit den guten Erfahrungen in den Niederlanden und Schweden untermauert worden.[410] Auch darin spiegelt sich die Vereinbarkeit von Sachleistungs- und Kostenerstattungsprinzip wieder. Insofern kann auch durch eine - partielle, auf die Leistungsinanspruchnahme im den Mitgliedstaaten abstellende - Zulassung der Kostenerstattung das Recht der gesetzlichen Krankenversicherung mit dem Gemeinschaftsrecht in Einklang gebracht werden, ohne dass das Sachleistungsprinzip mit dem ihn immanenten Steuerungsmechanismen aufgegeben wird.

II. Änderungsvorschlag: Konkrete legislative Konsequenzen für das deutsche System der gesetzlichen Krankenversicherung

Die Unvereinbarkeit der territorialen Begrenzung des Leistungs- und Leistungserbringungsrechts, der grundsätzlichen Geltung des Sachleistungsprinzips bei mitgliedstaatlichen Sachverhalten und der Zulassungsbeschränkung für Vertragsärzte mit den europäischen Grundfreiheiten und der allgemeinen politischen Entwicklung auf europäischer Ebene wirft die Frage auf, welche konkreten legislativen Veränderungen vom deutschen Gesetzgeber im SGB V erforderlich sind.

1. Notwendige Veränderungen im Leistungsrecht der Vertragsärzte

Im Leistungsrecht der deutschen Vertragsärzte bedarf es zur Aufhebung der grundsätzlichen territorialen Begrenzung einer Ausnahmeregelung zu der Ruhensvorschrift des § 16 I Nr. 1 SGB V. Zwar kann an dieser Ruhensbestimmung auch in Zukunft festgehalten werden, wenn die in Deutschland Versicherten Leistungsansprüche gegenüber ihrer Krankenkasse geltend machen, die durch die Inanspruchnahme eines ausländischen Leistungserbringers außerhalb eines Mitgliedstaates der Europäischen Union entstanden sind.

Bei Mitgliedstaaten der Europäischen Union verstößt dagegen - wie insbesondere der EuGH in seinen Urteilen „Kohll" und „Decker" manifestiert

---

409 Eckpunktepapier zur Neustrukturierung des Gesundheitswesens, veröffentlicht in ZM 24/2000, 2996 ff (2997), oder unter : http:/www.kzbv.de/m22.htm.

410 So Kurt Gerritz, Bundesvorstandsmitglied für Öffentlichkeitsarbeit im Freien Verband Deutscher Zahnärzte, in: NZB 11/2000, 840 f (841). Ebenso hat sich die Bundeszahnärztekammer in einer Stellungnahme zur europäischen Gesundheitspolitik geäußert, in: ZM 02/2001, 18 ff.

hat - der in der Ruhensvorschrift des § 16 I Nr. 1 SGB V enthaltene Grundsatz gegen die Waren- und Dienstleistungsfreiheit.
Die Vorschrift des § 16 I Nr. 1 SGB V lässt jedoch ausdrücklich abweichende Regelungen zu. Danach ruht der Anspruch auf Leistung, ...„soweit in diesem Gesetzbuch nichts Abweichendes bestimmt ist,...“. Grenzüberschreitende - iSe mitgliedstaatlichen - Leistungsinanspruchnahme könnte somit durch eine ergänzende Vorschrift und ohne Änderung des § 16 I Nr. 1 SGB V geregelt werden.
Eine solche Neuregelung der deutschen Legislative sollte dabei auf dem oben dargestellten System der begrenzten Kostenerstattung basieren. Es sollte sich an den Ausnahmecharakter der §§ 17 II und 18 III 2 1. Hs. SGB V orientieren, damit die grundsätzliche Geltung des Sachleistungsprinzips auf dem Gebiet der Bundesrepublik - und mit ihr die bestehenden Systeme der Wirtschaftlichkeits- und Mengensteuerung - erhalten bleibt.[411] Dies kann dadurch sichergestellt werden, dass diese Neuregelung vorsieht, dass ein Kostenerstattungsanspruch nicht besteht, wenn ein Leistungserbringer in Anspruch genommen wird, der bereits vertraglich mit der Krankenkasse gebunden - mithin also Vertragsarzt - ist. Alle diese Überlegungen sollten vom deutschen Gesetzgeber in dieser Neuregelung berücksichtigt werden. Die Norm - möglicherweise als § 18 a SGB V - könnte dabei folgenden Wortlaut haben:

§ 18 a Ausnahmevorschrift für ärztliche Leistungen auf dem Gebiet der Europäischen Union

(1) Bei einem Aufenthalt in einem Mitgliedsstaat der Europäischen Union besteht der Anspruch auf Leistungen nach § 28 dieses Gesetzbuches fort.

(2) Die Krankenkasse erstattet dem Versicherten die ihm entstandenen Kosten nur bis zu der Höhe, in der sie ihr durch die Leistungsinanspruchnahme eines Vertragsarztes entstanden wäre.

(3) Eine Kostenerstattung nach Absatz 2 kommt nicht in Betracht, wenn der Versicherte einen nach den Vorschriften der §§ 69 ff SGB V gebundenen Leistungserbringer in Anspruch nimmt.

---

[411] In diesem Zusammenhang weist Neumann-Duesberg jedoch auf die Gefahr eines Dominoeffektes hin. Wenn Leistungen jenseits der Grenze generell in Anspruch genommen werden könnten und dann Kostenerstattung möglich wäre, würde der Druck auf das System, bei Inlandsfällen gleicher Art entsprechend zu verfahren und heute gültige Beschränkungen fallen zu lassen, politisch auf Dauer sehr groß sein; aus: ders., in: GG 10/1998, 22 ff (25).

In dieser Fassung hätte ein neu eingeführter § 18 a SGB V zur Folge, dass für die Versicherten eine grenzüberschreitende Leistungsinanspruchnahme unter Berücksichtigung des Notwendigen möglich wäre und es zudem keinen Verstoß gegen die Europäischen Grundfreiheiten gäbe. Auch würde allgemein dadurch der Politik der Europäischen Union und ihrer fortschreitenden Integration auf vielen Politikbereichen Rechnung getragen, indem es zu einer Öffnung des deutschen Gesundheitsmarktes für die mitgliedstaatlichen Leistungsanbieter und den in Deutschland Versicherten kommt.

2. Notwendige Veränderungen im Leistungserbringungsrecht der Vertragsärzte

Im Leistungserbringungsrecht der deutschen Vertragsärzte sollte es den deutschen Krankenkassen bzw. deren Verbänden ermöglicht werden, privatrechtliche Rechtsbeziehungen zu Ärzten in anderen Mitgliedstaaten einzugehen. Insofern sollte der deutsche Gesetzgeber eine Rechtsgrundlage schaffen, die es erlaubt, Verträge mit mitgliedstaatlichen Leistungserbringern zu schließen.[412]

Deutsche Hoheitsakte im Niederlassungsstaat des mitgliedstaatlichen Arztes wären dann zwar gemäß des völkerrechtlichen Territorialitätsprinzips weiterhin ausgeschlossen. Durch die privatrechtlichen Verträge könnten jedoch Einzelheiten der ärztlichen Versorgung, das in Deutschland geltende Vergütungssystem und etwaige Kontrollmaßnahmen geregelt bzw. auf diese Leistungsanbieter übertragen werden. Als konkrete gesetzliche Neuerung bietet sich von der Systematik des SGB V an, eine entsprechende Rechtsgrundlage im Zusammenhang mit dem Recht auf freie Arztwahl des § 95 SGB V anzuschließen. Konkreter Vorschlag ist also, einen § 95 a SGB V mit folgendem Wortlaut einzufügen:

§ 95 d Mitgliedstaaliche Leistungsanbieter

> Über den § 95 Absatz 1 hinaus können die Landesverbände der Krankenkassen mit Wirkung für ihre Mitgliedskassen mit Leistungsanbietern in Mitgliedstaaten der Europäischen Union beiderseits verbindliche Verträge abschließen, die die Einzelheiten der Versorgung, der Abrechnung sowie der Abrechnungskontrolle regeln.

Ein neu eingeführter § 95 d SGB V hätte somit zur Folge, dass das bisher geltende Territorialitätsprinzip im Leistungserbringungsrecht der deutschen

[412] So auch ein Vorschlag der Arbeitsgemeinschaft der Spitzenverbände der gesetzlichen Krankenkassen in der Stellungnahme zum BMG-Fragebogen vom 08.11.2000, S. 7 und 12.

Vertragsärzte europarechtskompatibel umgestaltet würde.[413] Zudem würde man dadurch dem völkerrechtlichen Territorialitätsprinzip gerecht, das deutsche Hoheitsakte nur auf dem Gebiet der Bundesrepublik ermöglicht. Dennoch wären die für die finanzielle Stabilität der deutschen gesetzlichen Krankenversicherung wichtigen Mechanismen auch auf den Fall der grenzüberschreitenden Leistungsinanspruchnahme übertragen. Durch den Abschluss dieser funktionsäquivalenten privatrechtlichen Regelungen mit den Leistungserbringern aus dem EU-Mitgliedsländern könnte das Sachleistungsprinzip bedarfs- und versichertenorientiert über die Grenzen hinweg ausgedehnt werden.

3. Notwendige Veränderungen im Leistungsrecht der Krankenhäuser

Auch im Leistungsrecht der Krankenhäuser bedarf es aufgrund ungerechtfertigter Beschränkungen der Dienstleistungsfreiheit Ausnahmeregelungen für das Gebiet der Europäischen Union. Unter Berücksichtigung der oben festgestellten Prüfungsergebnisse könnte die Ausnahmeregelung folgenden Wortlaut haben:

§ 18 b Ausnahmevorschrift für Krankenhausleistungen auf dem Gebiet der Europäischen Union

(1) Liegen die Voraussetzungen des § 18 Absatz 1 Satz 1 für Krankenhausleistungen auf dem Gebiet der Europäischen Union vor, so hat die Krankenkasse die Kosten ganz zu übernehmen.

(2) Begibt sich der Versicherte zur Krankenhausbehandlung in einen anderen Mitgliedstaat der Europäischen Union, so kann die Krankenkasse die Kosten der Behandlung übernehmen. Bei ihrer Entscheidung hat die Krankenkasse Austauschzahlen zu berücksichtigen. Austauschzahlen[414] sind von den Landesverbänden der Krankenkassen und den Verbänden der Ersatzkassen gemeinsam in Zusammenarbeit mit der Landeskrankenhausgesellschaft oder mit den Vereinigungen der Krankenhausträger zu erstellen.

(3) Die Kosten dürfen von der Krankenkasse nur bis zu der Höhe, in der sie im Inland entstanden wäre, übernommen werden.

---

[413] Darüber hinaus sollte klargestellt werden, dass eine solche Neuregelung auch für Angehörige eines Vertragsstaates des Abkommens über den Europäischen Wirtschaftsraum (EWR) gilt, denn diese haben nach Art. 8 ff und Art. 36 ff EWR-Abkommen den freien Waren- und Dienstleistungsverkehr zu gewährleisten.

[414] Zur Erläuterung zu den Austauschzahlen siehe D., I., 4., b., cc..

Mit einem solchen § 18 b SGB V wäre ein dem Erfordernis der Angemessenheit genügender Ausgleich zwischen der europäischen Dienstleistungsfreiheit und den nationalen Interessen an einer finanziellen Stabilität des Systems der gesetzlichen Krankenversicherung auf dem Krankenhaussektor geschaffen.

4. Zwischenergebnis

Mit der Einfügung der §§ 18 a, 18 b sowie eines § 95 d SGB V mit dem vorgeschlagenen Wortlaut wäre es möglich, das bestehende Territorialitätsprinzip im Leistungs- und Leistungserbringungsrecht der Vertragsärzte wie im Leistungsrecht der Krankenhäuser so zu gestalten, dass keine europarechtlichen Bedenken bestünden und der auf Integration abzielenden Politik der Europäischen Union Rechnung getragen würde. Zudem wäre es möglich, die Probleme, die im Hinblick auf die deutsche gesetzliche Krankenversicherung entstehen könnten, mit vorausschauenden und problemlösungsorientierten Regelungen entgegenzutreten. Auf diesem Weg könnte das bestehende Spannungsverhältnis zwischen den Grundfreiheiten und dem deutschen System der gesetzlichen Krankenversicherung entschärft werden.

III. Rechtliche Umsetzbarkeit dieser Auswirkungen / Vorschläge

Abschließend erfordert es eine Untersuchung, wie sich die rechtliche Umsetzbarkeit dieser „europäischen Vorgaben" darstellt.

1. Politischer Umsetzungswille

Die damalige Bundesregierung mit dem damaligen Bundesgesundheitsminister Seehofer hat sich ablehnend zu den Urteilen – „Wir müssen die Auszehrung unserer Gesetzlichen Krankenversicherung verhindern"[415] - ausgesprochen. Zu notwendigen legislativen Veränderungen wurde vom damaligen Bundesgesundheitsministerium sogar geäußert, dass „die geltenden Begrenzungen des nationalen Rechts (§§ 16-18 SGB V) ... für die gesetzliche Krankenversicherung in Deutschland unverändert bleiben. Weiterhin ruhen die Leistungsansprüche der Versicherten deutscher gesetzlicher Krankenkassen bei einer Inanspruchnahme von Leistungen im EU-Ausland wie bisher,...und ohne Rechtsgrundlage entstandenen Kosten dürfen von deutschen Krankenkassen nicht übernommen werden."[416]

---

[415] Zitat Seehofers in: KrV 07/1998, 212.

[416] Pressemitteilung des Bundesgesundheitsministeriums Nr. 41, vom 05. Juni 1998, 1 ff (5).

Die zurückgetretene Bundesgesundheitsministerin Fischer ließ zwar anfänglich eine klare Stellungnahme vermissen. So sprach sie lediglich von einem Spannungsverhältnis zwischen dem freien Waren- und Dienstleistungsverkehr und der Verantwortung der Mitgliedstaaten für die Gestaltung ihrer Gesundheitssysteme, welches unter Wahrung der bestehenden Kompetenzen der Mitgliedstaaten gelöst werden müsse.[417] Kurz vor ihrem Rücktritt jedoch äußerte sich auch sie ablehnend. Auf der Bundesversammlung der Bundeszahnärztekammer am 03. November 2000 sagte sie, dass sie es nicht sehe, dass die bisherigen EuGH-Urteile zwangsläufig zu einer Einführung des Kostenerstattungsprinzips führen müssen.[418] Ihrer Meinung nach habe sich das Sachleistungsprinzip bewährt.[419]
Auch diese Äußerung lässt darauf schließen, dass entgegen des gegeben politischen Handlungsbedarfs eine rechtliche Umsetzung der Urteilsgrundsätze des EuGH vom deutschen Gesetzgeber[420] aus keine Selbstverständlichkeit ist, bzw. dass damit in nächster Zeit nicht zu rechnen ist.

2. Theoretische Möglichkeit der Durchsetzung

Eine freiwillige Umsetzung der europarechtlichen Gestaltungsvorgaben vom deutschen Gesetzgeber ist nicht ersichtlich. Fraglich ist also, wie der in Deutschland Versicherte sein Recht auf Erstattung der Behandlungskosten bei gezielter Inanspruchnahme mitgliedstaatlicher Leistungsanbieter durchsetzen könnte.
Grundsätzlich ist die Bundesrepublik Deutschland verpflichtet, den Vorgaben des Europarechts zu entsprechen. Art.10 EGV verpflichtet die Mitgliedstaaten, Maßnahmen zu unterlassen, welche die Verwirklichung der Ziele des EG-Vertrages gefährden könnten. Hierzu zählt nach Art. 14 EGV auch die Verwirklichung eines Binnenmarktes, in dem der freie Verkehr von Waren, Personen, Dienstleistungen und Kapital gewährleistet ist. Die Mitgliedstaaten dürfen daher keine Maßnahmen und Rahmenbedingungen schaffen bzw. unterlassen, die die Grundfreiheiten – in diesem Zusammenhang insbesondere die Waren- und Dienstleistungsfreiheit – verletzen.

---

417 Pressemitteilung des Bundesgesundheitsministeriums Nr. 3, vom 27. Januar 1999, unter http://www.bmgesundheit.de/presse/1999/presse99/3.htm.
418 Siehe dazu ZNN 12/2000, 7 f (8) oder DFZ 12/2000, 13 .
419 Bei dieser Aussage wird jedoch völlig verkannt, dass es unerheblich ist, ob sich das Sachleistungsprinzip bewährt habe oder nicht. Harmonisierungsvorgaben nehem keine Rücksicht darauf, ob sich ein nationales System als funktionsfähig darstellt oder nicht.
420 Ablehnend auch aus jüngster Zeit der Bundesrat. Entgegen der hier vertretenen Ansicht sieht die Länderkammer durch Leistungsinanspruchnahme im Ausland „Betrug, Korruption und Leistungsmissbrauch Tür und Tor geöffnet", aus Ärztezeitung vom 02.10.2003.

Das Gemeinschaftsrecht kann seine einheitliche Geltung in allen Mitgliedstaaten aber nur erreichen, wenn es auch durchgesetzt werden kann. Gibt der EuGH einer Klage statt, kann er jedoch lediglich ein Feststellungsurteil erlassen. Es ist ihm verwehrt, den Mitgliedstaaten im Tenor zur Beseitigung des Verstoßes zu verpflichten oder die beanstandete Maßnahme selbst im Tenor aufzuheben oder für rechtswidrig zu erklären.
Das Gemeinschaftsrecht ebenso wie die nationalen Prozessordnungen sehen zwar eine zwangsweise Durchsetzung gemeinschaftsrechtlicher Titel vor, wenn die unterlegene Partei nicht gewillt ist, dem Urteil des Gerichtshofs Folge zu leisten. Die Möglichkeit der Gemeinschaft, ihr Recht gegenüber den Mitgliedstaaten durchzusetzen, sind jedoch begrenzt. So existieren innerhalb der Europäischen Union keine Vollstreckungsorgane. Eine Zwangsvollstreckung kann von der Kommission nicht betrieben werden, vielmehr wären sie auf die Mithilfe der zuständigen einzelstaatlichen Behörden angewiesen.[421] Weitgehend sind sie jedoch auf die freiwillige Befolgung und „Einsicht“ der Gemeinschaftsrechtsunterworfenen angewiesen.[422] In der gemeinschaftsrechtlichen Praxis ist die zwangsweise Durchsetzung von Entscheidungen des Gerichtshofs bisher äußerst selten vorgekommen und eher die Ausnahme.

3. Gegenwärtige Praxis der Krankenkassen

Eine solche ohnehin unsichere zwangsweise Durchsetzung wäre jedoch nicht notwendig, wenn die Krankenkassen entgegen der gemeinschaftsrechtswidrigen § 16 ff SGB V die Erstattung der Kosten grenzüberschreitender Behandlungen vornähmen.
Wegen des Anwendungsvorrangs des Gemeinschaftsrechts gegenüber einzelstaatlichem Recht macht ein Verstoß einzelstaatlicher Rechtsvorschriften gegen die Binnenmarktvorschriften die entsprechenden nationalen Vorschriften unanwendbar.[423] Damit entfiele auch die Bindung der Sozialversicherungsträger an die in der jetzigen Fassung gemeinschaftsrechtswidrigen §§ 16 ff SGB V. Die gesetzlichen Krankenkassen wären somit befugt, entgegen der jetzigen Gesetzeslage den Anspruch des Versicherten bei einem Aufenthalt in anderen Mitgliedstaaten nicht ruhen zu lassen und jedenfalls eine Erstattung der ambulanten Behandlungskosten vorzunehmen. Zu beleuchten gilt also, wie sich

[421] Ruffert, in: Callies/Ruffert, Kommentar zu EU-/EG-Vertrag, Art. 256, Rn 3.
[422] Rengeling/Middeke/Gellermann, Rechtsschutz in der Europäischen Union, Rn 811.
[423] EuGH Rs. 6/64, Costa/ENEL, Slg. 1964, 1251 ff, EuGH Rs. 106/77, Simmenthal, Slg. 1978, 629 ff, EuGH Rs. 249/85, Albako, Slg. 1987, 2345 ff.

die Praxis der deutschen gesetzlichen Krankenkassen bei mitgliedstaatlicher Leistungsinanspruchnahme von Versicherten darstellt.
Grundsätzlicher Ausgangspunkt der gesetzlichen Krankenkassen ist dabei folgender. In einem veröffentlichten Positionspapier hat eine Arbeitsgemeinschaft der Spitzenverbände der Krankenkassen gefordert, dass das bestehende Sachleistungsprinzip so ausgestaltet werden müsse, dass es den Bestimmungen des EG-Vertrages und der diesbezüglichen Rechtsprechung des EuGH entspreche.[424] Die deutschen gesetzlichen Krankenkassen begrüßen demnach grundsätzlich die Möglichkeit der grenzüberschreitenden europäischen Leistungsinanspruchnahme der Versicherten. Auch fordern sie die deutschen Krankenkassen auf, den weiten Ermessensspielraum, den sie bei der Erteilung der Genehmigung zur grenzüberschreitenden Leistungsinanspruchnahme nach Art. 22 I c) EWG-VO Nr. 1408/71 haben, stärker als bisher zu nutzen.[425]
Trotz dieser grundsätzlich für den Versicherten positiv zu wertenden Ansicht der gesetzlichen Krankenkassen sieht die tatsächliche Erstattungspraxis jedoch anders aus. Zum einen wird bei dem dargestellten Fall, dass sich der Versicherte gezielt zur Behandlung zu einem mitgliedstaatlichen Leistungserbringer begibt, trotz der vorhandenen Aufforderung einer extensiveren Handhabung nach wie vor eine Genehmigung des zuständigen Sozialversicherungsträgers benötigt. Es gibt für den Versicherten nicht die verbindliche Zusage, dass die Erstattung jedenfalls erfolgt. Diese Genehmigung liegt somit immer noch im Ermessen der Krankenkassen, mit einer ablehnenden Entscheidung muss der Versicherte also weiterhin rechnen. Die uneingeschränkte Inanspruchnahme von Gesundheitsleistungen – bzw. die spätere Erstattung der Kosten von der deutschen gesetzlichen Krankenversicherung - während eines vorübergehenden Aufenthalts in einem anderen Mitgliedsland genießen nur die freiwillig Versicherten, die gemäß § 13 II 1 SGB V Kostenerstattung gewählt haben. Dieser Kreis der freiwillig Versicherten ist jedoch sehr klein und beträgt lediglich weniger als 2 %.[426]

---

[424] Positionspapier der Arbeitsgemeinschaft der Spitzenverbände der gesetzlichen Krankenkassen, Strategischer Umgang der GKV mit den aktuellen europarechtlichen Entwicklungen, Anlage 1, S. 12.

[425] Ebd., Fn 367, S. 15; Anmerkung: bedeutet in diesem Sinne, dass es vermehrt zur Erstattung der Kosten bei Inanspruchnahme eines mitgliedstaatlichen Arztes seitens der Krankenkassen kommen wird.

[426] Angaben aus: Erweiterte Arbeitsgruppe der SpiK, „Strategischer Umgang mit den EuGH-Urteilen Kohll/Decker vom 28. April 1998“, S.8.

Lediglich für diese Versicherten erkennen die Krankenkassen ihre Erstattungspflicht an.[427]
In der Vergangenheit sah der § 13 II 1 a. F. SGB V[428] noch vor, dass alle Versicherten anstelle von Sachleistungen Kostenerstattung für Leistungen wählen konnten, die sie von Vertragsleistungserbringern[429] in Anspruch nehmen. Nach dieser Gesetzeslage wäre es noch für alle gesetzlich Versicherten möglich gewesen, grenzüberschreitende Leistungen in Anspruch zu nehmen und diese dann von ihrer Krankenkasse erstattet zu bekommen. Mit dem Gesetz zur Stärkung der Solidarität in der gesetzlichen Krankenversicherung (GKV-SolG)[430] vom 19.12.1998 ist diese Möglichkeit für Pflichtversicherte, anstelle der Sachleistung Kostenerstattung zu wählen, wieder aufgehoben worden. Dadurch hat der deutsche Gesetzgeber den Kreis der Versicherten, die sich ohne finanzielles Risiko zur Behandlung in einen anderen Mitgliedsstaaten begeben können, verringert.[431]
Zur Erstattungspraxis der deutschen gesetzlichen Krankenkassen lässt sich also feststellen, dass trotz der grundsätzlichen Zustimmung der Spitzenverbände der Krankenkassen zur grenzüberschreitenden Behandlungsleistung an ihren Versicherten im überwiegenden Teil der Fälle eine Erstattung der Kosten unsicher ist bzw. nicht vorgenommen wird.

4. Notwendige Vorgehensweise

Wie bereits dargestellt, darf die einheitliche Geltung des Europarechts aber nicht willkürlich durch Systementscheidungen der einzelnen Mitgliedstaaten eingeschränkt oder gesteuert werden. Würde die Geltung der Grundfreiheiten

---

[427] Ebd. Wobei neuerdings die Krankenkassen einzulenken scheinen. So gibt es vereinzelte Aussagen, dass bei Versicherten, die eine Arztrechnung aus dem Ausland mitbringen, die Kassen nun die Kosten erstatten, aus: Wortmann, Ärztezeitung vom 20 Mai 2003, Heft 93.

[428] Eingeführt mit dem 2.GKV-NOG – Gesetz zur Neuordnung von Selbstverwaltung und Eigenverantwortung in der gesetzlichen Krankenversicherung – vom 23.06.1997 mit Wirkung zum 01.07.1997, BGBl. 1997, S. 1520.

[429] Gemäß § 13 II 2 SGB V dürfen zwar nur die im 4. Kapitel genannten Leistungserbringer in Anspruch genommen werden. Die Einschränkung der Kostenerstattung auf die Inanspruchnahme von Vertragsleistungserbringern kann unter Würdigung der Entscheidung des EuGH nicht für die Inanspruchnahme von Leistungen im EU-Ausland gelten. Ansonsten würde hier eine Verletzung der Grundfreiheiten eintreten. So auch akzeptiert von den gesetzlichen Krankenkassen, siehe dazu Erweiterte Arbeitsgruppe der SpiK, „Strategischer Umgang mit den EuGH-Urteilen Kohll/Decker vom 28. April 1998“, S. 8.

[430] BGBl. 1998, S. 3853.

[431] Wobei man nach den ablehnenden Äußerungen kritisch hinterfragen könnte, ob dies nicht unter anderem hintergründig auch bezweckt werden sollte bzw. dies nicht als positiver Nebeneffekt gesehen wurde.

auf die Gesundheitssysteme beschränkt, denen das Kostenerstattungsprinzip zugrunde liegt, so hinge die Frage der Zugehörigkeit des Gesundheitsmarktes der Mitgliedstaaten jeweils davon ab, ob sich der betreffende Mitgliedsstaat für ein System mit Kostenerstattung – welches dann „EU-offen" wäre – oder aber für ein - dann „EU-abgeschottetes" – System entscheidet, welches auf dem Sachleistungsprinzip oder dem Prinzip des Nationalen Gesundheitsdienstes beruht.[432] Dadurch würde die einheitlichen Geltung des Europäischen Gemeinschaftsrechts und damit auch des Gemeinsame Binnenmarktes in Frage gestellt.

Nachdem der politische Umsetzungswille der Politik nicht vorhanden ist und die deutschen gesetzlichen Krankenkassen in ihrer grenzüberschreitenden Erstattungspraxis nicht zwingend den europarechtswidrigen §§ 16 ff SGB V zuwiderlaufen, ist der gesetzlich Pflicht-Versicherte in Deutschland angehalten, rechtliche Maßnahmen zu veranlassen. Da sich eine zwangsweise Durchsetzung aber als unsicher darstellt, könnte dem gesetzlich Pflicht-Versicherten geraten werden, sich im Falle der Notwendigkeit trotzdem zur Behandlung gezielt in einen anderen Mitgliedstaat zu begeben. Bei einer ablehnenden Kostenentscheidung seiner zuständigen gesetzlichen Krankenversicherung stünde ihm dann der erfolgversprechende – wenn auch langwierige - Gang zu den deutschen Sozialgerichten offen. Das angerufene Sozialgericht würde dann zu der Auffassung gelangen, dass der EuGH aufgrund der gleichen Sach- und Rechtslage in Deutschland einheitlich entschieden hat und der im Staat anhängige Rechtsstreit unter den Tenor der EuGH-Entscheidungen „Kohll/Decker" zu subsumieren ist.[433]

Weiter wäre denkbar, dass der Pflichtversicherte wegen Verletzung des allgemeinen Gleichheitsgrundsatzes nach Art. 3 I GG beim BVerfG erfolgreich gegen eine solche Regelung klagt, da eine Ungleichbehandlung von gesetzlich Pflichtversicherten – für die grundsätzlich das Sachleistungsprinzip - und freiwillig Versicherten – die Kostenerstattung und dem gemäß Behandlungen im EU-Ausland in Anspruch nehmen können – sachfremd und deshalb willkürlich erscheint. Doch auch dies stellt sich bekanntlich als sehr langwierig dar.

---

[432] Zu diesem Argument siehe bereits C., II., 2., a), aa), (4).

[433] Gemäß der so genannten „acte-clair-Theorie". Danach entfällt die Vorlagepflicht eines nationalen Gerichts, wenn kein vernünftiger Zweifel an der Gültigkeit oder Auslegung des einschlägigen Gemeinschaftsrechts besteht. Ausnahmen von der sonst uneingeschränkt geltenden Vorlagepflicht nach Art. 234 III EGV.

5. Zusammenfassung

Grundsätzlich besteht also die Möglichkeit, dass der gesetzlich Pflichtversicherte zu seinen (Europa-)Rechten bei gezielter Leistungsinanspruchnahme von ambulanten Ärzten und in beschränktem Masse auch von Krankenhäusern in anderen EU-Mitgliedsländern gelangt. Der Weg dorthin stellt sich aber als unsicher – im Falle einer zwangsweisen Durchsetzung - oder gegebenenfalls langwierig – im Falle eines Verfahrens bis hin zum EuGH oder BVerfG – für die betroffenen Versicherten dar. Dies kann eindeutig als kurzsichtiges und unzeitgemäßes Verhalten der deutschen Gesundheitspolitik klassifiziert werden, da ein „bisschen Europa" gerade in diesem für den deutschen wie auch europäischen Bürger so elementaren Politikbereich nicht haltbar ist.

E. Exkurs: Rechtsfortbildung des Primärrechts

Damit das Gemeinschaftsrecht der tatsächlichen Entwicklung bei grenzüberschreitenden Sachverhalten in den einzelnen mitgliedstaatlichen Gesundheitsversorgungssystemen Rechnung trägt, wäre eine Anpassung der primärrechtlichen Kompetenznorm des Art. 152 EG angezeigt. Dabei sollte die Bremsnorm des Art. 152 V EG schrittweise liberalisiert werden im Sinne einer Kompetenzerweiterung zugunsten der Gemeinschaft. Von einer umfassenden Harmonisierungskompetenz kann dabei vorerst abgesehen werden. Vielmehr sollte zunächst eine offene Koordinierung durch die Gemeinschaft –wenngleich bereits mit einer ansatzweise harmonisierenden Wirkung – erfolgen. Die Gemeinschaft sollte darauf hinwirken, dass die Mitgliedstaaten bei der Organisation der medizinischen Versorgung ihrer Bürger grenzüberschreitende Inanspruchnahmen von Gesundheitsdienstleistungen einplanen und so die nationalen Systeme etwaige finanzielle Auswirkungen – insbesondere im stationären Bereich – durch Maßnahmen im Vorfeld kompensieren können.

Damit die einzelnen Mitgliedstaaten einen solchen Prozess der offenen Koordinierung in Gang setzen trotz ihrer nationalen Abschottungsregelungen, sollte der Gemeinschaft ein Instrument an die Hand gegeben werden, einen „Anschub" zu leisten.

Denkbar wäre, die überfällige Primärrechtsfortbildung durch die Einführung eines neuen Sachbereiches in den 1. Absatz des Art. 152 EGV zu vollziehen. In den dort aufgezählten Bereichen der Gesundheitspolitik werden die Mitgliedstaaten durch die Tätigkeit der Gemeinschaft entweder „ergänzt" oder

„gefördert". Bei den aufgeführten Sachbereichen handelt es sich um keine abschließende Aufzählung. Die ausdrücklich aufgeführten Sachbereiche stellen prioritäre, nicht aber abschließende Tätigkeitsbereiche dar.[434] Diese Sachbereiche könnten auf die Koordinierung der medizinischen Gesundheitsversorgungssyteme der einzelnen Mitgliedstaaten ausgeweitet werden. Ein neueingeführter Satz 3 im Abs.1 Uabs. 2 könnte dabei folgendermaßen lauten:

„Unbeschadet des Absatzes 5 wirkt die Gemeinschaft auf eine Zusammenarbeit der Mitgliedstaaten bei der grenzüberschreitenden medizinischen Gesundheitsversorgung der Bürger hin."

Einen neuen Sachbereich in den Art 152 I EGV einzufügen wird ausreichend sein, um als Anstoß für die Mitgliedstaaten an einer Zusammenarbeit der staatlichen Gesundheitssysteme untereinander zu dienen. Durch die EuGH-Entscheidungen ist in den Mitgliedstaaten trotz vereinzelter anfänglicher Ablehnung der grenzüberschreitenden Erbringung von Gesundheitsdienstleistungen zunehmend eine Akzeptanz solcher Tatbestände entstanden, auch da sich die Rspr. des EuGH in diesem Bereich weiter stabilisiert[435]. Zudem bestimmt Abs. 2, dass die Gemeinschaft in den in Abs. 1 aufgezählten Sachbereichen – zu dem dann auch eine grenzüberschreitende medizinische Gesundheitsversorgung zählen würde - eine komplementäre Zuständigkeit besitzt. Danach fördert die Gemeinschaft die Zusammenarbeit zwischen den Mitgliedstaaten in den im Art. 152 EGV genannten Bereichen und unterstützt erforderlichenfalls deren Tätigkeit. Diese komplementäre Zuständigkeit stellt aus Sicht der Gemeinschaft zwar die schwächste Form der Intervention dar und den Mitgliedstaaten verbliebe dabei ein weiter Gestaltungsspielraum. Vor dem Hintergrund der beschriebenen Akzeptanz in den Mitgliedstaaten wird diese jedoch ausreichen, um eine Koordinierung der mitgliedstaatlichen medizinischen Versorgungssysteme bei grenzüberschreitenden Sachverhalten zu erreichen.[436]

---

[434] Dies ergibt sich schon aus der Wortwahl in Abs. 1 UAbs. 2 Satz 2: „Sie umfasst...".

[435] Vgl. dazu neuerdings die Entscheidung des EuGH vom 13. Mai 2003 in der Rechtssache C-385/99, Müller-Faure, abgedruckt u.a. in NZS 07/2003, 365 ff.

[436] Dabei wäre den Mitgliedstaaten auch freigestellt, die Vollzugserfahrungen mit den Modellprojekten in den Grenzregionen umzusetzen und Behandlungsvorbehalte – so bspw. im stationären Bereich die medizinische Notwendigkeit – in die Koordinierungsregularien einzubauen.

F. Abschließende Bemerkungen

I. Zusammenfassung der Ergebnisse

Es ist gezeigt worden, dass es zukünftig zu einem gemeinsamen europäischen Gesundheitsmarkt kommt. Zwar wird dies ein langfristiger Prozess sein, sehr bald wird es jedoch schon zu konkreten Verzahnungen der mitgliedstaatlichen Krankenversicherungssysteme von erheblichem Umfang kommen.

Diese These lässt sich zum einen an der zunehmenden Kompetenzschaffung bzw. -ausweitung der Gesundheitspolitik in den Europäischen Verträgen insbesondere in letzter Zeit zugunsten der Gemeinschaft manifestieren. Zudem äußerten die europäischen Gesundheitsminister einhellig den Willen, diesen Prozess der Kompetenzverlagerung auf die Europäische Union zukünftig noch weiter voranzutreiben.[437] Auch die Einführung des Euro als verbindliches Zahlungsmittel wird wie dargestellt „Vereinheitlichungstendenzen" erzeugen und auch so die Entwicklung hin zu einem gemeinsamen europäischen Gesundheitsmarkt unterstützen.

Den zunächst noch größten europäischen Einfluss auf die nationalen Gesundheitsversorgungssysteme haben aber diesbezügliche EuGH-Entscheidungen und dadurch die europäischen Grundfreiheiten. Im Rahmen dieser Untersuchung ist aufgezeigt worden, dass die EuGH-Urteile „Kohll" und „Decker" auch für das deutsche Krankenversicherungssystem verbindlich sind. Bei einer Übertragung der Urteilsgrundsätze des EuGHs auf den Leistungsbereich der deutschen ambulanten Vertragsärzte wurde deutlich, dass die Zulassungsbeschränkung für Vertragsärzte (§ 103 SGB V), das Territorialitätsprinzip im Leistungs- (§§ 16 ff SGB V) und Leistungserbringungsrecht der Vertragsärzte den europarechtlichen Maßgaben nicht entsprechen und mithin gegen höherrangiges Recht verstoßen.[438] Durch die Einführung einer– europarechtskonformen - begrenzten Kostenerstattung bei mitgliedstaatlicher Leistungsinanspruchnahme und Schaffung einer Rechtsgrundlage im SGB V, die es erlaubt, Verträge mit mitgliedstaatlichen Leistungserbringern abzuschließen, wäre dann ein erster entscheidender Schritt zu dem langfristig ohnehin unausweichlichen gemeinsamen europäischen Gesundheitsmarkt getan.

Ebenso verhält es sich im Leistungsrecht der Krankenhäuser. Der EuGH hat in seinem Urteil „Geraets/Peerbooms" den Anwendungsbereich der

---

[437] Wobei sich dies bereits in der Einführung einer EU-weiten Krankenversicherungskarte ausdrückt.

[438] Zudem sind die §§ 126, 127 und 129 SGB V nicht mit dem Gemeinschaftsrecht vereinbar, siehe dazu Fn. 327.

Dienstleistungsfreiheit auch bei der Erbringung von Sachleistungen für eröffnet erklärt. Bei einer Messung des Leistungsrechts der Krankenhäuser im SGB V an den europarechtlichen Vorgaben lässt sich feststellen, dass die strikte Begrenzung der Kostenübernahme bei gezielter Leistungsinanspruchnahme auf die Krankenhäuser des Inlands (§ 18 III 3 SGB V) sowie die Kostenübernahme bei Notfallbehandlungen neben engen Genehmigungsvoraussetzungen zudem noch in das Ermessen der Krankenkasse zu stellen (§ 18 I 1 SGB V) aufgrund eines denkbaren milderen Mittels bei gleicher Schutzintensität für die finanzielle Stabilität der gesetzlichen Krankenversicherung ungerechtfertigt ist. Die Entwicklung zu einem gemeinsamen europäischen Gesundheitsmarkt hat auch auf dem stationären Behandlungssektor begonnen.

II. Bewertung

Für nationale gesundheitspolitische Insellösungen und Abschottung der staatlichen Gesundheitsmärkte wird in einem Europa der Zukunft kein Platz mehr sein. Der deutsche Gesundheitsmarkt[439] wird sich auf Dauer nicht von anderen Teilmärkten isolieren lassen, dies auch insbesondere nicht nach der Euro-Einführung. Vielmehr ist in einer weiteren Liberalisierung der Gesundheitssysteme Europas der zukunftsweisende Weg zu sehen.

In einer zukunftsweisenden europäischen Gesundheitspolitik gilt es, die bestehenden national geprägten Systeme zu überwinden und neue liberale Lösungen und Konzepte zu entwickeln, die den Herausforderungen an die europäischen Gesundheitssysteme gerecht werden. An dieser Gestaltung muss die Bundesregierung aktiv und zielgerichtet teilnehmen. Ansonsten bliebe das geforderte „Europa der Bürger" lediglich eine vielfach beschworene Formel. Eine soziale Flankierung des wirtschaftlich ausgerichteten Binnenmarktes ist unerlässlich.

Unter diesem Gesichtspunkt sind die vorgenannten ablehnenden politischen Äußerungen der zuständigen Gesundheitsminister und die dementsprechend fehlende rechtliche Umsetzung der europäischen Vorgaben im SGB V als sehr bedenklich einzustufen. Zudem hat sich in dieser Untersuchung gezeigt, dass die von politischer Seite vorgebrachten Befürchtungen der Gefährdung der Finanzstabilität des deutschen Krankenversicherungssystems durch eine Systemschwächung bei Ermöglichung mitgliedstaatlicher Leistungserbringung nicht zutreffend sind bzw. dass dem ohne weiteres durch Liberalisierung des Systems begegnet werden kann. Durch Verträge mit mitgliedstaatlichen

---

[439] Der dazu auch noch einen beachtlichen Umfang von 500 Milliarden erreicht, Angaben aus Hilger, in: GG 07/1998, 17, davon entfallen allein 256 Milliarden auf den Bereich der gesetzlichen Krankenversicherung, aus Gerritz, DZW 41/2000, 6.

Leistungserbringern könnten Art, Umfang, Qualität, Preis, Kontrolle usw. der zu erbringenden Leistung vereinbart werden.

Die Bundesregierung darf ihre gesundheitspolitische Rolle somit nicht nur darauf beschränken, auf europäische Vorgaben zu reagieren.[440] Sie sollte einem neuen Leitbild folgen, der Harmonisierung der Systeme sozialer Sicherheit der Mitgliedstaaten. Das bisher befolgte Konzept einer Ausklammerung von Aktivitäten unter Berufung auf das Subsidiaritätsprinzip des Art. 152 V EGV wird in Zukunft nicht mehr erfolgreich sein. Vielmehr muss die Bundesregierung und weitere zuständige Organe über die europäischen Einflüsse auf das deutschen Gesundheitssystem nachdenken und gleichzeitig eine aktive und produktive Gesundheitspolitik entwickeln, die in der Entwicklung nicht nur eine Gefährdung des Status quo sieht, sondern die Chancen des vereinten Europas zu nutzen versucht.

Zwar bringt ein offener europäischer Gesundheitsmarkt auch Risiken für den Versicherten und Verbraucher mit sich in Gestalt mangelnder Informations- und Beratungsmöglichkeiten, aufgrund von Sprachbarrieren eingeschränkte Kommunikationsmöglichkeiten, Haftungsfragen sowie Probleme der Rechtsdurchsetzung. Für den Staat und die Leistungsträger ergeben sich Probleme aufgrund weitgehenden Fehlens transnationaler Steuerungsmechanismen. Diesen Risiken und Problemen kann aber durch den geforderten aktiven Einfluss bzw. die aktive Gestaltung der deutschen Gesundheitspolitik begegnet werden. Insbesondere im Hinblick auf die fehlenden Steuerungsmechanismen und der vereinzelten Risiken für den Versicherten kann auf die Entwicklung ähnlicher Kooperationsstrukturen wie in Form der 1996 erfolgten Gründung der transnationalen Arbeitsgemeinschaft European Social Insurance Partners mit Sitz in Brüssel hingewiesen werden.[441] Diese vorhandene Institution, zu der sich mittlerweile 22 Organisationen aus dem Bereich der sozialen Sicherheit aus sieben Mitgliedstaaten zusammengeschlossen haben, könnte durch ihre Erfahrungen und ihre bereits gewachsenen Strukturen großen Nutzen bei der Erarbeitung von Lösungen auf die angesprochenen Risiken und Probleme haben.

Demgegenüber sind die Chancen bei einer Durchbrechung oder gar einem Wegfall der bislang im deutschen Gesundheitswesen dominierenden Territorialität für den Versicherten und das deutsche Krankenversicherungssystem aber zahlreich.

---

[440] Danner drückt sich diesbezüglich folgendermaßen aus: „Wer seine Hausaufgaben gemacht hat, gibt Europa keinen Anlass zum Eingreifen", aus ders., in: GG 10/1998, 36 ff (39).

[441] Vgl. zu Einzelheiten Europavertretung der deutschen Sozialversicherung (Hrsg.), Perspektiven sozialer Sicherheit in Europa.

In einem Europa ohne Grenzen mit seinen prägenden Grundfreiheiten wäre für den Bürger ein großer Schritt in Richtung mehr Flexibilität und Unabhängigkeit erreicht. Der Bürger könnte seine Mobilitätselemente und –potentiale in höherem Maße ausschöpfen. Auch wäre die Situation denkbar, dass der Versicherte gewisse Behandlungen[442] innerhalb eines Urlaubs in flexibleren Rahmen vornehmen lässt. Dadurch wäre eine Krankschreibung am heimischen Arbeitsplatz nicht mehr notwendig.[443] Der gewichtigste Vorteil für den Versicherten ist vor allem aber der verbesserte Krankheitsschutz. Beispielsweise in Mangelsituationen wie Wartezeiten oder großen Entfernungen zu deutschen Spezialisten – und somit denkbaren kürzeren Distanzen in Grenzgebieten - in der deutschen Krankenversicherung könnten Kapazitäten in anderen Mitgliedstaaten genutzt werden. Insbesondere beim bestehenden Arzneimittelbudget könnten bedürftige Versicherte den notwendigen Gesundheitsschutz in anderen Mitgliedstaaten erhalten.[444] Wie aufgezeigt, käme es durch die Möglichkeit, gesetzlich Versicherten regelmäßige und gezielte Inanspruchnahme von Leistungserbringern in anderen Mitgliedstaaten zu ermöglichen und zu einer Entterritorialisierung der Leistungserbringung zu kommen, zu einer deutlichen Stärkung von Patienteninteressen[445] und somit auch des Schutzes des europäischen Bürgers.
Aber auch für die Leistungserbringer und die Sozialleistungsträgern ergäben sich zahlreiche Vorteile.
Hinzuweisen ist vor allem auf die den Leistungserbringern dann in verstärktem Umfang eröffnete Möglichkeit, ihre Produkte und Dienstleistungen grenzüberschreitend anzubieten. Für die deutschen Leistungserbringer würde sich dadurch die Möglichkeit eröffnen, Patienten aus anderen EU-

---

[442] Geeignet insbesondere bei Zahnbehandlungen.

[443] Unabhängig eines verbesserten Behandlungsangebotes für die Versicherten wäre denkbar, dass der Arbeitgeber ein solches Entgegenkommen des Arbeitnehmers (kein Arbeitsausfall durch geplante Behandlungsleistungen) honoriert.

[444] Interessant dazu Ludwig, in: Der Spiegel, 48/2000, 278 ff (278), „Deutschlands Ärzte haben jetzt ihr Budget ausgeschöpft. Immer häufiger beschweren sich Patienten, dass ihnen Medikamente oder ärztliche Hilfe verweigert werden. Besonders Schwerkranke leiden unter den Sparmaßnahmen der Mediziner." Auch Graupner, in SZ vom 02. Februar 2001, S. 23: „Alte Patienten und chronisch Kranke müssen die Kosten dieser Politik bezahlen". Diesen Umstand scheint die Bundesgesundheitsministerin Ulla Schmidt jetzt auch gerecht werden zu wollen, indem sie eine Abschaffung der starren Arznei-, Honorar- und Krankenhausbudgets sowie die kollektive Regressdrohungen an Ärzte bei Budgetüberschreitungen in Betracht zieht, aus Graupner aaO. Kritisch dazu jedoch die Krankenkassen, in SZ vom 3./4. Februar 2001, S. 25.

[445] In der Literatur wird bzgl. der „Kohll/Decker"-Urteile dementsprechend auch vom „Patientenurteil" des EuGH gesprochen.

Mitgliedsländern zu gewinnen. Nicht ausgelastet Kapazitäten könnten so ausgenutzt werden und vor allem die Vorhaltekosten im stationären Bereich würden sich amortisieren. Der gute Ruf der deutschen Gesundheitsversorgung im Ausland ließe einen Zugewinn an Patienten erwarten. Diese Einschätzung wird offenbar auch von Vertretern der deutschen Ärzteschaft so geteilt.[446] Es besteht somit die Chance für einen Export deutscher Gesundheitsleistungen. Dies würde insgesamt dazu beitragen, den Wettbewerb unter den Leistungserbringern dies und jenseits der Grenze zu verstärken und kann damit zu erhöhter Effizienz sowie zu einer Steigerung der Qualität der medizinischen Versorgung führen.

Insbesondere die Krankenkassen erhöhen dadurch auch ihre Möglichkeit, ihre Nachfragemacht auch preisbildend und kostensenkend einzusetzen und erhielten somit ein zusätzliches gesundheitspolitisches Gestaltungsinstrument.[447] Die grenzüberschreitende Leistungsinanspruchnahme kann so aufgrund des Kostengefälles zwischen dem „Hochpreisland" Deutschland und anderen Mitgliedstaaten zu Einsparungen und damit zu einer Entlastung der Finanzmittel der Krankenversicherungsträger und so zu einer Dämpfung des Kostenanstiegs im Gesundheitswesen beitragen.[448] Es ergeben sich somit erhebliche Einsparpotenziale für die Krankenkassen.

Insgesamt lässt sich also festhalten, dass bei der Ermöglichung von regelmäßiger und gezielter Inanspruchnahme von mitgliedstaatlichen Leistungserbringern nicht nur dem höherrangigem Europarecht entsprochen würde, sondern sich darüber hinaus zahlreiche und gewichtige Chancen für die deutschen gesetzlich Versicherten, Ärzte und Krankenhäuser sowie für die Krankenkassen ergeben.

Die Bundesrepublik sollte durch eine aktive und unterstützende Gesundheitspolitik sicherstellen, dass diese Vorteile einer medizinischen

---

[446] vgl. dazu etwa Hess, Hauptgeschäftsführer der Kassenärztlichen Bundesvereinigung, aus Kieselbach, in: Die Welt vom 28.04.1998, S. 14; ders., in: Ärztezeitung vom 08. März, Heft 43, S. 3.

[447] Zu gedämpftem Optimismus rät diesbezüglich Schulz-Weidner, der erwartet, dass sich die ausländischen Leistungserbringer dort, wo es sich finanziell lohnt, an die deutschen Gebührensätze anpassen werden. Es stünde demnach noch nicht fest, ob und in welchem Umfang Preisvorteile überhaupt an die Versicherten und Krankenkassen weitergeben werden könnten, aus ders., in: KrV 09/1998, 241 ff (245).

[448] Interessant dazu die Kritik von Langer, die es für nicht ausgeschlossen hält, dass diejenigen gesetzlich Versicherten, die bereit sind, durch den Einkauf im Ausland Kosten zu sparen, dies durch niedrigere Beiträge honoriert sehen wollen. Damit wäre ihrer Ansicht nach ein Einstieg in die Privatisierung der gesetzlichen Krankenversicherungssysteme gefunden, aus dies., in: NZS 11/1999, 537 ff (540).

Regelversorgung im EU-Ausland auch genutzt werden. Im Vordergrund der politischen Bemühungen sollte dabei die Verabschiedung von Harmonisierungsregelungen – vielleicht sogar im Primärrecht - und die Erarbeitung von Instrumentarien stehen, die das freie Niederlassungsrecht sowie den freien Dienstleistungs- und Warenverkehr auch im Gesundheitssystem umsetzen und händelbar machen.

Literaturverzeichnis

Altmaier, Peter — Europäisches koordinierendes Sozialrecht – Ende des Territorialitätsprinzips?, in: Eichenhofer, Eberhard (Hrsg.)/Zuleeg, Manfred (Hrsg.), Die Rechtsprechung des Europäischen Gerichtshofs zum Arbeits- und Sozialrecht im Streit, Schriftenreihe der Europäischen Rechtsakademie Trier, Band 9, Köln, 1995

Arbeitsgemeinschaft der Spitzenverbände der gesetzlichen Krankenkassen (Hrsg.) — Stellungnahme zum Fragebogen des Bundesgesundheitsministeriums für Gesundheit über die „Einflüsse der EU auf das Gesundheitswesen in Deutschland", Bonn, 08. November 2000

dies. — Strategischer Umgang der GKV mit den aktuellen europarechtlichen Entwicklungen – Herausforderung Europa annehmen und gestalten -, August 2000

AOK — Presseservice, EuGH-Urteil und die Konsequenzen, AOK: Vorteil für die Verbraucher, unter: http:// www.aok.de/bv/bundesvb/presse/tba/gesund/1029.html, vom 14.02.01, S. 1

Aust, Andreas — Der Amsterdamer Vertrag: „Vertrag der sozialen Balance"? Sozial- und Beschäftigungspolitik in der Regierungskonferenz 1996/1997, in: Zeitschrift für Sozialreform, Heft 9, 1997, S. 748-777

Baer, Walter — Aktuelle und zukünftige Gesundheitspolitik in der Europäischen Union, in: Igl, Gerhard (Hrsg.), Europäische Union und gesetzliche Krankenversicherung, Wiesbaden, 1999, S. 37-44

Balze, Wolfgang — Die sozialpolitischen Kompetenzen der Europäischen Union, 1. Auflage, Baden-Baden, 1994

Becker, Ulrich — Brillen aus Luxemburg und Zahnbehandlungen in Brüssel – Die gesetzliche Krankenversicherung im europäischen Binnenmarkt, in: Neue Zeitschrift für Sozialrecht, Heft 8, 1998, S. 359-364

ders. — Gesetzliche Krankenversicherung zwischen Markt und Regulierung, Reformen des Gesundheitssystems und ihre europäischen Perspektiven, in: Juristische Zeitung, 1997, S. 534-544

ders. — Von „Dassonville" über „Cassis" zu „Keck" – Der Begriff der Maßnahme gleicher Wirkung in Art. 30 EGV, in: Europarecht, Heft 2, 1994, S. 162-174

Behrens, Peter — Die Konvergenz der wirtschaftlichen Freiheiten im europäischen Gemeinschaftsrecht, in: Europarecht, Heft 2, 1992, S. 145-162

Belter, Philipp — Zur Europäisierung von Krankenkassenleistungen, in: Europablätter, Heft 1, 1999, S. 3-10

Berg, Werner	Grenzüberschreitende Krankenversicherungsleistungen in der EU, in: Europäische Zeitschrift für Wirtschaftsrecht, Heft 19, 1999, S. 587-591
ders.	Gesundheitsschutz als Aufgabe der Europäischen Union, Entwicklung, Kompetenzen, Perspektiven, 1. Auflage, Baden-Baden, 1997
Bergmann, Jan/ Lenz, Christofer	Der Amsterdamer Vertrag, Eine Kommentierungen der Neuerungen des EU- und EG-Vertrages, 1. Auflage, Köln, 1998
Bergmann, Jan	Von der Europäischen Währungs- zur Sozialunion?, in: Zeitschrift für Sozialhilfe und Sozialgesetzbuch, Heft 10, 1999, S. 586-589
Bergmann-Pohl, Sabine	Bestandsaufnahme und Perspektiven der EU-Politik im Bereich des Gesundheitswesens aus Sicht der Bundesregierung, in: Gesellschaft für Versicherungswissenschaft und –gestaltung e.V. (Hrsg.), Auswirkungen der Politik der Europäischen Union auf das Gesundheitswesen und die Gesundheitspolitik in der Bundesrepublik Deutschland, - Bestandsaufnahme und Perspektiven -, Band 31, Köln, 1996, S. 27-36
Beutler, Roger/ Bieber, Roland/ Pipkorn, Jörn Streil, Jochen	Die Europäische Union, Rechtsordnung und Politik 4. Auflage, Baden-Baden, 1996

Bieback, Karl-Jürgen | Etablierung eines Gemeinsamen Marktes für Krankenbehandlungen durch den EuGH, in: Neue Zeitschrift für Sozialrecht, Heft 11, 2001, S. 561-569

ders. | Rechtliche und politische Dimensionen der EU-Gesundheitspolitik und des Zugangs der Bürger zu Gesundheitsleistungen, in: Igl, Gerhard (Hrsg.), Europäische Union und gesetzliche Krankenversicherung, Wiesbaden, 1999, S. 7-36

v. Bismarck, Otto/ Kohl, Horst (Hrsg.) | Gedanken und Erinnerungen, Cotta, Stuttgart, 1919

Bleckmann, Albert | Zur Dogmatik des Niederlassungsrechts im EWG-Vertrag, in: Wirtschaft- und Verwaltung, Heft 3, 1987, S. 119-136

Blumenwitz, Dieter | Rechtsprobleme im Zusammenhang mit der Angleichung von Rechtsvorschriften auf dem Gebiet des Niederlassungsrechts der freien Berufe, in: Neue Juristische Wochenschrift, Heft 10, 1989, S. 621-627

Boetius, Jan/ Wiesemann, Hans-Olaf | Die Finanzierungsgrundlage in der Krankenversicherung: zur Grenzziehung zwischen PKV und GKV, Köln, 1998

Bogs, Harald | Staat und Selbstverwaltung im gesundheitsökonomischen Planungssystem der Gesetzlichen Krankenversicherung, in: Bogs, Harald/Herder-Dorneich, Philipp/Scheuch, Erwin/Wittkämper, Gerhard, Köln-Lövenich, 1982, S. 415-480 ders. — Strukturprobleme der Selbstverwaltung einer modernen Sozialversicherung, S. 5-96, in: Bogs, Harald/ v. Ferber, Christian, Soziale Selbstverwaltung, Band 1, Aufgaben und Funktion der Selbstverwaltung in der Sozial-versicherung, Kassel, 1979

Borchardt, Klaus-Dieter — Die rechtlichen Grundlagen der Europäischen Union, 1. Auflage, Heidelberg, 1996

Bredehorn, Dennis — Die Rechtsnatur der Richtlinien im Kassenarztrecht, Frankfurt a. M., 1998

Buddee, Antje — Der Arztvertrag nach dem SGB V, Tübingen, 1997

Bundesgesundheitsministerium — Pressemitteilung 2000, Nr. 20 vom 03. März 2000, unter: http://www.bmgesundheit.de/presse/2000/2000/20.htm, S. 1-8, vom 14.02.01

Bundesgesundheitsministerium — Pressemitteilung 1999, Nr. 41 vom 08. Juni 1999, unter: http://www.bmgesundheit.de/presse/1999/presse99/41.htm, S. 1-2, vom 14.02.01

Bundesgesundheitsministerium — Bericht der gemeinsamen Arbeitsgruppe der Länder Brandenburg, Baden-Württemberg, Bayern, Nordrhein-Westfalen und des Saarlandes, der Spitzenverbände der Krankenkassen und des Bundesgesundheitsministeriums für Gesundheit zu den Auswirkungen der Rechtsprechung des EuGH zur Erstattung von Kosten für Medizinprodukte und Behandlungen im EU-Ausland durch nationale Krankenversicherungsträger, Bonn, 1998

Bundesministerium für Arbeit und Sozialordnung (Hrsg.) — Für ein soziales und wirtschaftlich starkes Europa, Bericht über die Ergebnisse der deutschen Präsidentschaft im 1. Halbjahr 1999 im Bereich des Arbeits- und Sozialrats, Bornheim-Sechtem, Stand: Juli 1999

Bundeszahnärztekammer — Stellungnahme der BZÄK zu einer europäischen Gesundheitspolitik, Ein klares Bekenntnis zu Liberalität und Wettbewerb, in: Zahnärztliche Mitteilungen, Heft 2, 2001, S. 18-20

dies. — Berufsständisches, Europa ante portas, in: Niedersächsisches Zahnärzteblatt, Heft 5, 2000, S. 330-332

Burger, Stephan — Europäische Gesundheitspolitik - Zwischen Subsidiarität und Anpassungsdruck -, in: Die Betriebskrankenkasse, Heft 1, 1999, S. 5-7

Byrne, David — Die künftige Gesundheitspolitik der Europäischen Union, in: Die Krankenversicherung, Heft 3, 2000, S. 67-68

Callies, Christian (Hrsg.)/ Ruffert, Matthias — Kommentar des Vertrages über die Europäische Union und des Vertrages zur Gründung der Europäischen Gemeinschaft, Neuwied, 1999

Dohlus, Birgit — Bundesversammlung der Bundeszahnärztekammer, Weichenstellung für Berufs-alltag und Politik, in: Zahnärztliche Nachrichten Niedersachsen, Heft 12, 2000, S. 7-8

Danner, Günter — Nationalstaatliche Souveränität im Wandel: Europarecht bringt neue Realität in die Gesundheitsmärkte, in: Die Krankenversicherung, Heft 6, 2000, S. 152-156

ders. — Wandelt sich die Brüsseler Gesundheitspolitik? Tendenzen, Absichten und Reibungsflächen im gesundheitspolitischen Geschehen der EU, in: Die Krankenversicherung, Heft 12, 1999, S. 359-362

ders. — Der EuGH: ein Schreckgespenst?, Gesundheit und Gesellschaft, Heft 10, 1998, S. 36-39

Dannheisig, Hans –Jürgen — Europäische Wirtschafts- und Währungsunion: Auswirkungen auf die Sozialversicherungsträger, in: Die Betriebskrankenkasse, Heft 2, 1997, S. 96-99

Dauses, Manfred (Hrsg.) — Handbuch des EU-Wirtschaftsrechts, Loseblatt, Stand: November 1999, München, 2000

Depenhauer, Otto — Staatliche Finanzierung und Planung im Krankenhauswesen, Berlin, 1986

Deppe, Hans-Ulrich (Hrsg.) — Gesundheitssysteme und Gesundheitspolitik in Westeuropa, Frankfurt, New York, 1986

Derwein, Ulla — Duale Finanzierung der Krankenhäuser beibehalten, in: Soziale Sicherheit, Heft 5, 1999, S. 181-128

Deutsch, Erwin — Medizinrecht, Berlin, Heidelberg, 1999

Deutsche Presseagentur — Disziplinarverfahren gegen 31 Kassenärzte, in: Der Tagesspiegel, 18.11.2000, Nr. 17236, S. 15

Deutscher Wirtschaftsdienst (Hrsg.) — Der neue Ratgeber zur EU-Förderung, Band 4, Lfg. 133, Stand: April 2000, Köln

Dierks, Christian — EU-Gesundheitssysteme werden sich angleichen, in: Ärztezeitung vom 22. März 2002, Heft 53

Domscheit, Antje — Freier EG-Binnenmarkt rüttelt an den nationalen Sozialversicherungssystemen, in: Die Krankenversicherung, Heft 9, 1998, S. 246-250

Düring, Ruth — Das Schiedswesen in der gesetzlichen Krankenversicherung, Arbeits- und Sozialrecht Band 21, Baden - Baden, 1992

Ebsen, Ingwer — Öffentlich-rechtliches Handeln von Krankenkassen als Gegenstand des Wettbewerbsrechts? Probleme materiell-rechtlicher und kompetenzrechtlicher Koordinierung, in: Igl, Gerhard (Hrsg.), Das Gesundheitswesen in der Wettbewerbsordnung, Wiesbaden, 2000, S. 22-38

ders. — Europarechtliche Gestaltungsvorgaben für das deutsche Sozialrecht, Baden-Baden, 2000

Eichenhofer, Eberhard — Sozialrecht der Europäischen Union, Recklinghausen, 2001

ders.	Export von Sozialleistungen nach Gemeinschaftsrecht, in: Die Sozialgerichtsbarkeit, Heft 2, 1999, S. 57-62
ders.	Das Europäische koordinierende Krankenversicherungsrecht nach den Urteilen Kohll und Decker, in: Vierteljahresschrift für Sozialrecht, Heft 2, 1999, S. 101-121
Eichner, Harald	Deutsches Sozialrecht im Konflikt mit dem Europarecht?, in: Sozialer Fortschritt, Heft 9, 1999, S.232-233
Emmes, Manfred	Euregios – Modelle grenzüberschreitender Zusammenarbeit im deutsch-niederländischen Verhältnis, in: Zeitschrift für Sozialhilfe und Sozialgesetzbuch, Heft 7, 1997, S. 451-456
Engelmann, Klaus	Einführung: „Wettbewerb und soziale Krankenversicherung" - Zur Notwendigkeit einer öffentlich-rechtlichen Wettbewerbsordnung in: Vierteljahresschrift für Sozialrecht, Heft 3, 1999, S. 167-176
Erweiterte Arbeitsgruppe der Spitzenverbände der Krankenkassen (Hrsg.)	„Strategischer Umgang mit den EUGH-Urteilen Kohll/Decker vom 28. April 1998", Stand 29. März 1999
Europäische Kommission Generaldirektion V (Hrsg.)	Die Weiterentwicklung der europäischen Sozialpolitik, Europäisches Forum für Sozialpolitik, Brüssel, Palais des Congrés / Palais voor Congressen, 27.-30. März 1996, Luxemburg, 1996

Europäische Kommission (Hrsg.) Mitteilung der Kommission, Modernisierung und Verbesserung des Sozialschutzes in der Europäischen Union, Heft 102, 1997, Brüssel, den 12.03.1997

Europäische Kommission (Hrsg.) Ihre soziale Sicherheit bei Aufenthalten in anderen Mitgliedstaaten der Europäischen Kommission, Ein Leitfaden, Luxemburg, Deutschland, 1997

Europäische Kommission (Hrsg.) Der Gesundheitszustand in der Europäischen Gemeinschaft, Luxemburg, Deutschland, 1996

Europäische Kommission (Hrsg.) Bericht der Kommission, An den Rat, das Europäische Parlament, den Wirtschafts- und Sozialausschuss und den Ausschuss der Regionen über den Gesundheitszustand in der Europäischen Gemeinschaft, Heft 357, 1995, Brüssel, den 19.07.1995

Europavertretung der deutschen Sozialversicherung (Hrsg.) Perspektiven sozialer Sicherheit in Europa Fünf Jahre gemeinsame EU-Aktivitäten der Spitzenverbände der deutschen Sozialversicherung, Brüssel, 1998

Everling, Matthias Leistungsexport der gesetzlichen Krankenversicherer – Genügt die VO Nr. 1408/71 den Anforderungen der Dienstleistungsfreiheit, Art. 59 EGV?, in: Zentrum für Europäisches Wirtschaftsrecht (Hrsg.), Sammelband Nr. 83, Referate im Rahmen des vom Zentrum für Europäisches Wirtschaftsrecht und dem Arbeitskreis für Europäisches Sozialrecht des Landes NRW geförderten 8. Bonner Europa-Symposions „Die Krankenver-

	sicherung in der Europäischen Union", Bonn, 9. Dezember 1996, Bonn, 1997, S. 67-114
Everling, Ulrich	Niederlassungsrecht und Dienstleistungsfreiheit der Rechtsanwälte in der Europäischen Gemeinschaft, in: Europarecht, Heft 4, 1989, S. 338-355
Ewert, Holm	Der Beitrag des Gerichtshofs der Europäischen Gemeinschaft zur Entwicklung eines Europäischen Sozialrechts, München, 1987
Fischer, Hans Georg	Europarecht, 3. Auflage, München, 2001
Fischer, Klemens	Der Vertrag von Nizza, Text und Kommentar, einschließlich der konsolidierten Fassung des EUV und EGV sowie des Textes der EU-Charta der Grundrechts, Zürich, Baden-Baden, 2001
Frankfurter Institut – Stiftung Marktwirtschaft und Politik (Hrsg.)	Sozialunion für Europa?, Schriftenreihe: Band 31, Bad Homburg, Dezember 1996
Freier Verband Deutscher Zahnärzte	Patienten wollen sich im Ausland behandeln lassen, Sachleistungsprinzip hemmt europäischen Gesundheitsmarkt, in: Niedersächsisches Zahnärzteblatt, Heft 11, 2000, S. 840-841
Friedrich, Thomas	Vorbehalte gegen eine Harmonisierung der EU-Gesundheitssysteme, Ärztezeitung vom 15. März 2002, Nr. 50
Friel, Hartmut	Harmonisierung der Gesundheitssysteme in Europa, Die neuen Pläne der EU, in: Zahnärztliche Mitteilungen, Heft 19, 2000, S. 90

Fuchs, Maximilian	Kommentar zum Europäischen Sozialrecht, 2. Auflage, Baden-Baden, 2001
ders.	Die Vereinbarkeit von Sozialversicherungsmonopolen mit dem EG-Recht, in: Zeitschrift für internationales und ausländisches Sozialrecht, 1996, S. 338-354
Gerritz, Kurt	Europa ist für deutsche Zahnärzte mehr Chance als Risiko, in: Die Zahnarzt Woche, Heft 41, 2000, S. 6
Gersching, Christine Prchala, Gabriele	Plakativer Anstrich aus Brüssel, in: Zahnärztliche Mitteilungen, Heft 14, 1998, S. 28-30
Gesundheitspolitischer Informationsdienst	Generalanwalt Colomer zum Sachleistungsprinzip, Oder: eine Kohll-Schwalbe macht noch keinen Gesundheitssommer, in: Niedersächsisches Zahnärzteblatt, Heft 7, 2000, S. 490-492
Giesen, Dieter	Arzthaftungsrecht, 3.Auflage, Tübingen, 1990
Gitter, Wolfgang	Strukturen der Reform der gesetzlichen Krankenversicherung, in: Die Sozialgerichtsbarkeit, Heft 3, 1991, S. 85-90
Godry, Rainer	Defizite, Probleme und Perspektiven bei der Umsetzung des Europäischen koordinierenden Sozialrechts-Verordnungen (EWG) Nr. 1408/71 und Nr. 574/72, Leistungen bei Krankheit und Pflegebedürftigkeit – Diskussionsbeitrag -, Das Ende des Territorialitätsprinzips, in: Schulte, Bernd (Hrsg.)/Barwig, Klaus

(Hrsg.), Freizügigkeit und soziale Sicherheit, Baden-Baden, 1999, S. 109-116

ders. — Krankenbehandlung ohne Grenzen – Anmerkungen zu einem Modellprojekt im niederländischen-deutschen Grenzgebiet, in: Zeitschrift für Sozialhilfe und Sozialgesetzbuch, Heft 7, 1997, S. 416-421

Grabitz, Eberhard (Hrsg.)/ Hilf, Meinhard (Hrsg.) — Das Recht der Europäischen Union, Loseblatt-Kommentar, Band 1, München, Stand: 14. Ergänzungslieferung, Januar 2000

Graupner, Heidrun — Kurswechsel, in: Süddeutsche Zeitung vom 02. Februar 2001, Nr. 26, 57. Jahrgang, S. 23

v. d. Groeben, Hans (Hrsg.)/ Thiesing, Jochen (Hrsg.)/ Ehlermann, Claus-Dieter (Hrsg.) — Kommentar zum EU-/EG-Vertrag, Band 3, Art. 102a-136a EGV, 5. neubearbeitete Auflage, Baden-Baden, 1999

Gutknecht, Christoph — Die kassenärztliche Versorgung in der Bundesrepublik Deutschland, Systementwicklung, Systemanalyse und Steuerungsansätze aus gesundheitsökonomischer Sicht, Köln, 1986

Hailbronner, Kay — Prüfungspflicht der Mitgliedstaaten zur Vergleichbarkeit ausländischer Diplome und Prüfungszeugnisse, in: Juristische Schulung, Heft 11, 1991, S. 917-920

Hakenberg, Waltraud — Europarechtliche Perspektiven der ärztlichen Berufsausübung, in: Medizinrecht, Heft 2, 2000, S. 55-62

Hanika, Heinrich — Europäische Gesundheitspolitik, Integrations- und Harmonisierungserfolge der Europäischen Union im Gesundheitswesen, in: Europäisches Arbeits- und Sozialrecht, Heft 9-10, 1998, S. 106-113

ders. — Freiheit des Dienstleistungs- und Warenverkehrs innerhalb der Europäischen Union im Gesundheitswesen, Anmerkung, in: Medizinrecht, Heft 7, 1998, S. 322-323

Hänlein, Andreas/ Kruse, Jürgen — Einflüsse des Europäischen Wettbewerbsrechts auf die Leistungserbringung in der gesetzlichen Krankenversicherung, in: Neue Zeitschrift für Sozialrecht, Heft 4, 2000, S. 165-176

Hänlein, Andreas — Europäische Gesundheitspolitik, Stärkung der Kompetenzen der Europäischen Union im Gesundheitswesen durch die Neufassung des Art. 152 EGV, in: Medizinrecht, Heft 5 1998, S. 193-196

ders. — Zur Vereinbarkeit der Zulassungsbeschränkung für Vertragsärzte gemäß §§ 101 bis 103 SGB V in der Fassung des Gesundheitsstrukturgesetzes mit höherrangigem Recht, in: Vierteljahresschrift für Sozialrecht, Heft 3, 1993, S. 169-193

Hauck, Karl — SGB V, Gesetzliche Krankenversicherung, Kommentar, 2. Band, Lfg. 50, Stand: 1. Juni 2000, Berlin

Haus, Karl Heinrich — Die Einführung der Kostenerstattung im Gesetz zur Strukturreform im Gesundheitswesen, Schriftenreihe Sozialrecht, Band 1, Wiesbaden, 1993

Haverkate, Görg/ Huster, Stefan — Europäisches Sozialrecht, Eine Einführung, 1. Auflage, Baden-Baden, 1999

Heinze, Helmut (Hrsg.) — Gesamtkommentar Sozialversicherung, Band 3, Lfg. 10 (SGB V), Stand: März 1999, Wiesbaden

Heinze, Meinhard — Gesundheitspolitik, Deutschland muss Europa-Grundwerte anerkennen, in: Der freie Zahnarzt, Heft 2, 2000, S. 14-15

Henke, Klaus-Dirk — Interview: „Durchwursteln auf hohem Niveau", in: Der Tagesspiegel, Nr. 17287, 11. Januar 2001, S. 19

Hess, Rainer — Niedergelassene sind für EU-Pläne gut vorbereitet, in: Ärztezeitung vom 08. März 2002, Nr. 43

Hiddemann, Till — Bedarfsplanung und Zulassungsmöglichkeiten in der vertragsärztlichen Versorgung, in: Die Betriebskrankenkasse, Heft 8, 1999, S. 381-388

Hilf, Meinhard/ Willms, Benno — Europa 1992, Europäisches Arbeits- und Sozialrecht, in: Juristische Schulung, Heft 5, 1992, S. 368-372

Hilger, Gabriele — EuGH, Urteil der Europa-Richter erhitzt die Gemüter, in: Gesundheit und Gesellschaft, Heft 7, 1998, S. 17

Hirsch, Günter — Die Auswirkung der Europäischen Verträge auf den freien Waren- und Dienstleistungsverkehr in der Gesundheitsversorgung, in: Die Betriebskrankenkasse, Heft 1, 1999, S. 11-16

ders.	Die Auswirkung der Europäischen Verträge auf den freien Dienstleistungs- und Warenverkehr in der Gesundheitsversorgung, in: Recht und Politik im Gesundheitswesen, Heft 4, 1998, S. 121-126
ders.	Die Rolle des Gerichtshofes in der Rechtsordnung der Gemeinschaft, in: Zentrum für Europäisches Wirtschaftsrecht (Hrsg.), 6. Bonner Europa-Symposion, der soziale Dialog in Europa, Entwicklungen und Perspektiven, Bonn, 1996, S. 141-163
Hofmann, Barbara	Freier Zugang zu Gesundheitsleistungen in Grenzgebieten, - Grenzüberschreitendes Projekt in Euregio Maas-Rhein -, in: Die Betriebskrankenkasse, Heft 6, 1998, S. 306-308
Hollmann, Susanne/ Schulz-Weidner, Wolfgang	Der Einfluss der EG auf das Gesundheitswesen der Mitgliedstaaten, in: Zeitschrift für internationales und ausländisches Sozialrecht, 1998, S. 180-214
Hollmann, Susanne	Generaldirektion V der EU-Kommission: Organisation und Aufgaben, in: Die Krankenversicherung, Heft 1, 1999, S. 18-20
Hörnemann, Gerd	Die Selbstverwaltung im Gesundheitswesen, Ein Weiterentwicklungsvorschlag, 1. Auflage, Konstanz, 1997
Huster, Stefan	Grundfragen der Exportpflicht im europäischen Sozialrecht, in: Neue Zeitschrift für Sozialrecht, Heft 1, 1999, S. 10-17

Igl, Gerhard — Mengensteuerungen im Gesundheitswesen durch Begrenzungen des Zugangs für die Leistungserbringer am Beispiel der ambulanten und stationären „Bedarfsplanung“, in: Medizinrecht, Heft 4, 2000, S. 157-164

ders. — Das Gesundheitswesen in der Wettbewerbsordnung, Einleitung, in: Igl, Gerhard (Hrsg.), Das Gesundheitswesen in der Wettbewerbsordnung, Wiesbaden, 2000, S. 5-7

ders. — Europäische Union und gesetzliche Krankenversicherung, Einführung, in: Igl, Gerhard (Hrsg.), Europäische Union und gesetzliche Krankenversicherung, Wiesbaden, 1999, S. 4-6

Igl, Gerhard/ Schulin, Bertram — Sozialrecht, 6. Auflage, Düsseldorf, 1999

Institut für Sozialrecht und Sozialpolitik in Europa — Presseerklärung, Interdisziplinäre Tagung „Das Gesundheitswesen in der Wettbewerbsordnung“, 25./26. November 1999 in Kiel, unter: http://www.uni-kiel.de/instsociallaw/Aktuelles/Tagung.htm, S. 1-2, vom 14.02.01

Ipsen, Knut — Soziale Dienstleistung und EG-Recht, Auswirkungen des EG-Rechts auf die mitgliedstaatliche Förderung sozialer Dienstleistungen im Bereich der freien Wohlfahrtspflege, Beiträge zur Sozialpolitik und zum Sozialrecht, Band 24, Berlin, 1997

ders. — Völkerrecht, 3. Auflage, München, 1990

Jarass, Hans | Die Niederlassungsfreiheit in der Europäischen Gemeinschaft, Ein Kernelement der Freiheit selbständiger wirtschaftlicher Betätigung, in: Recht der internationalen Wirtschaft, Heft 1, 1993, S. 1-7

ders. | Binnenmarkt und Niederlassungsfreiheit, in: Europäische Zeitschrift für Wirtschaftsrecht, Heft 17, 1990

Jung, Eberhard | Versicherungspflicht und Sachleistungsprinzip in der gesetzlichen Unfallversicherung als europarechtliche Probleme, in: Ebsen, Ingwer (Hrsg.), Europarechtliche Gestaltungsvorgaben für das deutsche Sozialrecht, Baden-Baden, 2000

Jörg, Michael | Das neue Kassenarztrecht, 1. Auflage, München, 1993

Kassenzahnärztliche Bundesvereinigung | Rechnung oder Quittung?, Kostenbewusstsein durch Kostenerstattung oder lediglich staatliche Reglementierungswut, in: Niedersächsisches Zahnärzteblatt, Heft 11, 2000, S. 807

Kassenzahnärztliche Bundesvereinigung | Beschlüsse der Vertreterversammlung der KZBV am 10./11. November 2000 in Dresden, unter: http://www.kzbv.de/vv/m22-r.htm, S. 1

Kassenzahnärztliche Bundesvereinigung | Vertreterversammlung der Kassenzahnärztlichen Bundesvereinigung, Mit Vertrags- und Wahlleistungen zur Selbstbestimmung in der GKV, in: Zahnärztliche Mitteilungen, Heft 24, 2000, S. 2996-3000

Kaufmann, Mario | Die Ausgestaltung der gesetzlichen Krankenversicherung und die grenzüberschreitende Inanspruchnahme medizinischer Leistungen, in: Zeitschrift für Sozialhilfe und Sozialgesetzbuch, Heft 3, 2003, S. 145-150

Kieselbach, Kurt | Beben im Gesundheitswesen, Anspruch auf Kassenleistungen bald EU-weit?, in: Die Welt vom 28.04.1998, S. 14

Kirchberger, Stefan | Freizügigkeit und Qualitätssicherung in der EG: Ärzte und Pflegepersonal, in: Igl, Gerhard (Hrsg.), Europäische Union und gesetzliche Krankenversicherung, Wiesbaden, 1999, S. 104-127

Kischel, Uwe | Die Kontrolle der Verhältnismäßigkeit durch den Europäischen Gerichtshof, in: Europarecht, Heft 3, 2000, S. 380-402

Kleinhenz, Gerhard | Die Stellung der Sozialpolitik im politischen Gefüge der EG, in: Lichtenberg, Hagen (Hrsg.), Sozialpolitik in der EG, Schriftenreihe des Arbeitskreises Europäische Integration e.V., Band 23, Tagung vom 18.-20. Oktober 1984 in Augsburg, Baden-Baden, 1986, S. 17-33

Klemz, Wolfgang | Währungsumstellung DM/Euro in der Betrieblichen Krankenversicherung, in: Die Betriebskrankenkasse, Heft 6, 2000, S. 256-263

Knappe, Eckhard | Ist die gesetzliche Krankenversicherung für Europa gerüstet?, in: Die Betriebskrankenkasse, Heft 1, 1999, S. 8-10

Knieps, Franz — Strukturelle Veränderungen der gesetzlichen Krankenversicherung - Eine Zwischenbilanz des Gesundheitsreformgesetzes (GRG) -, in: Sozialer Fortschritt, Heft 9, 1991, S. 212-218

Knieps, Franz — Von stationär bis visionär, Von Bismarck bis Beveridge: Teil 2, in: Gesundheit und Gesellschaft, Heft 11, 1998, S. 34-37

ders. — EU-Gesundheitssysteme im Vergleich, Von Bismarck bis Beveridge: Teil 1, in: Gesundheit und Gesellschaft, Heft 10, 1998, S. 40-46

Knobbe-Keuk, Brigitte — Niederlassungsfreiheit: Diskriminierungs- oder Beschränkungsverbot, in: Der Betrieb, Heft 51/52, 1990, S. 2573-2584

Knopp, Anton (Hrsg.)/ Fichtner, Otto (Hrsg.) — Bundessozialhilfe – Kommentar, 6. Auflage, München, 1988

Koenig, Christian Haratsch, Andreas — Europarecht, 3. Auflage, Tübingen, 2000

König, Christian — Gesundheitspolitik in der Europäischen Union nach dem Vertrag von Amsterdam, in: Sozialer Fortschritt, Heft 11, 1998, S. 282-285

König, Klaus — Niederlande, Erfolgreicher Ausstieg aus Sachleistung, in: der freie Zahnarzt, Heft 2, 2000, S. 26-27

Kötter, Ute — Marktsteuerung im Gesundheitswesen und europäische Markt- und Wettbewerbsordnung, in: Sozialer Fortschritt, Heft 2/3, 2000, S. 27-31 dies. — Die Urteile des Gerichtshofs der Europäischen Gemeinschaften in den Rechtssachen Kohll und Decker: Der Vorhang zu und alle Fragen offen?, in: Vierteljahresschrift für Sozialrecht, Heft 4, 1998, S. 233-252

Kowalsky, Wolfgang/ Loth, Winfried — Europäische Sozialpolitik: Ausgangsbedingungen, Antriebskräfte und Entwicklungspotentiale, Schriftenreihe: Grundlagen für Europa, Opladen, 1999

Krauskopf, Dieter — Die gesetzliche Krankenversicherung (GKV) in der sozialgerichtlichen Rechtssprechung und Literatur, in: Wannagat, Georg (Hrsg.)/Gitter, Wolfgang, Jahrbuch des Sozialrechts der Gegenwart, Band 15, 1993, S. 87-97

Kretschmer, Hans-Jürgen — Bericht über die Tagung „Kassenarztrecht und Krankenversicherung" bei der deutschen Richterakademie in Trier (Dezember 1998), in: Neue Zeitschrift für Sozialrecht, Heft 8, 1999, S. 381-384

Kücking, Monika — Europa und die Zukunft der sozialen Sicherungssysteme, in: Die Ersatzkasse, Heft 5, 1998, S. 214-216

Kuhn, Heike — Die soziale Dimension der Europäischen Gemeinschaft, Schriften zum Europäischen Recht, Band 22, Magiera, Siegfried (Hrsg.)/Merten, Detlef (Hrsg.), Berlin, 1995

Lahm, Christian — Die EU-weite Krankenversicherungskarte ist bereits in der Planung, in: Ärztezeitung vom 08. März 2002, Nr. 45

Langer, Rose — Grenzüberschreitende Behandlungsleistungen – Reformbedarf für die Verordnung 1408/71?, in: Neue Zeitschrift für Sozialrecht, Heft 11, 1999, S. 537-542

dies. — Probleme der Koordinierung beim Public/Private-Mix von Gesundheitsleistungen, in: Igl, Gerhard (Hrsg.), Europäische Union und gesetzliche Krankenversicherung, Wiesbaden, 1999, S. 60-78

Laufs, Adolf (Hrsg.)/ Uhlenbruck, Wilhelm (Hrsg.) — Handbuch des Arztrechts 2. Auflage, München, 1999

Leingärtner, Kurt — Diskussionsbeitrag zur Kritik an der Rechtsprechung des EuGH in den Rechtssachen C-160/96, C-120/95, C-158/96, Molenaar, Decker und Kohll aus der Sicht der Leistungsberechtigten, in: Schulte, Bernd (Hrsg.)/Barwig, Klaus (Hrsg.), Freizügigkeit und soziale Sicherheit, Baden-Baden, 1999, S. 117-124

Lennartz, Michael — Europäisches Forum für freie Zahnmedizin, Gesundheitssysteme müssen europatauglich werden, in: Der Freie Zahnarzt, Heft 12, 2000, S. 18

ders. — Vollversammlung der Europäischen Regionalen Organisation und des Zahnärztlichen Verbindungsausschusses zur EU in Brüssel am 5./6. Mai 2000 in Prag, Europa gewinnt an Bedeutung, in: Der freie Zahnarzt, Heft 7-8, 2000, S. 21

ders. — ERO und ZÄV, Neues aus den Mitgliedsländern, in: Der freie Zahnarzt, Heft 7-8, 2000, S. 22-23

Lenz, Carl Otto (Hrsg.) — EG-Vertrag Kommentar, 2. Auflage, Köln, 1999

ders. — EG-Handbuch, Recht im Binnenmarkt, 2. Auflage, Herne, Berlin, 1994

Leopold, Dieter — In drei Fällen Entscheidungen zugunsten der Versicherten, in: Wege zur Sozialversicherung, Heft 7-8, 1998, S. 218-219

Ludwig, Udo — Gesundheit, Operation nur gegen Cash, in: Der Spiegel, Heft 48, 2000, S. 278-284

Maibach-Nagel, Egbert — Flexibles Denken, globales Handeln, in: Zahnärztliche Mitteilungen, Heft 1, 2001, S. 20-23

Maunz, Theodor/ Dürig, Günter — Grundgesetz-Kommentar, Band 4, Art. 70 - 91 b, Lfg. 36, Stand: Oktober 1999, München

v. Maydell, Bernd — Auf dem Weg zu einem gemeinsamen Markt für Gesundheitsleistungen in der Europäischen Gemeinschaft, in: Vierteljahresschrift für Sozialrecht, Heft 1, 1999, S. 3-19

ders. — Wenn Schutzzäune fallen..., in: Gesundheit und Gesellschaft, Heft 8, 1998, S. 3

ders./ Pietzcker, Jost — Begrenzung der Kassenarztzulassung, Verfassungs- und sozialrechtliche Aspekte, 1. Auflage, Baden-Baden, 1993

ders./ — Erbringung von Sozialleistungen (insbesondere im Gesundheitswesen) und Marktfreiheit, in: v. Maydell, Bernd (Hrsg.) / Schnapp, Friedrich (Hrsg.), Die Auswirkungen des EG-Rechts auf das

	Arbeits- und Sozialrecht der Bundesrepublik, - Unter besonderer Berücksichtigung der neuen Bundesländer -, Berlin, 1992, S. 25-43
Ministèrede la sécuité sociale / Inspection générale de la sécurité sociale (Hrsg.)	Apercu sur la legislation sur la sécurité sociale au Grand-duché de Luxembourg (1996), Luxemburg, 1997
Monopolkommission	XII. Hauptgutachten 1996/1997, Marktöffnung umfassend verwirklichen, Baden-Baden, 1999
Mrozynski, Peter	Der Einfluss des Wettbewerbs- und Vergaberechts in Europa auf die Erbringung von Sozialleistungen, in: Sozialer Fortschritt, Heft 9, 1999, S. 221-228
Muckel, Stefan	Das Sachleistungsprinzip in der Gesetzlichen Krankenversicherung nach dem 2. GKV-Neuordnungsgesetz, in: Die Sozialgerichtsbarkeit, Heft 9, 1998, S. 385-389
Münnich, Frank	Sind Sachleistungsprinzip, Budgetierung und Angebotssteuerung im europäischen Wettbewerb noch sinnvoll?, in: Die Betriebskrankenkasse, Heft 1, 1999, S. 17-22
Muschallik, Thomas	Zugelassen zum Start, in: Zahnärztliche Mitteilungen, Heft 8, 2000, S. 60-61

Nachbaur, Andreas — Niederlassungsfreiheit, Geltungsbereich und Reichweite des Art. 52 EGV im Binnenmarkt, Schriftenreihe Europäisches Recht, Politik und Wirtschaft, Schwarze, Jürgen (Hrsg.), Band 241, Baden-Baden, 1999

Neubacher, Alexander — Gesundheit, Beifall von der falschen Seite, in: Der Spiegel, Heft 7, 2001, S. 58

ders. — Abschied vom Monopol, in: Der Spiegel, Heft 6, 2000, S. 72-73

Neumann, Volker — Der Arzt im Wettbewerb, in: Igl, Gerhard, Das Gesundheitswesen in der Wettbewerbsordnung, Wiesbaden, 2000, S. 101-113

Neumann-Duesberg, Rüdiger — Defizite, Probleme und Perspektiven bei der Umsetzung des Europäischen koordinierenden Sozialrechts-Verordnungen (EWG) Nr. 1408/71 und Nr. 574/72, Leistungen bei Krankheit und Pflegebedürftigkeit – Diskussionsbeitrag -, Das Ende des Territorialitätsprinzips, in: Schulte, Bernd (Hrsg.)/Barwig, Klaus (Hrsg.), Freizügigkeit und soziale Sicherheit, Baden-Baden, 1999, S. 89-108

ders. — Kohll/Decker-Urteile, „Die EuGH-Position ist angreifbar“, in: Gesundheit und Gesellschaft, Heft 10, 1998, S. 22-27

ders. — Krankenversicherung, in: Schulte, Bernd (Hrsg.)/Zacher, Hans (Hrsg.), Wechselwirkung zwischen dem Europäischen Sozialrecht und dem Sozialrecht der Bundesrepublik Deutschland, Schriftenreihe für Internationales und Vergleichendes Sozialrecht, Band 12, Berlin, 1991, S. 83-109

ders. Gesetzliche Krankenversicherung im EG-Binnenmarkt, in: Schmähl, Winfried (Hrsg.), Soziale Sicherung im EG-Binnenmarkt, Aufgaben und Probleme aus deutscher Sicht, 1. Auflage, Baden-Baden, 1990, S. 105-122

Niesel, Klaus Kasseler Kommentar, Sozialversicherungsrecht, Band 1, Lfg. 29, Stand: 1. Dezember 1999, München

Noftz, Wolfgang Leistungsrecht und Leistungserbringungsrecht nach Inkrafttreten des 2. GKV-Neuordnungsgesetzes, in: Vierteljahresschrift für Sozialrecht, Heft 5, 1997, S. 393-438

Novak, Carsten Schnitzler, Jörg Erweiterte Rechtfertigungsmöglichkeiten für mitgliedstaatliche Beschränkungen der EG-Grundfreiheiten, in: Europäische Zeitschrift für Wirtschaftsrecht, Heft 20, 2000, S. 627-631

Novak, Meinhard EG-Grundfreiheiten und Europäisches Sozialrecht, in: Europäische Zeitschrift für Wirtschaftsrecht, Heft 12, 1998, S. 366-369

Oldiges, Franz Josef Sozialpolitische Umschau, Blickpunkte erweitern, Neue Maßstäbe für EU-weites Handeln, in: Die Ortskrankenkasse, Heft 11-12, 1998, S. 358-362

Oppermann, Thomas Europarecht, 2. Auflage, München, 1999

Ossenbühl, Fritz | Staat und Markt in der Verfassungsordnung, in: Murswiek, Dietrich (Hrsg.) / Storost, Ulrich (Hrsg.) / Wolff, Heinrich (Hrsg.), Staat – Souveränität – Verfassung, Festschrift für Helmut Quaritsch zum 70 Geburtstag, Berlin, 2000, S. 235-254

Ost, Wolfgang/ Mohr, Gerhard/ Estelmann, Martin | Grundzüge des Sozialrechts, 2. Auflage, München, 1998

o.V. | Staatsmedizin und Euro passen nicht zusammen, in: Ärztezeitung vom 13. Mai 2003, Heft 88

o.V. | Richter müssen sich im europäischen Recht kundig machen, in: Frankfurter Allgemeine Zeitung vom 14. Februar 2001, S. 23

o.V. | Krankenkassen kritisieren Kurswechsel, in: Süddeutsche Zeitung vom 03./04. Februar 2001, 57. Jahrgang, Nr. 28, S. 25

o.V. | Gesundheitsministerin Andrea Fischer: „Ich halte am Sachleistungsprinzip fest", in: Der Freie Zahnarzt, Heft 12, 2000, S. 13

o.V. | Über die Grenze zum Zahnarzt?, in: Niedersächsisches Zahnärzteblatt, Heft 10, 2000, S. 769

Pache Eckhard Schorkopf, Frank | Der Vertrag von Nizza, Institutionelle Reform zur Vorbereitung der Erweiterung, in: Neue Juristische Wochenschrift, Heft 19, 2001, S. 1377-?

Palandt, Otto (Hrsg.) — Bürgerliches Gesetzbuch, 60. Auflage, München, 2001

Papier, Hans-Jürgen — Zulassungsbeschränkung für Ärzte aus verfassungsrechtlicher Sicht, Vortrag, gehalten auf der Jahrestagung des Verbandes der privaten Krankenversicherung e.V. am 11. Juni 1985 in Timmendorfer Strand – Überarbeitete Fassung – Köln, 1985

Pitschas, Rainer — Deutsches und europäisches Gesundheitsrecht zwischen öffentlich-rechtlicher Wettbewerbsordnung und Verbraucherschutz. Soziale Krankenversicherung als Ausnahmebereich des Art. 86 II EGV, in: Igl, Gerhard (Hrsg.), Das Gesundheitswesen in der Wettbewerbsordnung, Wiesbaden, 2000, S. 199-221

ders. — Das Territorialitätsprinzip im Sachleistungssystem der gesetzlichen Krankenversicherung zwischen sozialpolitischer Souveränität und Gemeinschaftsrecht, in: Ebsen, Ingwer (Hrsg.), Europarechtliche Gestaltungsvorgaben für das deutsche Sozialrecht, S. 83-102

ders. — Europäisches Wettbewerbsrecht und soziale Krankenversicherung, in: Vierteljahresschrift für Sozialrecht, Heft 3, 1999, S. 221-237

ders. — Die Weiterentwicklung der sozialen Krankenversicherung in Deutschland im Gegenlicht europäischer Gesundheitspolitik, in: Vierteljahresschrift für Sozialrecht, Heft 2, 1994, S. 85-118

ders.	Beziehungen zwischen Leistungserbringern und Krankenkassen, insbesondere vertragsärztliche Versorgung, in: Wannagat, Georg (Hrsg.)/ Gitter, Wolfgang (Hrsg.), Jahrbuch des Sozialrechts der Gegenwart, Band 15, 1993, S. 285-344
Pitzken, Marion	Freier Verband Deutscher Zahnärzte, Europa-Forum in Brüssel, in: Zahnärztliche Mitteilungen, Heft 1, 2001, S. 7
ders.	Kassenzahnärztliche Vereinigung Bayerns, Patientenquittung, in: Zahnärztliche Mitteilungen, Heft 1, 2001, S. 82
Plönes, Johannes	Fingerzeig aus Luxemburg, in: Gesundheit und Gesellschaft, Heft 6, 2000, S. 13
Pott, Hans-Michael	Anwendung und Auslegung Europäischen Sozialrechts, - Globalisierung durch Richterrecht -, in: Fachinstitut für Sozialrecht (Hrsg.), Brennpunkte des Sozialrechts 1999, Thesen und Ergebnisse der 11. Sozialrechtlichen Jahrestagung vom Februar 1999 in Kassel, Herne-Berlin, 1999, S. 153-166
Ratzel, Rudolf	Grenzüberschreitender Gesundheitsmarkt innerhalb der EU, neue Chancen für Patienten und Leistungserbringer, in: Medizinrecht, Heft 11, 1999, S. 510-512
Reich, Norbert	Wirkungen des Wettbewerbs auf die „Kunden" im europäischen Kontext, in: Igl, Gerhard (Hrsg.), Das Gesundheitswesen in der Wettbewerbsordnung, Wiesbaden, 2000, S. 173-198

Rengeling, Hans-Werner/ Middeke, Andreas/ Gellermann, Martin — Rechtsschutz in der Europäischen Union, Durchsetzung des Gemeinschaftsrechts vor europäischen und deutschen Gerichten, NJW-Schriftenreihe, Heft 56, München, 1994

Ress, Georg — Binnenmarkt und Niederlassungsfreiheit, in: Europäische Zeitschrift für Wirtschaftsrecht, Heft 17, 1990, S. 521-522

Ricken, Oliver — Grenzüberschreitende Behandlungsleistungen im Binnenmarkt, in: Die Sozialgerichtsbarkeit, Heft 13, 1998, S. 676

Rothgang, Heinz — Das Gesundheitswesen in der Wettbewerbsordnung, Wissenschaftliche Tagung in Kiel, 25. bis 26. November 1999, in: Die Betriebskrankenkasse, Heft 2, 2000, S. 49-53

Röttinger, Moritz/ Weyringer, Claudia — Handbuch der europäischen Integration, Strategie - Struktur - Politik der Europäischen Union, 2. Auflage, Wien, 1996

Roos, Elke — Kostenerstattung und Sachleistung in der gesetzlichen Krankenversicherung, in: Neue Zeitschrift für Sozialrecht, Heft 10, 1997, S. 464-465

Rürup, Bert — Die Auswirkungen des Euro auf die sozialen Sicherungssysteme – Das Beispiel der gesetzlichen Rentenversicherung, in: Schneider, Hilmar (Hrsg.), Europas Zukunft als Sozialstaat, Herausforderungen der Integration, Schriften des Instituts für Wirtschaftsforschung Halle, Band 4, Baden-Baden, 2000, S. 87-93

Schaaf, Michael — Die Urteile des EuGH zur Leistungsgewährung in der GKV - Gefahr für die deutsche Gesundheitspolitik?, in: Die Sozialgerichtsbarkeit, Heft 6, 1999, S. 274-282

Schewe, Dieter — Die Beschwörung des „Wirtschaftlichen“ im neuen SGB V – ein Vergleich der 65 Nennungen des „Wirtschaftlichen“ und 35 ähnlicher Begriffe, in: Die Sozialgerichtsbarkeit, Heft 10, 1989, S. 410-416

Schmeinck, Wolfgang — Auswirkungen der und Erwartung an die EU-Politik in den einzelnen Bereichen des Gesundheitswesens: Gesetzliche Krankenversicherung, in: Gesellschaft für Versicherungswissenschaft und –gestaltung e.V. (Hrsg.), Auswirkungen der Politik der Europäischen Union auf das Gesundheitswesen und die Gesundheitspolitik in der BRD, - Bestandsaufnahmen und Perspektiven -, Band 31, Bonn, 1996, S. 201-214

Schmitt, Jochem — Leistungserbringung durch Dritte im Sozialrecht, Schriftenreihe Arzt-, Krankenhaus- und Gesundheitsrecht, Band 9, Gitter, Wolfgang (Hrsg.)/Heinze, Meinhard (Hrsg.), Köln, Berlin, Bonn, München, 1990

Schneider, Günther — Kassenarztrecht, Rechtsbeziehung zwischen Kassenarzt, Kassenärztlicher Vereinigung und Krankenkasse, Schriftenreihe Arzt-, Krankenhaus- und Gesundheitsrecht, Band 1, Gitter, Wolfgang (Hrsg.)/Heinze, Meinhard (Hrsg.), Köln, Berlin, Bonn, München, 1983

Schneider, Markus — Gesundheitssysteme im internationalen Vergleich, in: Häfner, Heinrich (Hrsg.), Gesundheit – unser höchstes Gut?, Schriften der Mathematisch-naturwissenschaftlichen Klasse der Heidelberger Akademie der Wissenschaften, Nr. 4, Berlin, Heidelberg, New York, 1999, S. 205-231

Schorre, Winfried — Chancen und Risiken des Wettbewerbs aus der Sicht der Kassenärzte, in: Vierteljahresschrift für Sozialrecht, Heft 3, 1999, S. 217-220

Schulin, Bertram (Hrsg.) — Handbuch des Sozialversicherungsrechts, Band 1 Krankenversicherungsrecht, München, 1994

ders. — Kostenerstattung nach § 13 Abs. 2 SGB V, in: Die Betriebskrankenkasse, Heft 12, 1993, S. 718-722

ders. — Mitgliedschaft, Versicherungsverhältnis und Versicherungsfall nach neuem Krankenversicherungsrecht, in: Die Krankenversicherung, Heft 7-8, 1989, S. 215-221

Schulte, Bernd — Das Europäische Sozialmodell im künftigen Europa, Teil 2, in: Zeitschrift für Sozialhilfe und Sozialgesetzbuch, Heft 2, 2001, S. 67-79

ders. — Das Europäische Sozialmodell im künftigen Europa, in: Zeitschrift für Sozialhilfe und Sozialgesetzbuch, Heft 1, 2001, S. 3-17 ders. Zur Kritik des europäischen koordinierenden Sozialrechts, Bericht über ein Seminar über die Durchführung der Verordnung (EWG) Nr. 1408/71 in Deutschland, in: Zeitschrift für Sozialhilfe und Sozialgesetzbuch, Heft 10, 1999, S. 579-584

ders. Gesundheitsversorgung und Europäisches Gemeinschaftsrecht, in: Informationsdienst, Europäisches Arbeits- und Sozialrecht, Heft 5-6, 1999, S. 70-75

ders. „Zur Kur nach Abano Terme, zum Zahnarzt nach Antwerpen?“ – Europäische Marktfreiheiten und nationales Krankenversicherungsrecht, in: Zeitschrift für Sozialhilfe und Sozialgesetzbuch, Heft 6, 1999, (Fortsetzung von Heft 05/1999, S. 278) S. 347-362

ders. „Zur Kur nach Abano Terme, zum Zahnarzt nach Antwerpen?“ – Europäische Marktfreiheiten und nationales Krankenversicherungsrecht, in: Zeitschrift für Sozialhilfe und Sozialgesetzbuch, Heft 5, 1999, S. 269-278

ders. Freizügigkeit und soziale Sicherheit, in: Schulte, Bernd (Hrsg.)/Barwig, Klaus (Hrsg.), Freizügigkeit und soziale Sicherheit, Die Durchführung der Verordnung (EWG) Nr. 1408/71 über die soziale Sicherheit der Wanderarbeitnehmer in Deutschland, 1. Auflage, Baden-Baden, 1999, S. 39-88

ders.	„Europäische Sozialpolitik - Auf dem Weg zur Sozialunion?“ Die „soziale Dimension“ der Gemeinschaft: Europäischer Sozialstaat oder Koordination nationaler sozialpolitischer System -, in: Zeitschrift für Sozialreform, Heft 3, 1997, S. 165-186
ders.	Kompetenzen der Europäischen Union – Rechtlicher und institutioneller Rahmen; Rolle des EuGH, in: Gesellschaft für Versicherungswissenschaft und –gestaltung e.V. (Hrsg.), Auswirkungen der Politik der Europäischen Union auf das Gesundheitswesen und die Gesundheitspolitik in der BRD, - Bestandsaufnahmen und Perspektiven, Band 31, Bonn, 1996, S. 59-119
ders.	Sozialrechtliche Aspekte des europäischen Binnenmarktes, in: Die Sozialgerichtsbarkeit, Heft 02, 1991, S. 45-52
Schulz-Weidner, Wolfgang	Die Konsequenzen der europäischen Grundfreiheiten für die deutsche Sozialversicherung, in: Schulte, Bernd (Hrsg.)/Barwig, Klaus (Hrsg.), Freizügigkeit und soziale Sicherheit, Baden-Baden, 1999, S. 269-358
ders.	Rechtliche Entwicklungen bei Krankenhausleistungen im Ausland, in: Die Krankenversicherung, Heft 9, 1998, S. 241-245
Schulze-Wilk, Detlef	Die EuGH-Rechtsprechung legt den Finger in die Wunden, in: Zahnärztliche Mitteilungen, Heft 6, 2000, S. 90-92

ders.	Mehr Angleichung durch den Euro, in: Zahnärztliche Mitteilung, Heft 5, 2000, S. 92-93
ders.	Globalisierung führt zur Harmonisierung, in: Zahnärztliche Mitteilung, Heft 4, 2000, S. 101
v. Schwanenflügel, Matthias	Gesundheit in Europa, in: Europarecht, Heft 2, 1998, S. 210-218
ders.	Die Entwicklung der Kompetenzen der Europäischen Union im Gesundheitswesen, Berlin, 1996
ders.	Die neuen Kompetenzen der Europäischen Gemeinschaft im Bereich der Gesundheitspolitik, in: Juristenzeitung, Heft 5, 1993, S. 551-554
Schwartz, Friedrich	Der Sicherstellungsauftrag für die Kassenärzte und seine Alternativen, in: Sozialer Fortschritt, Heft 4, 1995, S. 84-95
Schwarze, Jürgen (Hrsg.)	EU-Kommentar, 1. Auflage, Baden-Baden, 2000
ders.	Europäisches Verwaltungsrecht – Entstehung und Entwicklung im Rahmen der Europäischen Gemeinschaft, 2. Band, Baden-Baden, 1988
Schweitzer, Michael/ Hummer, Waldemar	Das Recht der Europäischen Union, 6. Auflage, Neuwied, 1999

Seehofer, Horst — Wir müssen die Auszehrung unserer Gesetzlichen Krankenversicherung verhindern, in: Die Krankenversicherung, Heft 7, 1998, S. 212

Sendler, Hans — Europäisches Gesundheitswesen offensiv gestalten, in: Die Krankenversicherung, Heft 10, 1998, S. 285-290

Sesselmeier, Werner — Auswirkungen der Europäischen Währungsunion auf das System der sozialen Sicherung, in: Sozialer Fortschritt, Heft 12, 1997, S. 274-278

Sieveking, Klaus — Der Europäische Gerichtshof als Motor der sozialen Integration der Gemeinschaft, in: Zeitschrift für Sozialreform, Heft 3, 1997, S. 187 ff

Siewert, Joachim — Das Vertragsarztrecht, 5. Auflage, Wolfenbüttel, 1994

Sodan, Helge — Anmerkungen zum EuGH-Urteil vom 28.04.1998, Rs. C-158/96 Raymond Kohll ./. Union des caisses de maladie, in : Juristische Zeitschrift, Heft 23, 1998, S. 1168-1173

ders. — Freie Berufe als Leistungserbringer im Recht der gesetzlichen Krankenversicherung, Ein verfassungs- und verwaltungsrechtlicher Beitrag zum Umbau des Sozialstaates, Tübingen, 1997

SPD — Der Koalitionsvertrag, Aufbruch und Erneuerung – Deutschlands Weg ins 21. Jahrhundert, unter: http:// www.spd.de/politik/koalition, vom 14.02.01, S. 1-4

Spellbrink, Wolfgang	Wirtschaftlichkeitsprüfung im Kassenarztrecht nach dem GSG, Neuwied, Kriftel, Berlin, 1994
Stachl, Alfred	Statement zum Beitrag von Rüdiger Neumann-Duesberg, in: Schulte, Bernd (Hrsg.)/Barwig, Klaus (Hrsg.), Freizügigkeit und soziale Sicherheit, Baden-Baden, 1999, S. 123-124
Stahlberg, Jürgen	Europäisches Sozialrecht, Bonn, 1997
Statistisches Bundesamt (Hrsg.)	Statistisches Jahrbuch für die Bundesrepublik Deutschland 1997 und 1998, Stuttgart, Mainz, 1999
Steindorff, Ernst	Reichweite der Niederlassungsfreiheit, in: Europarecht, Heft 1, 1988, S. 19-32
Steinmeyer, Heinz-Dietrich	Veränderte rechtliche Dimensionen (Vertragsfreiheiten), in: Igl (Hrsg.), Europäische Union und gesetzliche Krankenversicherung, Wiesbaden, 1999, S. 79-88
ders.	Hat das Territorialprinzip in der GKV noch Zukunft?, in: Die Krankenversicherung, Heft 10, 1999, S. 288-291
ders.	Gesundheitsreform in den Mitgliedstaaten der Europäischen Union, in: Zentrum für Europäisches Wirtschaftsrecht (Hrsg.), Sammelband Nr. 83, Referate im Rahmen des vom Zentrum für Europäisches Wirtschaftsrecht und dem Arbeitskreis für Europäisches Sozialrecht des Landes NRW geförderten 8. Bonner Europa-Symposions „Die Krankenversicherung in der Europäischen Union“, Bonn, 9. Dezember 1996, Bonn, 1997

Straub, Klaus — Gesetzliche Krankenversicherung, SGB V 2. Auflage, München, 1999

Strohmeier, Rudolf — Die Europäische Union, Ein Kompendium aus deutscher Sicht, 1. Auflage, Opladen, 1995

Terwey, Franz — Veränderungen bei den Sozialversicherungsträgern, in: Igl, Gerhard (Hrsg.), Europäische Union und gesetzliche Krankenversicherung, Wiesbaden, 1999, S. 128-138

ders. — Die Zukunft der sozialen Sicherungssysteme in Europa, Vortrag anlässlich der „Nordischen Sozialrechtstage 1998" am 10. und 11. September 1998 in Lübeck, in: Die Sozialversicherung, Heft 11, 1998

ders./ Danner, Günter — Euro: Auswirkungen auf das deutsche Sozialschutzsystem, in: Die Betriebskrankenkasse, Heft 4, 1998, S. 202-208

Thelen, Peter — Patienten können sich im EU-Ausland behandeln lassen, Schlappe fürs Gesundheitskartell, in: Handelsblatt, Nr. 82, 29.04.1998, S. 2

Thielen, Heinz-Siegmund — Sozialrecht, 2. Auflage, Köln, 1987

Thill, André — Kostensteigerung und Kostendämpfung im Gesundheitswesen in Luxemburg, in: Kostenentwicklung und Kostendämpfung im Gesundheitswesen in sechs Ländern an Rhein und Maas, Schriftenreihe der Gesellschaft für Versicherungswissenschaft und –gestaltung e.V. Köln, Band 2, Köln, 1984, S. 57-70

Timman, Hans-Jörg	Tagung >>Soziale Herausforderungen der Währungsunion<< am 20. Januar in Brüssel, in: Europäisches Arbeits- und Sozialrecht, Heft 4, 1998, S. 38
Traupe, Christian	Fünfte Europatagung der substituiven privaten Krankenversicherung in Brüssel, in: PKV Publik, Heft 9, 1999, S. 99-100
Uleer, Hans Christoph	Sechste niederländisch-deutsche Europatagung – Europäische Einheitslösung oder Wettbewerb der Gesundheitssysteme?, in: PKV Publik, Heft 9, 2000, S. 98-99
ders.	Europa bewegt die Krankenversicherung, in: PKV Publik, Heft 2, 2000, S. 15
ders.	Auswirkungen der und Erwartungen an die EU-Politik in einzelnen Bereichen des Gesundheitswesens: Private Krankenversicherung, in: Gesellschaft für Versicherungswissenschaft und –gestaltung e.V. (Hrsg.), Auswirkungen der Politik der Europäischen Union auf das Gesundheitswesen und die Gesundheitspolitik in der BRD, - Bestandsaufnahmen und Perspektiven, Band 31, Bonn, 1996, S. 215-223
Urban, Hans-Jürgen	Währungsunion und politische Wohlfahrtsproduktion, Anmerkungen zu den Auswirkungen des EURO auf die sozialen Sicherungssysteme aus gewerkschaftlicher Sicht, in: Sozialer Fortschritt, Heft 11, 1998, S. 265-272
Vollmer, Roland Graeve, Karl Heinz	Gesetz zur wirtschaftlichen Sicherung der Krankenhäuser und zur Regelung der Krankenhauspflegesätze (Krankenhaus-

finanzierungsgesetz – KHG -) – Kommentar, Remagen, Lfg. 29, Stand Juli 1993

Waltermann, Raimund — Sozialrecht, Heidelberg, 2000

Wannagat, Georg (Hrsg.)
Eichenhofer, Eberhard (Hrsg.) — Wannagat Sozialgesetzbuch, Kommentar zum Recht des Sozialgesetzbuches, SGB V, Gesetzliche Krankenversicherung, Loseblattkommentar: Stand Juni 2000, Köln, Berlin, Bonn, München, 2000

Wasem, Jürgen — Sachleistung oder Kostenerstattung: Steuerung zwischen Effizienz und Gleichheit?, in: Sozialer Fortschritt, Heft 3, 1998, S. 58-68

Weber, Axel/
Leienbach, Volker/
Dohle, Anne — Die Sozialversicherung in den Mitgliedstaaten der Europäischen Gemeinschaft, 3 3. Auflage, in: Gesellschaft für Versicherungswissenschaft und –gestaltung e.V. (Hrsg.), Soziale Sicherung in West-, Mittel- und Osteuropa, Baden-Baden, 1994, 1. Auflage, S. 11-197

Weber, Claus — Die Dienstleistungsfreiheit nach den Art. 59 ff EG-Vertrag – einheitliche Schranken für alle Formen der Dienstleistungen?, in: Europäisches Wirtschafts- und Steuerrecht, Heft 9, 1995, S. 292-296

Weber, Axel
Leienbach, Volker — Gesellschaft für Versicherungswissenschaft und -gestaltung. e.V. (Hrsg.), Die Systeme der Sozialen Sicherung in der Europäischen Union, 4. Auflage, Baden-Baden, 2000

Weber, Stefan — Die Organisation der gesetzlichen Krankenversicherung:

	Gestaltungsmöglichkeiten des Bundesgesetzgebers, Berlin, 1995
Wille, Eberhard	Das Sachleistungsprinzip der GKV im Spannungsfeld der europäischen Integration, in: Die Krankenversicherung, Heft 10, 1999, S. 292-296
Willms, Benno	Soziale Sicherung durch Europäische Integration, Auswirkungen des Gemeinschaftsrechts auf Ansprüche gegen deutsche Sozialleistungsträger, Schriftenreihe Europäisches Recht, Politik und Wirtschaft, Band 137, Schwarze, Jürgen (Hrsg.), Baden-Baden, 1999
v. Wilmowsky, Peter	Einführung in das Recht der Europäischen Gemeinschaft, in: Jura, Heft 7, 1992, S. 337-346
Wismar, Matthias	Europa regiert schon lange heimlich mit, in: Gesundheit und Gesellschaft, Heft 10, 1998, S. 28-35
Wortmann, Martin	Ärzte in Deutschland können profitieren, wenn Kassen die Arztbesuche im Ausland bezahlen, in: Ärztezeitung vom 20. Mai 2003, Heft 93
Zechel, Stephan	Die territorial begrenzte Leistungserbringung der Krankenkassen im Lichte des EG-Vertrages, Berlin, 1995

Dominik Roters

Die gebotene Kontrolldichte bei der gerichtlichen Prüfung der Richtlinien des Bundesausschusses der Ärzte und Krankenkassen

Frankfurt am Main, Berlin, Bern, Bruxelles, New York, Oxford, Wien, 2003.
XLIV, 273 S.
Frankfurter Schriften zur Gesundheitspolitik und zum Gesundheitsrecht.
Herausgegeben von Ingwer Ebsen und Roland Eisen. Bd. 1
ISBN 3-631-50241-9 · br. € 45.50*

Für die Gesetzliche Krankenversicherung ist der Bundesausschuss ein Kompetenzzentrum zur Bestimmung von Wirksamkeit und Wirtschaftlichkeit medizinischer Leistungen. Für die Rechtswissenschaft ist er eine schillernde Organisationsform zwischen Sachverständigengremium und Organ der gemeinsamen Selbstverwaltung. In der sich nun schon über Jahre hinziehenden rechtsdogmatischen Diskussion gelingt der Arbeit ein neuer Zugriff: Überzeugend, gut strukturiert und anschaulich formulierend erarbeitet der Autor die gerichtliche Kontrolldichte und findet hier den Schlüssel für die zentralen Rechtsfragen: demokratische Legitimation des Bundesausschusses, Bindungswirkung der Richtlinien und Auslegung des Wirtschaftlichkeitsgebotes im SGB V.

Aus dem Inhalt: Der Versicherte, die Krankenkassen, die Vertragsärzte und deren Rechtsbeziehungen · Der Bundesausschuss, seine Richtlinien und deren Verfassungsmäßigkeit · Die Kontrolldichte für untergesetzliche Rechtsnormen · Die gebotene Kontrolldichte für die Richtlinien des Bundesausschusses

FSC
www.fsc.org
MIX
Papier | Fördert gute Waldnutzung
FSC® C083411

Kolibri 360 GmbH
Ferdinand-Jühlke-Straße 7
99095 Erfurt, Deutschland
produktsicherheit@kolibri360.de

Druck:
CPI Druckdienstleistungen GmbH
im Auftrag der
Kolibri 360 GmbH
Ferdinand-Jühlke-Str. 7
99095 Erfurt